国际教育前沿丛书

刘宝存　主编

拉美和欧盟区域间
高等教育合作机制研究

胡昳昀　著

山西出版传媒集团　山西教育出版社

图书在版编目（CIP）数据

拉美和欧盟区域间高等教育合作机制研究 / 胡昳昀著．— 太原：山西教育出版社，2021.1
（国际教育前沿丛书 / 刘宝存主编）
ISBN 978-7-5703-1441-6

Ⅰ．①拉… Ⅱ．①胡… Ⅲ．①高等教育—国际合作—联合办学—研究—拉丁美洲、欧洲 Ⅳ．①G648．9

中国版本图书馆CIP数据核字（2021）第018308号

拉美和欧盟区域间高等教育合作机制研究
LAMEI HE OUMENG QUYU JIAN GAODENG JIAOYU HEZUO JIZHI YANJIU

责任编辑 王　倩
复　　审 姚吉祥
终　　审 杨　文
装帧设计 薛　菲
印装监制 蔡　洁

出版发行 山西出版传媒集团·山西教育出版社
（太原市水西门街馒头巷7号　电话：0351-4729801　邮编：030002）
印　　装 山西新华印业有限公司
开　　本 720mm×1020mm　1/16
印　　张 16.75
字　　数 266千字
版　　次 2021年11月第1版　2021年11月山西第1次印刷
书　　号 ISBN　978-7-5703-1441-6
定　　价 50.00元

如发现印装质量问题，影响阅读，请与山西教育出版社联系调换，电话：0351-4729718。

总 序

一

当今世界正处在大发展、大变革、大调整时期，主要表现为以下四个方面。一是国际竞争的加剧。在“冷战”结束以后，世界格局发生了重大变化，世界上一些主要国家都在调整国家目标，力图在急剧变化的世界中为自己定位。各国为了实现国家目标，在新世纪的国际竞争中取得战略有利地位，纷纷把教育改革作为国家整体战略的一部分，作为提高民族素质、增强国际竞争力的战略举措。二是知识经济的发展。世界经济的发展经历了农业经济和工业经济之后，正在进入知识经济阶段。与建立在土地和人口基础上的农业经济、建立在资本和资源基础上的工业经济不同，知识经济是建立在知识和信息的生产、分配和使用基础之上的经济。在知识经济时代，知识、技术和信息成为推动经济发展最重要的因素。知识、技术和信息发展靠创新、靠人才，归根结底要靠教育。因此，教育成为各国应对知识经济挑战的首要途径。三是全球化进程的深入。在经济全球化的影响下，世界各国在政治、经济、文化、教育和社会生活等方面的联系、影响、依赖程度不断增强。全球化同时也加剧了国家之间、地区之间乃至学校之间的竞争，世界各国都把创建世界一流的学校、提升教育的全球竞争力作为战略目标。四是信息技术和人工智能的挑战。信息技术和人工智能的发展正改变着我们的生活方式、工作方式、学习方式、思维方式、价值观念及其物质载体，也为教育的改革与发展提供了更为广阔的空间。国际社会大变革把教育推向社会经济发展舞台的中心，优先发展教育、深化教育改革成为世界性的运动，而提高教育质量、促进教育公平则是这场教育改革运动的主旋律。

如果从历史的角度来考察，20世纪80年代以来世界范围的教育改革，不仅是对当代世界政治、经济、科学技术和文化的大发展、大变革、大调整所带来的挑战的应对，也是基于教育自身发展和改革的需要。纵观风云变幻的20世纪，世界教育经历了前所未有的挑战和改革。20世纪30年代，工业化、城市化所推动的社会全面变革引发了以进步主义教育运动为标志的世界性教育改革运动。进步主义教育直接向传统教育宣战，强调把儿童的兴趣作为教育的出发点，重视职业教育、工业教育、科学教育，倡导以解决问题为核心的教学方法，注重培养学生的合作精神和社会责任感。进步主义教育改革运动使人们反思传统与变革、人文与科学、社会与个人之间的关系，并尝试建立一种新的平衡，但并没有取得预期的效果。20世纪五六十年代，在科技进步、经济发展、民主运动、人口剧增和“冷战”加剧等因素的推动下，以1957年苏联人造卫星的发射为导火线，爆发了新一轮世界性的教育运动。世界各国开始重新审视一度给教育带来一缕新风的进步主义教育思想及其改革运动，结构主义、要素主义教育理论逐渐取代进步主义教育理论取得支配地位，促进中等教育的普及化和高等教育的大众化，改革基础教育课程和教学方法，加强大学的科技人才培养和科学研究，成为国际社会教育改革的主旋律。特别是人力资本理论和终身教育思想的提出，使教育的地位空前提高，改变了人们的价值观念。这一轮的教育改革因70年代的经济萧条戛然而止。因此，20世纪80年代以来的世界教育运动是上一轮教育改革运动在新的社会经济背景下的发展。在中小学教育实现了普及化、高等教育实现了大众化甚至普及化的背景下，世界教育改革的主旋律变成了促进公平、提高质量，也就是为每一个人提供高质量的教育。在新的社会经济背景下，世界各国纷纷把教育放在优先发展的战略地位，打造世界一流的教育体系，确立以培养创新人才为核心的培养目标，改革课程体系和教学模式，加强教育与社会生活的联系，提高教师的待遇和专业化水平，建构终身教育体系，推进教育信息化、教育国际化进程，建立更加灵活、高效的管理机制。与以前的局部改革不同，这是一场关于教育的全面改革，涉及从学前教育到高等教育、从课程教学到管理体制等教育的方方面面；与以前阶段性的教育改革不同，这更是一场长期的教育改革，已经持续30多年的教育改革仍呈方兴未艾之势。

二

自改革开放以来，中国社会发生了翻天覆地的变化。改革开放40年的经济快速增长，使中国从一个经济处于崩溃边缘的穷国一跃而成为世界第二大经济体，人民生活水平大幅度提高，综合国力不断增强。同时，中国也从一个传统社会转变为现代社会，在经济、社会、政治方面实现转型，工业化、城镇化、民主化进程不断加快。经过40年的改革开放，我国社会经济发展进入新阶段。我国面临着国际社会大变革和国内各种社会经济问题凸显的双重压力，既处于新的改革发展战略机遇期，也处于改革的攻坚期和“深水区”。正如《国家中长期教育改革和发展规划纲要（2010—2020年）》所总结的，“我国正处在改革发展的关键阶段，经济建设、政治建设、文化建设、社会建设以及生态文明建设全面推进，工业化、信息化、城镇化、市场化、国际化深入发展，人口、资源、环境压力日益加大，经济发展方式加快转变”。党的十九大明确提出要实现社会主义现代化和中华民族伟大复兴，在全面建成小康社会的基础上，分两步走，在本世纪中叶建成富强民主文明和谐美丽的社会主义现代化强国。从现在到2020年，是全面建成小康社会决胜期。要按照十六大、十七大、十八大提出的全面建成小康社会各项要求，紧扣我国社会主要矛盾变化，统筹推进经济建设、政治建设、文化建设、社会建设、生态文明建设，坚定实施科教兴国战略、人才强国战略、创新驱动发展战略、乡村振兴战略、区域协调发展战略、可持续发展战略、军民融合发展战略，突出抓重点、补短板、强弱项，特别是要坚决打好防范化解重大风险、精准脱贫、污染防治的攻坚战，使全面建成小康社会得到人民认可、经得起历史检验。综合分析国际国内形势和我国发展条件，从2020年到本世纪中叶可以分两个阶段来安排。第一个阶段，从2020年到2035年，在全面建成小康社会的基础上，再奋斗十五年，基本实现社会主义现代化。第二个阶段，从2035年到本世纪中叶，在基本实现现代化的基础上，再奋斗十五年，把我国建成富强民主文明和谐美丽的社会主义现代化强国。这一系列战略目标的实现，意味着中国社会将迎来更大的变革，意味着一个真正强国的崛起，也意味着我们必须重新审视我国教育，探讨教育如何适应国家战略的调整，积极改革创新，为国家整体战略服务。

与国际社会的教育改革大势相一致，中国教育以1985年《中共中央关于教育体制改革的决定》为标志开始了前所未有的全面改革。在新的世纪，面对新问题、新矛盾、新挑战，我国在2010年颁布了《国家中长期教育改革和发展规划纲要（2010—2020年）》，对中国教育的发展提出了新的要求：加快从教育大国向教育强国、从人力资源大国向人力资源强国迈进；到2020年，基本实现教育现代化，基本形成学习型社会，进入人力资源强国行列，办出具有中国特色、世界水平的现代教育。教育规划纲要的颁布，宣告了我国新一轮教育改革运动的开始，我国教育进入大改革、大发展、大变化时期。党的十九大报告把建设教育强国作为中华民族伟大复兴的基础工程，要求必须把教育事业放在优先位置，深化教育改革，加快教育现代化，办好人民满意的教育。无论是当前的社会变革还是教育变革，在我国历史上都没有现成的经验可以借鉴，必须从国际社会寻找可供借鉴的理论、经验和发展路径，并在此基础上实现教育理论创新、实践创新和制度创新。一方面，我国教育科学虽然已经有了很长的历史，但是对于教育改革与发展中的许多问题仍然没有一致的认识。因此，当前我国教育研究特别是比较教育研究的一个重要使命就是围绕世界和我国教育改革与发展的重大理论、政策和实践前沿问题开展研究，探索教育发展的规律，把握国际教育发展的趋势，为我国教育改革与发展提供理论支撑。另一方面，在经过40年的改革开放之后，我国教育改革已经进入“深水区”和攻坚阶段，在我国历史上既没有相应的经验可以借鉴，也不可能完全依靠“摸着石头过河”去探索未知的领域。因此，我们必须把视野扩大到国际社会，研究世界各国教育改革与发展的基本理念、政策措施、得失成败，研究世界教育改革发展的基本脉络和发展趋势，尤其是针对我国教育改革发展中的重大问题和紧迫问题，在世界范围内寻求相应的经验，特别是研究发达国家已经走过的道路和经验教训，并根据我国实际探索适合我国国情的政策措施。

三

北京师范大学国际与比较教育研究院创立于1961年，是中华人民共和国成立后设立最早的国际与比较教育研究机构。1981年，被国务院学位委员会批准为比较教育学专业全国第一批硕士学位授权点。1983年，被国务院学位委员会批准为比较教育学专业全国第一批博士学位授权点。1988年，被国家教委（现教育部）确定为国家重点学科，是比较教育领域中唯一的国家重点学科。1999年12月，成为第一批入选教育部普通高等学校人文社会科学重点研究基地的15家科研机构之一，是比较教育学科唯一的重点研究基地。2011年秋季，招收第一届全英文教学国际硕士研究生，开创了我国比较教育学专业国际硕士教育的先河。2012年，与奥地利、德国、芬兰等国大学联合开设欧盟伊拉斯谟（Erasmus Mundus）“高等教育研究与创新”硕士项目，这是我国高校第一次以全面合作伙伴（full-partners）身份全面参与伊拉斯谟项目的招生、教学和管理工作。2012年，入选教育部国别区域问题研究基地，成为教育部国际教育研究中心之一。2013年，在成功举办全英文教学国际硕士项目的基础上，全英文教学国际博士项目顺利招生，成为我国比较教育学专业乃至教育学科第一个开设国际博士教育项目的机构。2017年，加入教育部高校高端智库联盟，成为教育领域首批入选的两家智库之一。

北京师范大学国际与比较教育研究院的基本使命是：1. 围绕世界和我国教育改革与发展的重大理论、政策和实践前沿问题开展研究，探索教育发展的规律，把握国际教育发展的趋势，为我国教育改革与发展提供理论支撑；2. 为文化教育部门和相关部门培养具有国际视野、通晓国际规则、能够参与国际事务和国际竞争的高层次国际化人才；3. 积极开展教育政策研究与咨询服务工作，为中央和地方政府的重大教育决策提供智力支撑，为区域教育创新和各级各类学校的改革试验提供咨询服务；4. 积极开展国际文化教育交流与合作，引进和传播国际先进理念和教育经验，把我国教育改革发展的先进经验和教育研究的新发现推向世界，成为中外文化教育交流的桥梁和平台。

经过50多年的发展，北京师范大学国际与比较教育研究院已经成为我国规模最大、语种最全的国际与比较教育研究机构，语种涵盖英语、俄语、法语、德语、日语、朝鲜语、葡萄牙语、西班牙语等世界主要语种，研究对象包括美国、英国、法国、德国、俄罗斯、日本、韩国、印度、澳大利亚、加拿大、新加坡、芬兰等国家以及联合国教科文组织、世界银行、联合国儿童基金会、欧盟、经济合作与发展组织、亚太经济合作组织等国际组织，研究领域包括比较教育的理论与方法、基础教育比较、高等教育比较、教育政策与管理比较、教育思想比较、文化与教育发展比较、国际教育等比较教育研究的主要领域。

50多年来，北京师范大学国际与比较教育研究院一直是我国国际与比较教育研究的重镇。该院以“立足中国，放眼世界”为指导思想，根据我国社会主义现代化建设和教育改革发展的需要，积极承担起国家重大教育研究任务，取得了一大批高水平的研究成果。这套《国际教育前沿丛书》就是近年该院承担的部分国家级和省部级科研项目的研究成果，我们衷心希望这套丛书的出版能够帮助读者了解国际教育改革与发展的前沿，为我国教育改革与发展提供一些借鉴与启示。

北京师范大学把《国际教育前沿丛书》列为“985工程”重点项目予以支持，山西教育出版社在丛书编辑和出版过程中给予了很大支持，在此特别表示感谢。

刘宝存
2018年2月于北京

序

长期以来，有一些学者认为比较教育研究，就是要把几个国家的教育比个高低。其实每个国家的教育，都是在该国政治、经济、文化等多种因素影响下，在长期的历史过程中形成的，所谓比较也只是找出对象国教育的特点。所以要做比较研究，必须对研究的对象国有彻底的了解，才能说出一个所以然来。因此国别研究和区域研究，是比较教育研究的基础。

我国比较教育对几个发达国家的研究比较重视，不能说很透彻，但了解得比较充分。对发展中国家的教育研究较少，特别是对非洲、拉美国家教育的研究可以说是我国比较教育研究的空白。近年来，随着“一带一路”倡议的开展，我国开始对沿线国家的教育研究重视起来，大大促进了比较教育领域的研究。

胡昳昀的《拉美和欧盟区域间高等教育合作机制研究》就是一部填补空白之作。非洲、拉丁美洲多是新兴国家，过去大多是欧洲的殖民地，独立以后的教育，受过去宗主国的影响很大。1999年拉丁美洲和欧盟领导人峰会上提出，建立拉丁美洲及加勒比和欧盟高等教育区的设想，并签订了第一部《里约宣言》，促进了拉美和欧洲高等教育的合作。20多年来，合作的机制是什么？进展如何？值得我们研究。胡昳昀的研究就是企图回答这些问题。

该研究有以下几个特点：

第一，不是简单地介绍拉美和欧盟高等教育合作的现状，而是详细分析了发展的历史背景。

第二，不是就教育论教育，而是分析了拉美和欧盟教育合作的动力和权力的平衡，研究了合作的运营机制和存在的矛盾。

第三，内容非常详细，包括高等学校的设置、专业、课程建设等，有详细的数据。

此项研究，不仅使我们了解拉丁美洲高等教育发展的历史和现状，也为我们与拉丁美洲教育的合作提供了有益的资料。无论是对比较教育研究，还是政策研究都有理论意义和实际价值。

顾明远

2020年1月9日

目 录

第一章 导论

全球化背景下，国际教育合作在传统的国家伙伴关系以及区域伙伴关系的基础上，逐渐向区域间合作发展。区域间合作成为国际教育合作的新趋势，全球教育治理的新层次，这一合作模式被越来越多的国家、区域组织所认同并采纳。因此，研究区域间高等教育合作符合新时期我国教育对外开放新格局的需要。

一、区域间教育合作是全球化背景下国际教育合作的新趋势

随着经济全球化的发展，世界性问题，如恐怖主义、环境污染、流行疾病等，已经不是一个国家或者政府依靠单独力量就可以解决的，需要采取集体行动通过合作解决。在众多的合作模式中，以威斯特伐利亚主权国家体系为基础建立起来的区域合作关系成为介于国家和世界中间层面的一种全新互动模式。[①]随着欧盟对外关系政策的不断完善，“欧式”的区域合作模式逐渐被其他国家和区域采用，由此，区域间合作模式应运而生，并成为一种研究国家、区域组织通过制度化的联系来解决它们之间所共同面临的政治、经济、文化、教育等一系列问题的范式，从而保证国家、区域和跨区域稳定、安全的发展。[②]

①郑先武．区域间主义治理模式[M]．北京：社会科学文献出版社，2014:4.

②郑先武．区域间主义治理模式[M]．北京：社会科学文献出版社，2014:73.

区域间合作虽然起源于经济、政治领域合作，但是由于全球化进程的不断推进，区域间合作已经普遍应用于包括教育在内的方方面面。近些年，国际教育合作在传统的国家与国家间、区域内部的合作基础上，逐渐向区域间合作发展，如亚太经济合作组织（APEC）高等教育合作、中非论坛框架下的高等教育合作、欧盟与东盟高等教育合作、欧盟与非加太国家集团高等教育合作等。统一的全球体系不能完全满足国家民族利益的需要，全球层面的治理过于强大和刚性，可能不太适合解决特殊地区的特殊需求，[①]而国家与国家之间的高等教育合作又缺乏国际环境的宏观背景，广于国家间的双边合作，但窄于全球合作的区域间高等教育合作恰填补了这一可能的缺口。因此，区域间的高等教育合作已经成为国际教育合作的新趋势。

二、拉欧高等教育合作是区域间合作的成熟范本

欧洲在历史的演变中，一直面临着合与分、同一与多元的发展过程。但是随着欧洲社会的不断进步，渴望和平和统一的愿望日益增强。伍贻康指出，欧洲的整合和统一基于国家民族的建立以及外部环境的影响。[②]第二次世界大战之后，世界格局发生了重大的变化，美苏两大阵营崛起，欧洲失去了世界政治和经济中心的地位，欧洲各国在美苏的夹缝中生存。欧洲人在迷茫中寻求发展方向，最终决定选择自强的欧洲一体化道路，通过区域整合，以求复兴之路。[③]从《罗马条约》到《马斯特里赫特条约》，再到《里斯本条约》，欧盟不断通过法律完善自身制度，通过对外交力量和资源的整合，来实现欧洲统一协调的对外政策，寻求在国际舞台上作为一个国际行为体发挥重要作用。[④]可以说，经过数十年的努力，欧盟的对外政策几乎涉及所有领域，并对国际关系产生

①陈志敏，杨小舟．地区间主义与全球秩序：北约、亚太经合组织和亚欧会议[J]．复旦国际关系评论，2006(1)：4-23.

②伍贻康．多元一体：欧洲区域共治模式探析[M]．上海：上海社会科学院出版社，2009：5，9.

③伍贻康．多元一体：欧洲区域共治模式探析[M]．上海：上海社会科学院出版社，2009：11.

④王磊．欧盟对外行动署的制度研究[M]．上海：上海人民出版社，2015：2-3.

了重要影响。[①]

在欧盟的对外政策中，教育合作，尤其是高等教育合作，是近些年来欧盟一直重点发展的对外合作政策。随着欧洲一体化进程的不断深化，1999年在《博洛尼亚宣言》中提出了建立“欧洲高等教育区”（European Higher Education Area）的建议，从而打破了国界的限制，对欧洲高等教育进行改革，整合欧洲高等教育资源，在整个欧盟范围内建立起了欧洲学分转换制度，提出教育质量保障、终身学习等内容，促进了学生的流动，增进了欧洲区域内各国之间的学术交流与合作，同时也为欧盟对外教育合作打下了基础，提高了欧洲高等教育的国际竞争力和吸引力。博洛尼亚进程可以说是欧洲最成功的高等教育倡议，[②]它不仅奠定了欧洲区域的高等教育国际化的发展，而且此模式逐渐被欧洲以外其他国家所接受并效仿。在不断完善欧洲高等教育区建设的同时，欧盟也在寻求与其他区域的高等教育合作，如田普斯计划（Tempus）、欧盟面向非加太国家集团的加勒比及太平洋地区（Intra - ACP）学术流动计划等。继伊拉斯谟计划（Erasmus）成功之后，2004年欧盟推出了伊拉斯谟世界计划（Erasmus Mundus），2014年又在伊拉斯谟世界计划基础上推出了“伊拉斯谟+”计划（Erasmus+），进一步寻求与非欧盟国家和区域合作，推进了区域间高等教育合作模式的建立。

在众多合作区域中，由于历史文化原因，拉丁美洲（简称“拉美”，有时称“拉美及加勒比”，为了研究需要，接下来行文中将统称为“拉美”）和欧盟区域间的高等教育合作一直受到外界关注，并且，拉欧区域一直以来视彼此为首选的合作伙伴。[③]1999年，拉丁美洲和欧盟国家领导人在巴西里约热内卢举办了第一届拉美及加勒比和欧盟领导人峰会（Cumbre de Jefes de Estados y de Gobierno，以下简称“拉欧领导人峰会”），峰会上提出了效仿欧洲高等教育区建立拉美及加勒比和欧盟高等教育区（Espacio Común de Educación Superior UEALC，以下简称“拉

①陈志敏．欧洲欧盟对外政策一体化——不可能的使命？[M]．北京：时事出版社，2003：5.

② Hans de Wit, Fiona Hunter. Europe's 25 Years of Internationalization: The EAIE in a Changing World[J]. International Higher Education, 2014(74): 14-15.

③Jocelyne Gacel Ávila. The Process of Internationalization of Latin American Higher Education[J].Journal of Studies in International Education, 2007, 11(3/4): 400-409.

欧高等教育区”）的设想，并纷纷表示加强拉欧区域间高等教育合作，建设拉欧高等教育区是21世纪的“非常使命”。[①]自此，这个涵盖全世界61个国家（欧盟当时28个成员国，拉美33个国家），超过10亿人口的高等教育区成为世界上最大的高等教育合作联盟，是高等教育领域“南北合作”的成功代表案例。

三、区域间高等教育合作是我国亟待扩展的领域

近年来，我国坚持以对外开放促进改革和发展，与世界各国和地区开展多层次、多领域的教育交流与合作，我国政府首先在《国家中长期教育改革和发展规划纲要（2010—2020年）》提出了“扩大教育开放，开展多层次、宽领域的教育交流与合作”[②]，随后在《中国教育现代化2035》中又提出了“开创教育对外开放新格局”[③]的要求。应发展需求，我国也开始在国家、区域高等教育合作模式基础上，尝试更加复杂的区域间合作，并先后与东盟、欧盟、亚太经合组织等建立了区域间高等教育合作关系。区域合作模式的建立帮助我国协调区域内各国之间的利益，避免由于与某些国家的合作而可能对其他国家造成负面影响的结果。根据不同区域的经济特点，从各区域实际出发，深入研究区域中的教育问题，从而制定适合我国和该区域发展的对外教育政策，为区域间的政策沟通、设施联通、贸易畅通、资金融通提供人才支撑。我国在发展自身高等教育国际化的同时，也在不断塑造大国形象，履行大国使命，秉承“独行快，众行远”的理念，因此，我国不断提出具有现实操作性发展全球教育伙伴关系的倡议和战略，为全世界各国的教育发展搭建合作平台。

目前，同属于新兴经济体的中国和拉美多国，不论是政治关系还是

①Aliandra Barlete. La Construcción del Espacio Común ALCUE de Educación Superior[J]. México:Universidades,2010(44):3-13.

②中华人民共和国教育部. 国家中长期教育改革和发展规划纲要(2010—2020年)[EB/OL]. http://old.moe.gov.cn/publicfiles/business/htmlfiles/moe/info_list/201407/xxgk_171904.html, 2019-03-06.

③中华人民共和国中央人民政府. 中共中央、国务院印发《中国教育现代化 2035》[EB/OL]. http://www.gov.cn/zhengce/2019-02/23/content_5367987.htm, 2019-03-06.

 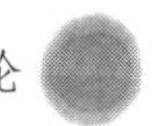

经贸交流都达到了历史的最好时期，对于具有搭建民心相通桥梁作用的教育交流也肩负起了新的使命。中国与拉美多国同属于发展中国家，地理位置相距遥远，从社会制度到文化背景都有很大的不同。由于客观地理和社会因素，以及美国对拉美的影响，中国与拉美的合作起步较晚，但是发展很快，目前拉美已经成为中国重要的合作区域。

1960年，古巴成为第一个与新中国建交的拉美国家，随后中国与拉美政府间的合作几乎处于停止状态。中国政府在1970年与智利建立外交关系，1971年与秘鲁建交，1972年与墨西哥、阿根廷、圭亚那、牙买加建交，1974年与特立尼达和多巴哥、委内瑞拉、巴西建交，1976年与苏里南建交，1977年与巴巴多斯建交。改革开放后，中国把与发展中国家的团结合作作为中国外交政策的立足点。1980年至2019年，中国与厄瓜多尔、哥伦比亚、安提瓜和巴布达、玻利维亚、乌拉圭、巴哈马、多米尼加、哥斯达黎加、格林纳达、巴拿马、萨尔瓦多等国家建立了外交关系。目前，中国共与24个拉美国家建立了外交关系。

从20世纪90年代起，经济全球化的发展加快了中国和拉美之间的合作步伐，双方国家领导人互访活跃。1990年国家主席杨尚昆对墨西哥、智利、阿根廷、乌拉圭和巴西五国进行国事访问，开启了中国国家主席对拉美国家访问的先河。1993年、1997年和2001年，国家主席江泽民对墨西哥、古巴、委内瑞拉、智利、阿根廷、乌拉圭和巴西进行国事访问。2004年、2005年和2008年，国家主席胡锦涛对墨西哥、古巴、哥斯达黎加、秘鲁、智利、阿根廷和巴西进行国事访问。[①]党的十八大以来，习近平总书记以“中国梦”统筹国内国际两个大局，通过加强顶层设计和布局，全面推进中国特色大国外交。拉美区域成为中国特色外交的亮点，中拉关系进入了“快车道”时期。习近平总书记在6年的时间里先后4次出访拉美（分别是2013年、2014年、2016年和2018年），中国与7个拉美主要国家的关系提升到全面战略伙伴关系，凸显拉美在中国外交新格局中的重要地位。

2008年，中国政府颁布了中国对拉美的第一部政策文件《中国对拉丁美洲和加勒比政策文件》，其中第四部分“全方面合作”中提到加强

①新华网．背景资料：中国—拉美关系发展历程[EB/OL].http://news.xinhuanet.com/world/2015-01/10/c_1113948806.htm, 2016-09-15.

双方体育、文化、科研、教育方面的合作。[①]在《中国与拉美和加勒比国家合作规划（2015—2019）》中，提出促进教育领域交流、流动性研究项目以及教育部门和教育机构间合作，加强人力资源开发、能力建设和各领域合作。2015年至2019年，中方向拉丁美洲和加勒比国家共同体（以下简称“拉共体”）[②]成员国提供6000个政府奖学金名额、6000个赴华培训名额及400个在职硕士名额。中方从2015年起启动了为期10年的“未来之桥”中国和拉美青年领导人千人培训计划，并继续办好拉美青年干部研修班项目，促进汉语、英语、西班牙语、葡萄牙语等语言人才培养。中方鼓励和支持拉共体成员国在中小学开设汉语课程，将汉语教学纳入国民教育体系。拉共体鼓励中国学校开设西班牙语和英语课程并开展教学，拉共体成员国鼓励中方在中国学校推广拉共体官方语言课程。继续推动拉共体成员国孔子学院、孔子课堂建设和发展。[③]2016年签署的《中国对拉美和加勒比政策文件》中提出，促进中拉教育领域交流、流动性研究项目以及教育部门和教育机构间合作。鼓励和支持汉语、英语、西班牙语、葡萄牙语等语言人才培养，支持拉美国家推广汉语教学，继续推动孔子学院、孔子课堂建设和发展，加强人力资源开发、能力建设和各领域合作，增加向拉美国家提供政府奖学金名额。[④]随着2015年中国—拉共体论坛制度机制的建立和2016年第二份中国对拉美政策文件的发布，意味着中拉关系日渐成熟与完善。其中，文明互鉴与文化交流成为特色大国外交的坚实支撑。

约瑟夫·奈（Joseph Nye）指出：“在高等教育的帮助下，软实力得以更好地发挥作用，通过国际学生的流动和跨文化项目交流促进双方理

①中华人民共和国外交部．中国对拉丁美洲和加勒比政策文件[EB/OL].http://www.mfa.gov.cn/chn//gxh/zlb/zcwj/t521016.htm, 2018-02-11.

②2010年2月，第21届里约集团峰会决定筹建涵盖所有33个拉丁美洲独立国家的新地区组织，并定名为“拉丁美洲和加勒比国家共同体”（简称“拉共体”），以替代里约集团和拉美峰会。2011年12月2日至3日，拉丁美洲33国国家元首、政府首脑或代表在委内瑞拉首都加拉加斯举行会议，宣布正式成立拉共体。

③新华网．中国与拉美和加勒比国家合作规划（2015—2019）[EB/OL].http://news.xinhuanet.com/world/2015-01/09/c_1113944648.htm, 2016-09-15.

④新华网．中国对拉美和加勒比政策文件（全文）[EB/OL]. http://news.xinhuanet.com/world/2016-11/24/c_1119980472_3.htm, 2016-11-28.

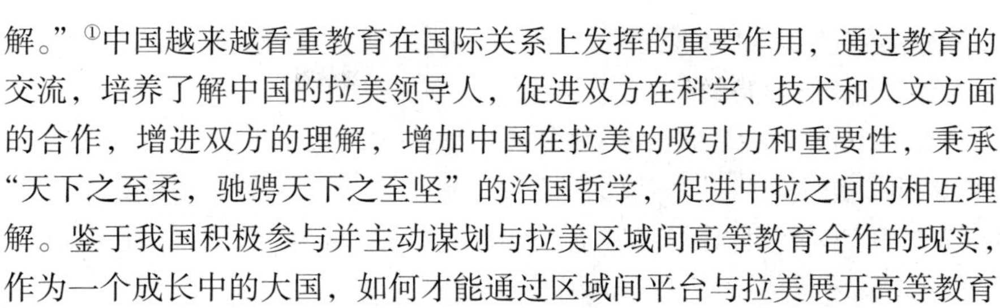

解。”[①]中国越来越看重教育在国际关系上发挥的重要作用，通过教育的交流，培养了解中国的拉美领导人，促进双方在科学、技术和人文方面的合作，增进双方的理解，增加中国在拉美的吸引力和重要性，秉承“天下之至柔，驰骋天下之至坚”的治国哲学，促进中拉之间的相互理解。鉴于我国积极参与并主动谋划与拉美区域间高等教育合作的现实，作为一个成长中的大国，如何才能通过区域间平台与拉美展开高等教育合作，建立有效的合作机制，进而更好地实现国家利益以及国际主张，是值得我们着重思考的问题。

四、区域间高等教育合作的保障机制

区域间主义是在新区域主义的理论框架下延展而来的。提出新区域主义方法论的学者伯恩·赫特纳（Björn Hettne）在新区域主义的理论框架中提出了区域间主义理论。区域间主义是国际关系中的“新现象”，全球秩序中的“新层次”，以及国际关系研究中的“新领域”。[②]区域间主义在全球治理体系中起到了越来越重要的作用，但是目前这一潜力尚未得到完全的开发。[③]

著名的区域间主义学者海纳·汉吉（Heiner Hänggi）根据行为体属性将区域间主义分为广义和狭义两种类型，广义上的区域间主义包括：大区域主义（Mega-Regionalism）或跨区域主义（Transcontinentalism），来自两个或更多区域国家之间的关系；狭义上的区域间主义或双区域主义，即区域组织/集团之间的关系；半区域间主义（Quasi-Interregionalism），即区域组织/集团与第三国的关系。狭义上的区域主义就指传统区域主义，经准区域主义、传统区域主义到大区域主义的“光谱”（Spec-

---

① Joseph Nye. Soft Power and Higher Education[EB/OL]. https://net.educause.edu/ir/library/pdf/ffp0502s.pdf, 2016-09-15.

② Heiner Hänggi. Interregionalism: A New Phenomenon in International Relationship [A].Heiner Hänggi, Jürgen Rüland. Interregionalism and International Relations[C].New York: Routledge, 2006:3.

③Jürgen Rüland. Interregionalism: An Unfinished Agenda[A].Heiner Hänggi, Jürgen Rüland. Interregionalism and International Relations[C].New York: Routledge, 2006:313.

trum）演变。[①]

表1-1　区域间主义的基本类型

<table>
<tr><th>类型</th><th>地区A</th><th>地区B</th><th colspan="2">表现形式</th><th>案例</th></tr>
<tr><td>1</td><td>区域组织/集团</td><td>第三国家</td><td>半区域间主义</td><td rowspan="5">区域间主义（广义）</td><td>中非合作论坛</td></tr>
<tr><td>2</td><td>区域组织</td><td>区域组织</td><td rowspan="3">双区域主义（狭义）</td><td>拉美及加勒比国家共同体和欧盟峰会</td></tr>
<tr><td>3</td><td>区域组织</td><td>区域集团</td><td>欧盟与非加太国家集团</td></tr>
<tr><td>4</td><td>区域集团</td><td>区域集团</td><td>东亚和拉美合作论坛</td></tr>
<tr><td>5</td><td colspan="2">来自两个以上核心区域的集团、组织</td><td>跨区域主义</td><td>亚太经合组织</td></tr>
</table>

资料来源：Heiner Hänggi. Interregionalism as a Multilateralism Phenomenon: In Search of a Typology[A]. Heiner Hänggi, Jürgen Rüland. Interregionalism and International Relations[C]. New York: Routledge，2006: 41.

拉欧区域间合作是在狭义的区域间主义合作类型基础上，延伸到了拉美子区域（如南方共同体、安第斯共同体等）与欧盟合作以及拉美国家（如巴西、墨西哥、智利）与欧盟合作。[②]因此，拉美和欧盟的区域间合作类型是组织对组织，以及组织对国家的多重合作类型。而中国与拉美的合作则属于国家与组织的合作类型。

在研究区域间合作的动力中，朱莉·吉尔森（Julie Gilson）认为，区域间主义除了是区域间对话的一种形式外，它还具有影响行为体身份

①Heiner Hänggi. Interregionalism as a Multilateralism Phenomenon：In Search of a Typology[A]. Heiner Hänggi, Jürgen Rüland. Interregionalism and International Relations[C].New York：Routledge，2006：34.

② Cintia Díaz Silveira Santos. La Estrategia Inter-Regional de la Unión Europea con América Latina：El Camino a La Asociación con el Mercosur, la Comunidad Andina y Centroamérica[M].Madrid：Paza y Valdés，2009：46.

发展的作用。[①]也就是说，区域间主义不仅是区域间合作的过程，同时区域合作过程也是自我认知的过程。这种现象被汉吉定义为成为区域间主义的区域主义（regionalism through interregionalism）。汉吉认为，区域间合作可以帮助某个区域内的国家加强区域内的合作，尤其是在凝聚力程度较低的区域；另一方面，区域间主义可以帮助内聚力不高的区域尽快实现目标。鲁兰德也同样提出过类似的观点，区域组织或集团与另一个区域组织或集团合作，加强后者的地区团结，或者在无意识中帮助后者建立了集体认同。一方认为另一方的做法具有意义和借鉴性的话，区域间的合作就产生了。[②]不难看出，不论是汉吉还是鲁兰德都认为区域间合作的发生都是区域一体化程度较高的一方对区域一体化程度较低的一方产生了影响，进而发生的合作关系。[③]具体就本书而言，欧洲高等教育一体化在博洛尼亚进程推动下逐步得到完善，相比之下的拉美各国的高等教育水平较低、教育质量不高，高等教育区域一体化仍然处在较松散的状态。因此，拉欧区域间高等教育合作符合国际学者们一致认同的一体化程度较弱势的区域通过与较完善的区域合作，从而进行区域认知的构建过程。

有关区域间主义功能的研究，鲁兰德的观点被学者们广泛接受，即权力平衡（Power Balancing）、制度建设（Institution-Building）、议程设置（Agenda-Setting）、合理化（Rationalizing）以及集体认同（Collective Identity-Building）五大功能说（Five Functions）。[④]权力平衡是通过区域内的不同层次和不同领域之间的合作运行而成，这些层次包括全球、区

①Julie Gilson. New Interregionalism? The EU and East Asia[A].Fredrik Söerbaum, Luk Van Langenhove. The EU as a Global Player: The Politics Interregionalism[M].London and New York: Routledge,2006:74.

② Jürgen Rüland. Interregionalism: An Unfinished Agenda[A]. Heiner Hänggi, Jürgen Rüland. Interregionalism and International Relations[C]. New York: Routledge, 2006:308.

③ Yeo Lay Hwee, Lluc López i Vidal. The Theoretical Contribution of the Study Regionalism and Interregionalism in the ASEM Process[M].Barcelona:CIDOB,2008:60.

④Heiner Hänggi. Interregionalism: A New Phenomenon in International Relationship[A]. Heiner Hänggi, Jürgen Rüland. Interregionalism and International Relations[M].New York: Routledge,2006:11-12.

域、次区域以及国家。[①]制度建设是跨越国际边境运行的一系列持续而相互作用的规则，包括国际惯例、国际机制和正式的国际组织。[②]区域间制度建设形式多样，主要包括各种协作与对话协定、合作伙伴关系协定和联系协定等契约型的正式制度，也有高峰会议、部长会议等“软制度”的对话机制，各种行动、声明、宣言等的非正式文件，以及区域间联合理事会、委员会或秘书处等。[③]议程设置推动区域间的建设。行为体通过议程设置提高议题的重要性以及合理性。合理化是工具和手段，是指区域间主义在参与全球治理过程中所产生的规则、规范和决策程序对全球层面的沟通和合作起到的便利作用。[④]合理化功能强调的是区域间主义介于全球和国家民族之间的一个新层次，通过任务在新层面的分解，缓解或者解决了全球治理中存在的棘手问题。合理化功能和议程设置功能是互为作用的两个功能要素，议程设置是将行为体关注的议题列入合作优先关注的过程，使得区域间合作更加合理化，同时合理化也保障了议题的设置。集体认同是行为体之间的个人的、精神的和社会的互动和联系过程，集体认同既可以限制共同体内部的权力，也可以赋予行动力量。它通过对外关系平台扩散自我规范、相互学习、相互承认，进而强化区域内部的凝聚力，试图得到区域外部的承认与支持。

鲁兰德提出的区域间主义“五大功能说”已经成为研究国际关系中区域间合作的重要范式，他将这五种功能视为同一逻辑层面，并且它们之间关系相互独立，处于相对静止的状态。具体就本书而言，探讨的是如何让这些功能推进实现的机制问题，更强调合作中的互动性。鉴于研究需求，本书试图在鲁兰德的“五大功能说”基础上，探索尝试对该理

---

① T.V.Paul. Introduction：The Enduring Axioms of Balance of Power Theory and Their Contemporary Relevance[A]. T. V. Paul, J. J. Wirtz, M. Fortmann.Balance of Power：Theory and Practice in the 21st Century[M]. Standford：Standford University Press,2004：5-11.

②Robert Keohane. International Institutions and States Power：Essays in International Relations Theory[M]. Michigan：Westview Press,1989:5.

③ Jürgen Rüland. Interregionalism：An Unfinished Agenda [A]. Heiner Hänggi, Jürgen Rüland. Interregionalism and International Relations [C]. New York：Routledge, 2006,302-306.

④郑先武．国际关系研究新层次:区域间主义理论与实证[J]. 世界经济与政治，2008(8):61-68,5.

论框架进行修订。本书将鲁兰德“五大功能说”中的五个功能赋予了互动关系，并且这五种功能分别处在三个层次，这三个层次属于递进关系。

第一层为“权力平衡”，它是拉欧区域间高等教育合作的动力机制。拉欧在高等教育领域实力悬殊，通过合作试图弥补拉欧间的鸿沟。拉美和欧盟区域间的合作是民族国家对全球化和区域化的外部双重挑战做出的回应，通过相互依存与力量平衡推动双方的合作与发展。[①]拉欧无论是在经济实力还是高等教育发展水平方面，都存在着明显的权力不对称关系，因此属于非对称的利益合作关系。拉欧建立非进攻性联盟来制衡崛起或具有潜在威胁的大国，通过政治、经济、教育等领域合作实现软平衡。同时，拉欧高等教育合作也满足自身教育发展需求。欧盟具有较高的高等教育、科技、创新水平，是合作过程中的主要资助方，项目设置方面具有较大话语权。拉美区域通过与欧盟的高等教育合作，提升了该区域的高等教育质量，推进了科学水平的提升，提高了创新能力。欧盟通过与拉美区域高等教育合作，为人才储备提供了保障，同时拉美也成为欧盟规范性权力的试验场。拉美和欧盟通过高等教育合作，对权力失衡现象进行修正，希冀实现权力平衡的最终目标。

第二层为“制度建设”“议程设置”与“合理化”，它们分别为区域间合作路径机制。“制度建设”体现在由于历史原因，拉美与欧盟拥有深厚的文化基础，在经济、文化和社会发展过程中，拉美区域表现出对欧盟较强的依附关系，在高等教育领域同样如此。通过拉欧区域间领导人峰会制度的建立，帮助拉欧各国之间平衡各自利益，协调复杂的相互依赖关系，这是合作的重要保障。“议程设置”以及“合理化”在区域间主义理论中关系较为密切，有效的区域间议程设置，可以使区域间主义理论这个全球治理理论的新范式变得被广泛认可，区域间合作这个新层次更加合理化。同时，合理化对议程的设置起到了保障和促进作用。在拉欧领导人峰会上，教育合作一直是双方领导人关注的问题。在拉欧领导人峰会上提出了建立拉欧高等教育区的设想，并设立了一系列议程推动高教区的建设，这些议程主要是ALFA计划、伊拉斯谟世界计划，以及现在正在运行的“伊拉斯谟+”计划和“地平线2020”计划等。

第三层为“集体认同”，它是结果输出机制。本书中集体认同作为

①马嫚．地区间主义——地区合作的新亮点[J]．东南亚纵横，2009(5)：42-46.

合作效果的分析，拉欧通过区域间高等教育合作，都对拉欧区域间合作这一集体行为做出了新的建构。需要指出的是，集体认同不是拉欧区域间合作的最终目标，也不是衡量合作效果的唯一指标。但就本书的高等教育合作而言，拉欧通过拉欧领导人峰会这一平台扩散自我规范、相互学习、相互承认，进而强化了区域内部的凝聚力，得到了外部的承认与支持，进而达成了集体认同。同时，拉欧集体认同的形成可以为拉欧创造更多的集体利益，并转化为拉欧行为体的合作动力，进而促进拉欧区域间的权力平衡。通过本书，探讨作为区域间主义高等教育合作的典型代表，拉欧高等教育合作取得了哪些成效促进了集体认同，同时面临哪些挑战对集体认同产生了负面影响。

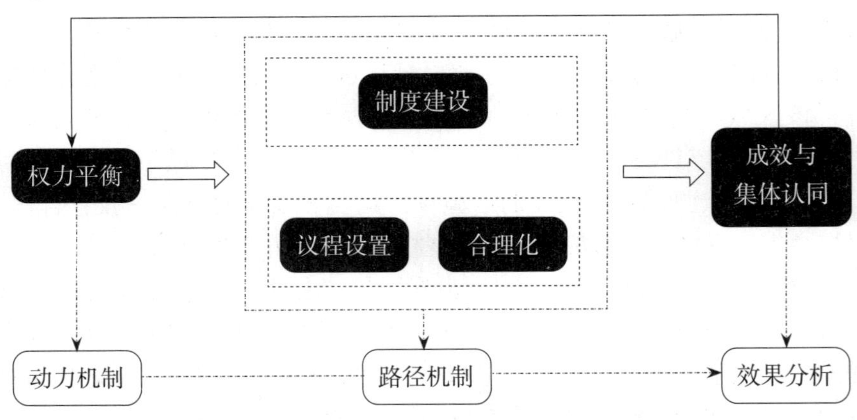

图1-1　“区域间合作机制”理论模型与分析框架

第二章 拉欧区域间高等教育合作的历史背景

西班牙和葡萄牙在拉美这片大陆上实行了近四个世纪的统治，拉美和欧盟的同根同源性使他们成为“天然的盟友”。拉美高等教育发展自然受到了欧洲的影响，从对欧洲高等教育的完全复制到模仿，再到合作，在借鉴与合作中不断完善发展而成，最终形成了既具欧洲高等教育特征，又具有自身独特框架体系的多样且复杂的高等教育制度。

恩格斯曾经说过：“历史从哪里开始，思想进程也应当从哪里开始，而思想进程的进一步发展不过是历史过程在抽象的、理论上前后一贯的形式上的反映；这种反映是经过修正的，然而是按照现实的历史过程本身的规律修正的。”[①]正是意识到过去的拉美和欧盟高等教育合作与今天和未来的发展之间的重要联系作用，研究拉美和欧盟高等教育合作的历史发展脉络的意义才显得格外重要。

第一节 宗主国大学模式“复制”阶段

大学模式的“复制”阶段主要是从15世纪末开始到18世纪初。殖民时期，宗主国管理该片土地上的土著居民，并大量摧毁其公共教育系统，取而代之的是宗主国的殖民教育。宗主国通过大学的建立巩固贵族在拉美的统治地位，为皇室和教会培养服务型人才。这一时期的殖民地大学完全是“复制”宗主国大学模式而建立的。

① 中央编译局．马克思恩格斯选集(第二卷)[M].北京:人民出版社,1995:43.

一、“萨拉曼卡”和“阿尔卡拉”模式的复制

拉美殖民时期的首批大学都是得到皇家敕旨或天主教圣谕，将西班牙萨拉曼卡大学（Universidad de Salamanca）或阿尔卡拉大学（Universidad de Alcalá）模式复制到拉美建立而成的。后来，萨拉曼卡大学成为拉美公立大学的雏形，阿尔卡拉大学则是私立大学的雏形。不论是依照萨拉曼卡模式还是阿尔卡拉模式建立的大学，它们均保留西班牙的传统，招收的学生均来自具有特权的贵族家庭，教授课程以宗教、法律、文法和艺术为主。在校传授知识的教授则拥有教学方面的绝对权威和自主权，有时一个院系的课程设置也由最具权威的几个甚至是一个教授决定。授课方式死板，深奥费解，咬文嚼字，具有强烈的贵族烙印，确定了殖民者在新大陆的优势地位。[①]

但需要指出的是，由于宗主国的统治需求，这一时期在拉美建立的大学并不存在真正意义上的公立和私立院校之分，它们均是在西班牙皇室和（或）教会治理下运转。从大学中设立学监（Maestrescuela）一职可窥见一斑，该职位由国王委任，由地位较高的教士或牧师担任，是学校和教会之间的联络员，负责学校教学事务、教师的聘用、学生学位的授予以及相关事宜。这一时期拉美的大学形成了“总督—主教—校长”三位一体的管理形式，其发展内涵反映出权势、教条和知识的相互作用关系。

二、“萨拉曼卡”和“阿尔卡拉”模式的超越

进入17世纪尾声，启蒙思想传入拉美，并对拉美的文化和教育产生了深远影响。自然科学在拉美兴起，学者们开始重视自然科学知识和实用技能的学习和运用，理性主义和经验主义不断发展，教条主义和传统权威的地位受到严重威胁，传统的“萨拉曼卡”和“阿尔卡拉”模式大学受到质疑。崇尚启蒙运动思想的时任西班牙总督胡安德·帕莱福（Juan de la Palafox）提出了“萨拉曼卡模式本土化”理念，首先推动了

① 曾昭耀，石瑞元，焦震衡．战后拉丁美洲教育研究[M]．南昌：江西教育出版社，1994：4.

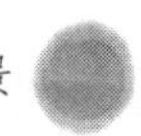

墨西哥的大学改革。随后，此次改革的影响几乎遍及整个拉美，其中最成功的本土化高等教育改革当属一个世纪后危地马拉的圣卡洛斯大学（Universidad de San Carlos）改革。著名的启蒙思想家、方济各会修士何塞·安东尼奥·利安多（José Antonio Liendo y Goicoechea）主持了圣卡洛斯大学的改革，在哲学课堂上引入了初期实证教学方法。他还吸收了笛卡儿的思想对教学进行重新改革，提倡教授学术自由以及科学方法论，增设了数学、逻辑学、实用物理、解剖学等课程，废除了课本教授的局限，引入了阅读和辅助教学材料，丰富了教学方法，同时建议教师同时使用西班牙语和拉丁语教学。在圣卡洛斯的校章中注明："鼓励教学的相反意见，只有争论才可以促进青年的进步。"[①]同时，校务委员会实现了对大学的自主管理，学生参与学校事务的管理，学生具有教学投票权，这是今天拉美师生共同治理学校的雏形。

1538年，西班牙在拉美建立第一所大学。至殖民统治末期，两大宗主国（主要以西班牙为主）总共在拉美区域建立了25所大学。[②]秘鲁著名的历史学家路易斯·阿尔贝托·桑切斯（Luis Alberto Sánchez）讲到，拉美殖民地大学是萨拉曼卡大学和阿尔卡拉大学的"孩子"，最为完整地复制了这两所大学的一切。[③]随着拉美殖民地的发展，这种墨守成规的意识形态受到了前所未有的质疑。18世纪受启蒙运动思想的影响，人们对知识的不断渴望，大学中开始引入实证方法，殖民地时期的拉美大学开始进行教育改革的初次尝试。这次寻求"本土化"的改革对拉美大学后来的发展奠定了基础。但是需要指出的是，殖民时期的拉美大学仍未能脱离宗主国教育的影响，其发展不过是伊比利亚文化的一面"镜子"。同时，殖民时期的大学仍然是少数精英贵族的特权，这些大学远离现实社会，只是关心特定群体的既得利益，保护传统阶级的权力。国家和民族的独立也未能彻底改变贵族对大学的统治，在这期间，一些思想比较进步的贵族开始培养克里奥尔人（Creollo）精英，酝酿着共和

---

① Carlos Tünnermann Bernheim. La Universidad Latinoamericana ante los Retos del Siglo XXI[M].México: UDUAL,2003:62.

② 丹尼尔·列维．拉丁美洲国家与高等教育——私立对于公立主导地位的挑战[M].周保利,何振海,译．北京:北京师范大学出版社,2016:49.

③ Carlos Tünnermann Bernheim. La Universidad Latinoamericana ante los Retos del Siglo XXI[M].México: UDUAL,2003:66.

国改革。

第二节　法国大学模式“效仿”阶段

拉美殖民时期的大学“复制”西班牙大学模式建立，殖民地国家纷纷独立后，受到法国革命、启蒙运动的影响，纷纷效仿法国“拿破仑模式”建立起共和国大学。当时深受启蒙运动思想影响的拉美精英人群认为，效仿法国大学模式，是拉美大学在共和国时期实现殖民地大学国家化和现代化的路径选择。①

一、“改革派”与“保守派”之间对大学掌控权之争

事实上，随着拉美寡头以及新兴商业贵族的出现，独立运动的本质是在拉美出生的西班牙人权力与西班牙本土权力的更替。启蒙运动为独立运动提供了思想依据，并很快从政治和社会改革运动蔓延到最易受到影响的高等教育领域，以城市新兴贵族为代表的“改革派”与以地主和天主教为代表的“保守派”之间展开了一场有关大学控制权的争夺。“改革派”受过良好的教育，与欧洲交往频繁，他们崇尚卢梭的“平等思想”和法国百科全书派的教育思想，宣传实证主义哲学，不允许宗教涉足科学领域的发展。“保守派”是出生在拉美土地上的西班牙人及克里奥尔人，他们坚持主张保持宗教对大学的影响，继续保持政府、宗教和大学之间的密切关系，延续“总督—主教—校长”三位一体的管理模式。由于当时拉美各国刚刚结束独立战争，不论是在经济上还是思想上都处于百废待兴的状态，拉美急需一场推陈出新的大变革。恰逢此时，启蒙思想、法国大革命、北美自由主义等思想传到拉美，拿破仑在欧洲“神话”般的统治，给大洋彼岸的这片土地找到了发展模板。最终，“改革派”在这次斗争中获胜，共和国时期大学的改革从“效仿”法国大学的模式开始，倡导职业技能的培养，弱化了大学的教学功能和科学研究工作。大学的课程设置一切从实用主义角度出发，听从国家安排，为国家培养发展需要的职业技术型人才。宗教被大学排斥并逐渐退出大学管

① Carlos Tünnermann Bernheim. La Universidad Latinoamericana ante los Retos del Siglo XXI[M].México: UDUAL,2003:66.

理领域，共和国时期的大学成为“大学—政府”的二元管理模式。

二、“拿破仑模式”大学思想在拉美蔓延

这一时期，拉美一北一南各成立了一所“拿破仑模式”大学，一个是1843年由圣安德烈斯·贝罗（Don Andrés Bello）在智利首都圣地亚哥建立的大学，另一个是1910年由圣胡斯多·希尔拉（Don Justo Sierra）在墨西哥建立的大学。为了满足当时社会和城市化发展需求，贝罗在智利创建了一所专门培养律师职业技能的大学，这所大学培养出来的律师顶替了教士成为学校的核心领导者。贝罗借鉴《法国民法典》内容，认为律师是社会管理最核心的群体，肩负着共和国制度建立的重任，因此律师成为当时拉美重点培养的职业人群。墨西哥在独立战争结束初期，关闭了所有的大学，成立了零星几所职业技术学校并由政府掌管，就此大学机构暂时退出墨西哥国家历史舞台。直到1910年，希尔拉重新建立了大学，命名为“墨西哥国立大学”（Universidad Nacional de México），同样是为国家培养律师人才。除了上述比较重要的两所大学外，厄瓜多尔也将殖民地时期成立的三所教会学校合并成了一所由国家主管的公立大学，危地马拉将“政府—教会—大学”三位一体式圣卡洛斯大学改组成为一个全新的公立大学。

但需要指出的是，这一时期的教育仍然强烈维护资产阶级的利益，向学生们灌输资产阶级价值观，鼓励学生顺从统治阶级的意愿，[①]教育资源仍掌握在精英贵族手中，共和国时期大学的建立，并不意味着地区政治经济架构的真正改变。从权力的角度来看，“改革派”倡导的平等自由思想，本质上是从传统贵族手中夺取特权，争取与传统贵族的平等待遇，而非对全社会公民的“平等待遇”。“拿破仑模式”大学被拉美效仿和推行，同样是“改革派”在拉美这片“宗主国之外”的土地对宗主国势力的反抗，也成为巩固拉美各国建立自由民主国家的思想利器。从大学模式来看，这种法国式大学设计并不符合拉美社会经济和政治发展需要。第一，效仿拿破仑式大学改革，损坏了拉美大学原有的社会地位，大学变成了培养职业技术人员的“办事处”。第二，对拉美科学技

① 曾昭耀，石瑞元，焦震衡．战后拉丁美洲教育研究[M]．南昌：江西教育出版社，1994：16.

术人才的培养造成了新的阻碍，这一时期由于职业技术人员培养文化的盛行，整个拉美区域缺少对科学技术人才培养的重视，原本拉美科学技术水平就落后于欧洲国家，经过拿破仑式大学改革，进一步加剧了两个区域的科学技术水平差距。

第三节　高等教育机构“本土化”探索阶段

19世纪末20世纪初，拉美区域各国经济迅速发展，资产阶级和工人阶级力量不断壮大，人民对教育诉求的呼声日渐增长。然而，这一时期的拉美大学仍然遵循着“拿破仑模式”发展理念，秉承着大学精英模式的办学思想，大学本质仍然是为社会政治和经济的权贵服务。该模式已经不能适应社会发展需求，拉美教育学者们提出了教育要与经济、科学和道德同步发展的主张。[①]1918年，在新旧世纪之交，由阿根廷发起、随后几乎在整个拉美产生重要影响的“科尔多瓦大学改革（Reforma Universitaria de Córdoba）”，也称作“1918大学改革（Reforma Universitaria 1918）”爆发，这是拉美历史上最重要的一次大学改革运动，该运动对大学僵化的行政体系和社会层级产生了冲击和挑战，这次运动被誉为拉美大学“真正的改革力量”。[②]自此，拉美改变了对欧洲模式大学“复制”和“模仿”的发展路径，开始踏入寻求“本土化”改革之路。时至今日，本次改革成果对拉美各国大学发展仍具有重要的影响和意义。

一、“科尔多瓦大学改革”对传统大学模式的突破

“科尔多瓦大学改革”一词来自阿根廷的科尔多瓦大学（Universidad de Córdoba），该大学成立于殖民时期。新兴中产阶级成为“科尔多瓦大学改革”的主要发起者和参与者，他们同传统的政治寡头和教士团体反抗，试图打破高等教育的贵族“壁垒”，争取进入大学学习的机

① 曾昭耀，石瑞元，焦震衡．战后拉丁美洲教育研究[M]．南昌：江西教育出版社，1994：16.

② Carlos Tünnermann Bernheim. La Universidad Latinoamericana ante los Retos del Siglo XXI[M].México：UDUAL，2003：68.

会。阿根廷的民主自由环境为该运动提供了政治基础。1912年，阿根廷颁布了新的选举法开始实施全民选举，得益于全民选举制度；1916年得到中低层人民拥护的伊波利托·伊里戈延（Hipólito Yrigoyen）当选总统，上任伊始，他便开始大力倡导欧美的民主思想和大学自治理念。[①]很快，在阿根廷新政局的保护下，阿根廷大学内外充满了要求民主、自由的呼声，大学内部呼吁政府减少对大学的控制，中产阶级人士为了可以使自己的孩子拥有更多受教育机会，呼吁大学摘掉“贵族标签”。由于对新型教育模式的内外需求，1918年，科尔多瓦大学的学生们带头举起大学改革的旗帜，呼喊着“科尔多瓦的青年人给南美洲人自由”的口号。[②]自此，拉美大学开始反思，大学的发展不能再依靠复制和模仿欧洲高等教育模式，而是应该探索更适合本土的大学发展路径。

二、“科尔多瓦大学改革”奠定了自治和共同管理的基础

科尔多瓦大学的学生试图通过学生运动争取在大学中的选举和被选举权，改变陈旧的教条主义，建立适合拉美大学自身发展的自由民主大学，一改“古老精英制度”的治学理念。[③]毫不夸张地说，“科尔多瓦大学改革运动”的思想是留给整个拉美高等教育的重要遗产，其思想内容如下：

第一，实现大学自治。大学自治是本次学生运动最为核心的改革内容。大学摆脱国家控制，免受政治环境的影响，对校长和教师的聘用具有自主权，制定适合自身发展的大学章程，根据教育发展需求自行安排课程内容，实现学术自由。大学自治是现代大学发展的基本准则，[④]因此，这次改革在很大程度上也标志着拉美大学的现代化之路的开端。第

① 唐俊．拉美大学自治:《科尔多瓦大学宣言》及其影响[J]．比较教育研究，2014(7):102-106.

② Wikisource. Manifiesto Liminar de la Reforma Universitaria[EB/OL]. https://es.wikisource.org/wiki/Manifiesto_Liminar_de_la_Reforma_Universitaria, 2018-02-10.

③ Pablo Buchbinder. Historia de las Universidades Argentinas[M]. Buenos Aires: Sudamericana, 2005: 95.

④ Álvaro Acevedo Tarazona. A Cien Años de la Reforma de Córdoba, 1918-2018. La Época, los Acontecimientos, el Legado[J].Historia y Espacio, 2010(7): 1-13.

二，实现共同管理。大学管理人员、教师、学生、毕业生共同参与大学管理工作，强调"学生对学校拥有管理的权力"，为了保护这一权力，各学校制定了保障教师、学生、毕业生共同治校的规章制度。第三，完善教学制度。保障教师教学内容、思想以及学术自由。建立教师聘任制度，打破教师裙带关系的樊篱，选拔有能力的教师，提高教师队伍的整体文化素养。重新设计教学内容，提升教学方法的现代化水平。第四，履行大学社会职能。加强高等教育在学前教育、基础教育、中等教育、技术教育等领域的研究和培训工作。在重视科学研究的同时，加强大学与社会的联系，密切关注社会问题。推动民众思想水平的提升，促进拉美的统一。①

本次改革改变了大学法律和组织架构，学校的管理由中央集团制向自治和/或共同治理制度转型，学校在很大程度上拥有了自治权力。很多具有国家性质的大学纷纷更名为"自治大学"，如拉美赫赫有名的墨西哥国立自治大学就是在此期间更名而来。然而稍有遗憾的是，在本次改革中并未涉及大学财务的管理问题。大学的主要经费依靠政府拨款，因此，经济上对政府的依赖给拉美大学的自治之路带来了不小隐患。无论是20世纪60至70年代的阿根廷和巴西军政府统治时期，还是后来的金融危机时期，政府通过对大学财政的控制，阻碍了大学自治的进一步发展。哥伦比亚著名历史学家赫尔曼·阿西涅加斯（Germán Arciniegas）提到，拉美大学在1918年之后虽然未能成为希望的样子，但是已经改变了原有的面貌，摆脱了欧洲大学模式的路径依赖，逐步探索本土发展模式，开始了大学民主化进程。②

第四节　高等教育合作发展阶段

全球化正在描绘新的知识版图，这对国家科研技术水平有了新的要求。为了应对全球知识结构的变化，高等教育机构不得不对自身的结构

① Álvaro Acevedo Tarazona. A Cien Años de la Reforma de Córdoba, 1918-2018. La Época, los Acontecimientos, el Legado[J].Historia y Espacio,2010(7):1-13.

② Carlos Tünnermann Bernheim. La Universidad Latinoamericana ante los Retos del Siglo XXI[M].México: UDUAL,2003:72.

进行调整，以适应知识和经济全球化的发展需求。自20世纪90年代起，拉美各国陆续改革，寻求高等教育国际化发展之路。但需要指出的是，拉美区域的高等教育在世界范围内影响力不足，如菲利普·G.阿特巴赫（Philip G. Altbach）教授所说，拉美仍停留在国际研究和知识传播中心的外围。[①]因此，寻求合作成为促进拉美高等教育水平提升的重要途径。由于历史原因，在众多高等教育合作关系中，欧洲一直是拉美高等教育机构首选的合作伙伴。[②]

一、拉欧领导人峰会框架下高等教育合作制度的确定

拉美和欧盟高等教育制度化合作始于1999年。这一年，来自欧盟28个成员国和拉美的33个国家齐聚巴西里约热内卢，召开了第一届拉美及加勒比和欧盟领导人峰会（以下简称“拉欧领导人峰会”）。该峰会是拉欧区域间最高级别对话制度，负责拉欧合作方向、内容和目标等规划，具有统领全局的作用。其中，教育合作尤其是高等教育合作一直被视为拉欧领导人峰会的重要议题，拉欧领导人强调加强拉美和欧盟间的高等教育合作是21世纪的“非常使命”。[③]

拉欧领导人峰会制度确立了区域间高等教育合作基调，通过历届峰会颁布的宣言明确高等教育合作的价值目标。1999年拉欧区域间合作的第一部宣言《里约宣言》中就强调拉美和欧盟在教育、文化和人文领域交流合作的重要性，拉欧双方通过合作加深彼此了解，建立互信关系，以实现社会公平的发展以及科学技术领域的进步。[④]此后的历届领导人峰会在《里约宣言》价值目标基础上，不断探索高等教育合作新的可能性和意义，在教育合作对社会融合、社会公平、促进男女平等，缩小社

① 若瑟兰·加塞尔·阿维拉，伊莎贝尔·克里斯蒂娜·哈拉米略，简·奈特，汉斯·德维特．拉丁美洲的道路：趋势、问题和方向［A］．汉斯·德维特等．拉丁美洲的高等教育：国际化的维度［M］．李峰亮等，译．北京：教育科学出版社，2011：319.

② Jocelyne Gacel Ávila. The Process of Internationalization of Latin American Higher Education[J].Journal of Studies in International Education, 2007, 11(3/4): 400-409.

③ Aliandra Barlete. La Construcción del Espacio Común ALCUE de Educación Superior[J].Universidades, 2010(44): 3-13.

④ Declaración de Río de Janeiro [EB/OL] http://siga.jalisco.gob.mx/assets/documentos/TratadosInt/DeclaraRio_92.htm, 2017-10-19.

会差距、促进社会可持续发展，科学技术进步、经济发展，人文交流、多元文化保护，教育质量、国家竞争力提升起到的促进作用，以及它对区域一体化和参与全球化竞争的现实意义等方面达成重要共识。

同时，拉欧领导人峰会确定了拉欧高等教育合作的实施机制，其中包括来自拉欧61个国家以及相关组织共同参与的复杂体系，其运行是通过拉美及加勒比和欧盟学术峰会（Cumbre Académica de América Latina y el Caribe y la Unión Europea，以下简称“拉欧学术峰会”）、拉欧学术峰会下设的组织机构以及各国行动等多方的合作与互动进而实现的。根据拉欧领导人峰会制定的高等教育合作运行机制，拉欧学术峰会确立了负责高等教育合作的组织架构，先后成立了拉欧永久学术论坛（Foro Académico Permanente）、区域间学术委员会（Espacio Académico Birregional）、咨询委员会（Comité Consultivo）、永久反思小组（Grupo de Reflexión Permanente）等，共同满足拉欧共同体发展的任务需求。时至今日，共举办了八届领导人峰会以及六届学术峰会，峰会制度为拉欧高等教育合作的一致性、连贯性和有效性提供了可能。

二、拉欧领导人峰会框架下优先合作议程的设置

拉欧领导人峰会确定了拉欧高等教育合作的优先议程，即拉美及加勒比和欧盟高等教育区的建立以及合作项目的推进。拉欧学术峰会遵循拉欧领导人峰会上提出的高等教育合作的价值目标，依据高等教育区建设总方向，确定和推进拉欧高等教育区建设的具体工作内容。

1999年里约领导人峰会，各国与会领导提出了效仿欧洲高等教育区建立拉欧高等教育区的大胆设想。《里约宣言》中指出，拉欧区域间高等教育合作领域日渐深入，建立拉欧高等教育区设想的提出符合时机，并且高等教育区将成为双边和多边关系的一个重要支柱，在促进区域间学生、教师、科研人员、行政人员的流动，知识交流、科学技术转换、培训就业等方面起到重要作用。[①]2000年第一届学术峰会签署了建立拉欧高等教育区的合作意向书，并承诺将致力于拉欧高等教育合作基础保障的建设，实施包括促进拉欧之间高等教育体系的了解和合作；加强高

① Cumbre Unión Europea- América Latina y Caribe. Declaración de Madrid[R].Madrid,2002:3.

等教育区域一体化建设；建立学历制度，建立学历、学位和文凭认证制度；支持拉欧区域间学生、科研人员、行政管理人员的流动；提高区域间高等教育机构管理能力，加快智库建设的拉欧维度的五项具体目标。[①]虽然《里约宣言》对拉欧高等教育区的建立仅是一个初步的构想，但是它引起了广泛且深远的影响，并且带动日后拉欧高等教育合作一系列的行动和连锁反应。2005年第二届学术峰会强调拉欧高等教育区的建设工作已经成为拉欧区域间优先合作内容，并将用10年的时间推进和完善高等教育区的建设工作，预计2015年高等教育区建成。[②]2013年随着拉欧高等教育合作关系的升级，拉欧高等教育区的重要性再一次得到提升，拉欧领导人将高等教育与科学、技术和创新工作更紧密地结合，在原有高等教育区的基础上，提出了建立欧洲和拉美及加勒比高等教育、科学、技术和创新区的升级版设想，并将具体工作分为四个领域：高等教育领域，科学、技术和创新领域，学术与社会生产力的联系领域，以及学术和公共政策领域。[③]

拉欧学术峰会启动了一系列推动拉欧高等教育区运行的合作议程。其中包括欧盟为拉美开设的专项项目，如促进高水平学生流动的奖学金ALBAN计划，学术培养交流的ALFA计划；也包括欧盟对欧盟区域外开设的合作计划伊拉斯谟世界（Erasmus Mundus）计划、玛丽·居里计划（Programa Marie Curie）等。在2007年至2013年间，伊拉斯谟世界计划共资助了来自220所拉美高等院校的6780名学生出国交流，涉及60个合作项目，资助资金2.5亿欧元。[④]拉欧高等教育区下推动的项目议程也随着欧盟对外教育政策的改变而做出了相应的调整，从2014年开始，“伊拉斯谟+”（Erasmus+）计划代替了伊拉斯谟世界计划，玛丽·斯克沃多夫斯卡·居里计划（Program Marie Skłodowska-Curie ）代替了玛丽·居里计划，并且增加了“地平线2020”计划（Horizon 2020）。

---

① Conferencia Ministerial de los Países de la Unión Europea, de América Latina y el Caribe sobre la Enseñanza Superior. Declaración de París[R]. París,2000:3.

② Cuarta Cumbre Unión Europea-América Latina y Caribe. Declaración de Viena[R]. Viena,2006:21.

③ Santiago CELAC-UE. Declaración de Santiago CELAC-UE[R]. Santiago,2013:4,11.

④ European Commision. Higher Education Cooperation Between the European Union, Latin America and the Carribean: Academic Cooperation and Mobility Bringing the Two Regions Close[M].Luxembourg: Publications Office of the European Union,2016:18-20.

拉欧高等教育区的建设工作，是新时代背景下拉美和欧盟高等教育国际化合作的新形势。通过制度的建设和议程的设置，确保了拉欧高等教育国际化合作的效果。虽然到目前为止，这一大胆设想仍未得以实现，但是拉欧各国领导人从未放弃过，并将高等教育合作视为促进拉欧区域间更好合作与发展，以及促进社会公正、和平和繁荣发展的重要因素。①

拉美著名的教育学家卡洛斯·图尔曼（Carlos Tünnermann）说："历史对教育的影响使得拉美教育呈现出了基础的相似性，这种现象从墨西哥北部一直到智利南部随处可见。"②图尔曼所说的历史相似性指的就是拉美高等教育发展的历史轨迹。从1538年西班牙在拉美建立的第一所大学成立至今，拉美高等教育机构的发展与欧洲始终保持着紧密的合作关系。无论是16世纪西班牙将其大学模式"复制"到这片土地上，还是18世纪拉美受到启蒙运动思想的影响纷纷"效仿"法国实行的大学改革，还是20世纪初新兴贵族推动的寻求高等教育"本土化"改革的"科尔多瓦大学改革运动"，抑或是今天的高等教育国际化合作，拉美始终与欧洲保持着密切的高等教育合作关系。

进入21世纪，高等教育国际化无疑是拉美高等教育发展的重点方向。值得注意的是，国际化是一把"双刃剑"，在给拉美区域高等教育发展带来了新机遇的同时，也带来了挑战。一方面，拉美各国需要开始重视高等教育质量的提升，建立与国际标准接轨的质量认证和评估标准，以促进国内学生、科研工作者的流动以及与高等教育、科学、技术等先进国家的交流合作，提升高等教育与科研竞争力。另一方面，人才的流动带给拉美的是高端技术人才的流失，这对本身高等教育和科学技术发展就很薄弱的拉美来说，无疑更加削弱了国家的知识基础和人才储备的力量。此外，人员流动引发了另一个需要思考的问题，即文化冲突和文化自信。因此在国际合作过程中，拉美各国要如何应对越来越错综

① José Escribano Úbeda Portugués. La Consolidación del Modelo Europeo en el Marco del Nuevo Regionalismo Internacional：El Proceso de Construcción de los Espacios Eurolatinoamericanos y Euromediterraneo（1995—2010）[D].Madrid：Universidad Complutense de Madrid，2006：392.

② Carlos Tünnermann.La Declaración Mundial sobre laEducación Superior en el Siglo XXI[J]. Universidades，1998（16）：3-21.

复杂的高等教育国际形势，以及充满张力的内部环境，提高区域高等教育水平以及增强国际影响力，如何在交流过程中积极且具有批判性地对待外国文化，是下一个改革阶段需要着重思考的问题。

第三章 拉欧区域间高等教育合作动力：权力平衡

在全球治理过程中，实力相对强大的集团的行为和选择总是具有较强的影响力，但是权力分配是集团秩序化的重要工具，两者构成了全球治理的结构性决定因素。[①]对于拉美和欧盟来说，无论是经济实力、国际关系能力还是高等教育发展水平都存在一定的差距，但是对这对具有悠久的“南北合作”历史的主角来说，它们是如何在权力制衡与利益共享间进行博弈，进而实现高等教育合作，促进集体认同的实现，是本章重点研究的内容。

第一节 拉欧高等教育体系对比分析

美国学者西摩·马丁·利普塞特（Seymour Martin Lipset）说过，只懂得一个国家的人，他实际上什么国家都不懂。[②]因此，为了清楚了解拉欧高等教育合作的特点以及合作过程中可能存在的问题，就必须通过对比分析了解其共性以及差异，进而探寻拉欧不同教育体系深层价值取向的途径。本节将从宏观到微观，对拉欧的教育环境、教育法律规范、教育行政机构、学位制度四个方面进行对比分析，为探求拉欧高等教育区建设的可能性及挑战奠定基础。

① Jennifer Sterling Folker. Realist Global Governance: Revisiting Caves! Hic Dragones and Beyond[A]. Matthew Hoffmann and Alice Ba. World Orders and Rule Systems, Contending Perspectives on Global Governance[M]. London: Routledge, 2005:23-24.

② 译文：Those who only know one country, know no country.

一、拉美与欧盟教育环境对比："多样性"对"统一性"

（一）拉美区域的多样性与复杂性

拉美地区（有时称拉美和加勒比地区），是指美国以南的美洲地区。拉美是一个政治地理概念，由于多数国家使用属于拉丁语系的西班牙语、葡萄牙语和法语，故被称为拉丁美洲，简称拉美。拉美共有33个独立国家和若干个未独立地区。33个独立国家是：墨西哥、危地马拉、洪都拉斯、萨尔瓦多、尼加拉瓜、哥斯达黎加、巴拿马、伯利兹、古巴、海地、多米尼加、安提瓜和巴布达、牙买加、特立尼达和多巴哥、巴巴多斯、格林纳达、圣基茨和尼维斯、多米尼克、圣卢西亚、圣文森特和格林纳丁斯、巴哈马、圭亚那、苏里南、委内瑞拉、哥伦比亚、巴西、厄瓜多尔、秘鲁、玻利维亚、智利、阿根廷、巴拉圭、乌拉圭。拉美总面积2070多万平方千米，约占世界陆地总面积的13.8%，人口已经超过6亿，约占世界总人口的8%。[①]2015年拉美国内生产总值5.35万亿美元，人均国内生产总值8451美元。[②]拉美是一个拥有丰富的资源、巨大的发展潜力并对人类的未来将产生巨大影响的区域。

拉美拥有一种特殊的交融文化。五百年的血雨腥风，使印第安文化、欧洲文化、非洲文化不断撞击、冲突、调和、交汇以及融合，形成了既具有古老传统，又充满青春活力的富有特色的现代拉美文化。由于15世纪末至20世纪初欧洲殖民者的征服和殖民，拉美原有的印第安土著文化的传统被割断。大多数拉美国家的印第安土著文化没能成为拉美文化的主体，而是形成了以移植来的欧洲文化为主体，以拉美印第安土著文化和非洲黑人文化为次要成分的特殊文化。当今拉美大多数国家的官方语言都是欧洲国家使用的西班牙语、葡萄牙语（巴西）、法语（海地）、荷兰语（苏里南）和英语（圭亚那和大多数加勒比岛国）。因此，拉美文化被视为"混合"文化。

拉美文化极少有保守性或是排他性，它善于引进和吸收其他文化的最新成果，具有很大的亲和力。然而，它并不是生吞活剥，而是吸收、

---

① 徐世澄．绚丽多彩的现代拉丁美洲文化[M]．昆明：云南大学出版社，2017：前言1.

② The World Bank. Latin America & Caribbean[EB/OL]. http://data.worldbank.org/region/latin-america-and-caribbean，2017-03-06.

消化、变为己有，根据自身发展的需求，创造出具有自己鲜明特色的拉美文化，表现出很强的融合力。开放和创新并举是拉美文化兴盛发展之根本。[①]《百年孤独》作者加尔西亚·马尔克斯（García Márquez）说，写《百年孤独》是为了提醒拉美人民牢牢记住拉美的历史，长期的孤独状态只能给拉美带来毁灭，只有团结起来，破除闭关自守的落后状态，才是富强之路。而孤独的反义词则是团结。[②]

1. 拉美区域各国经济和社会发展差异较大

根据2014年联合国开发计划署对拉美人类发展指数调查数据，在过去的20年内，拉美各国的人类发展指数都有了不同程度的提升，大部分国家都从中等水平向高等水平晋升，只有海地一个国家的人类发展指数较低。

在经济领域，尤其是进入新世纪以来拉美区域经济实现稳步增长，国民生产总值在2008年和2015年受到金融危机的影响出现了下滑，2017年再次回暖。在2003年至2008年间，拉美区域年均经济增长率达到4.7%，这是近半个世纪以来该地区经济发展最快且最稳定的5年。2008年的世界金融危机，导致全球市场原材料价格下跌，境外直接投资金额骤减，2009年该区域的经济增长出现了1.3%的负增长。平均下来21世纪的第一个十年拉美区域的经济增长率为3.2%。[③]2010年，由于该区域低债务、高公共存款额的特点，很快经济出现阶段性回暖。但是自此之后，拉美出现了自20世纪80年代以来从未有过的经济收缩。2015年、2016年连续两年出现经济负增长，介于-1%到-0.5%。[④]联合国拉丁美洲经济委员会（CEPAL）估计2017年拉美经济增长会得到恢复，年均

① 徐世澄 . 绚丽多彩的现代拉丁美洲文化[M]. 昆明：云南大学出版社，2017：前言 2.

② 徐世澄 . 绚丽多彩的现代拉丁美洲文化[M]. 昆明：云南大学出版社，2017：44.

③ PNUD. Informe Regional sobre Desarrollo Humano para América Latina y el Caribe. Progreso Multidimensional：Bienestar más allá del Ingreso[R].Nueva York，2016：56.

④ 经济合作与发展组织中心，联合国拉丁美洲和加勒比经济委员会，CAF-拉丁美洲开发银行主编 . 拉丁美洲经济展望(2017)——青年、技能和创业[M]. 北京：社会文献出版社，2017：编者序 001.

增长2%—3%。[①]

公平是该区域发展过程中面临的巨大挑战。在过去的10年间，各国政府通过对社会公共资源的重新分配来解决公平问题，并取得了一定的成效。1992—2002年，拉美各国政府在医疗、教育、住房和社会保障等方面的投入人均增加1.4%，这一数字在2003—2012年为7.3%。公共支出占国民生产总值的比例从1992年的13.9%，2002年的15.2%，增长到2012年的18.4%。[②]

需要指出的是，拉美区域仍然是世界上人均收入最不平衡的区域，最近十年该现象有所好转，但是进展缓慢。通过公共政策的调整，加大对公民技能方面的特殊培养，贫困人口不断减少，中产阶层人数有所增加。在2003年到2013年大约有7200万人口脱贫，[③]但是到了2015年又新增700万贫困人口。[④]同样，在2003年到2013年大约有9400万人进入中产收入阶层，基尼系数从0.539降低到0.493。[⑤]根据拉美和经济委员会对该区域的收入分级来看，每人每天少于4美元属于贫困人口，4—10美元属于低收入阶层，10—50美元为中等收入阶层，50美元以上为高收入阶层。[⑥]1993年，该区域贫困人口占人口总数的43.3%，2003年降到42%，再到2013年的24.4%。低收入人群从1993年的34%增长到2013年

① 经济合作与发展组织中心，联合国拉丁美洲和加勒比经济委员会，CAF-拉丁美洲开发银行主编．拉丁美洲经济展望（2017）——青年、技能和创业[M]．北京：社会文献出版社，2017：编者序001．注明：写作时，2017年拉丁美洲区域经济增长的准确数据尚未公布。

② PNUD. Informe Regional sobre Desarrollo Humano para América Latina y el Caribe. Progreso Multidimensional：Bienestar más allá del Ingreso[R].Nueva York，2016:57.

③ PNUD. Informe Regional sobre Desarrollo Humano para América Latina y el Caribe. Progreso Multidimensional：Bienestar más allá del Ingreso[R].Nueva York，2016:48.

④ 经济合作与发展组织中心，联合国拉丁美洲和加勒比经济委员会，CAF-拉丁美洲开发银行主编．拉丁美洲经济展望（2017）——青年、技能和创业[M]．北京：社会文献出版社，2017：编者序001.

⑤ Jeffrey G. Williamson. Latin American Inequality：Colonial Origins, Commodity Booms or a Missed Twentieth-Century Leveling?[J].Journal of Human Development and Capabilities, 2015, 16（3）：324-341.

⑥ Luis F. López Calva，Eduardo Ortiz Juárez. A Vulnerability Approach to the Definition of the Middle Class[J]. Journal of Economic Inequality, 2014, 12(1)：23-47.

的38%，约增加7200万人口；中等收入人群也在1993—2013年的20年间增加了近1亿人口。[①]

同时需要指出的是，在全球大多数国家面临人口老龄化发展的时候，拉美区域拥有巨大的潜在优势，该区域人口年轻，1/4（约1.63亿）公民为15—29岁的年轻人。[②]这一人口红利为该区域的包容性和内生性增长开启了机会的窗口，成为该区域增长的潜在动力。因此，为青年人提供与市场需求相匹配的教育和培训，加之多元化的产业结构和一体化的产业发展政策，将成为该区域经济发展的重要战略。

2. 拉美区域各国公共教育投入参差不齐

教育需要发展，公共教育投入的作用至关重要。教育在国家发展中受重视程度的基本衡量指标为公共教育投入占国内生产总值的比例。在《达喀尔行动纲领》中着重强调了政府扩大教育投入的重要性。[③]拉美区域在教育领域的公共投入逐步增加，从2000年教育公共投入占国内生产总值的4.6%上升至2013年的5.2%。在该区域教育投入整体提升的同时，也有圣文森特和格林纳丁斯、圭亚那等5个国家出现了负增长。在小学教育阶段，人均教育公共投入占人均国内生产总值的比例从2000年的13.4%增加到2013年的16.7%；中等教育阶段从16%增加到20.3%；高等教育阶段的投入出现了下滑，从2000年的39.4%降到了2013年的27.2%。[④]虽然高等教育公共经费投入减少，但是对高等教育的投入仍然要比小学阶段教育和中等阶段教育高出10%和7%左右。

拉美区域教育的另一个特点是，私人资本在教育中的投入比例较大。2010年私人资本占该区域国内生产总值的1.2%，而这一比例在经合组织成员国为0.9%。私人资本在整个教育领域投入的比例为16%，而

① PNUD. Informe Regional sobre Desarrollo Humano para América Latina y el Caribe. Progreso Multidimensional：Bienestar más allá del Ingreso[R].Nueva York，2016：51.

② 经济合作与发展组织中心，联合国拉丁美洲和加勒比经济委员会，CAF-拉丁美洲开发银行主编．拉丁美洲经济展望（2017）——青年、技能和创业[M]．北京：社会文献出版社，2017：编者序001.

③ 联合国教科文组织．达喀尔行动纲领——全民教育：实现我们的集体承诺[EB/OL].http://www.unescobkk.org/fileadmin/user_upload/efa/DakarFrameworkChinese.pdf，2017-12-19.

④ UNESCO. América Latina y el Caribe Revisión Regional 2015 de la Educación para Todos[R].Paris，2015：37-40.

这一数值在智利高达41%，位居整个区域之首。[①]私人资本投入过高是对教育公平性的一项挑战。

（二）欧盟区域的统一性——欧洲经济和社会一体化发展

欧洲联盟（英语：European Union，西班牙语：Unión Europea），简称欧盟。总部设在比利时首都布鲁塞尔，现有27个成员国。覆盖面积414万平方千米，2016年的统计数据人口约为5.1亿人，2014年国民生产总值18 124万亿美元，人均国民生产总值35 392美元。欧洲各民族主要是源自使用印欧语系的民族，也有从东方迁徙过去的乌拉尔语系的民族以及巴斯克族群，在俄罗斯也有一部分阿尔泰语系以及高加索语系的民族。欧盟的创始国为德国、法国、意大利、荷兰、比利时、卢森堡六国，目前成员国中经济较发达的国家为德国、法国等；面积较大的国家为法国、西班牙、瑞典、德国等；人口较多的国家为德国、法国、意大利、西班牙等。

欧洲统一的思想在西罗马帝国灭亡后，20世纪以前就已经出现，各代君主和国王都力图通过战争的手段实现对欧洲统一的梦想。法国大文豪维克多·雨果（Victor Marie Hugo）说道："总会有一天，所有的欧洲国家，无须丢掉你们各自的特点和闪光的个性，都将紧紧融合在一个高一级的整体中；到那时候，你们将构筑欧洲的友爱关系……"[②]面对第二次世界大战的惨痛教训，欧洲人民对历史进行反思，只有摒弃原有的民族仇恨和狭隘的地方利益，结成某种政治联盟，才能实现欧洲的复兴和持久的和平。[③]

第二次世界大战无疑对欧洲的政治、经济和社会是个重要的转折点，战后的欧洲面临着三个棘手问题，首先是在政治上如何消除战争中的仇恨，防止纳粹主义实现复兴；其次是在经济上如何在百废待兴中实现国家的经济腾飞；再次是如何在美苏两大势力中实现自主权力，改变自身国际形象，进而提高国际地位。恰逢这个时机，被束之高阁的欧洲

---

① UNESCO. América Latina y el Caribe Revisión Regional 2015 de la Educación para Todos[R].Paris,2015:37-41.

② 王磊．欧盟对外行动署的制度研究[M]．上海：上海人民出版社，2015：1.

③ 李世安，刘丽云．欧洲一体化史[M]．石家庄：河北人民出版社，2003：1.

一体化思想重新出现，并以新的方式逐渐表现出来。[①]1947年，英国和法国签署了《敦刻尔克同盟条约》；1948年，比利时、法国、荷兰、卢森堡和英国签署了《布鲁塞尔条约》；1949年，挪威、瑞典、意大利、爱尔兰、丹麦等国发起了成立欧洲委员会的倡议，同年欧洲委员会成立。从上述组织来看，欧洲各国之间的依赖程度不断加深，从原有的自动互助体系向政治、经济和军事联盟转型。在这一时期这些组织还不能称为真正意义上的欧洲组织，主要参与国仍以西欧国家为主，并且欧洲各国参与欧洲一体化的兴趣程度也不尽相同。

1952年，欧洲煤钢共同体成立，当时成员国有六个国家，分别是法国、西德、意大利、比利时、荷兰及卢森堡。1958年，《罗马条约》生效，欧洲经济共同体和欧洲原子能共同体成立。1965年，上述六国签订了《布鲁塞尔条约》，将上述三个机构合并成为一个机构，并更名为欧洲共同体，主要从事经济活动。自此以后，欧洲共同体不断发展和扩张，逐步从经济的一体化活动向今天我们所提到的集政治、经济、教育文化等于一体的欧洲联盟组织演进。1972—1986年，丹麦、英国、爱尔兰、希腊、西班牙和葡萄牙加入欧洲共同体。1987年，《单一欧洲法令》生效，对《罗马条约》进行了修改，允许欧洲共同体委员会和欧洲议会参与欧洲政治合作，实现了制度化的改革。1990年，《申根条约》生效，打破了欧洲会员国境内往来的藩篱，会员国国民之间实现无障碍流动。1992年，《马斯特里赫特条约》签订，设立了理事会、委员会、议会等机构，并且根据此条约，次年欧盟正式成立。1995年，瑞典、芬兰和奥地利加入欧盟。1999年将《马斯特里赫特条约》进行修改，并签署了《阿姆斯特丹条约》，该条约加强了民主、尊重人权、自由与法治等方面的合作。2002年，欧洲统一货币，"欧元"开始正式使用。

欧洲一体化的疆域不断扩展，合作领域也越加广泛，但是面临低效率、民主赤字、对外关系代表权等问题，加之国际形势的新挑战，强化了欧盟内部体制改革的紧迫感。欧盟的合作不能仅仅停留在经济层面，谈论货币问题，还应该谈论欧洲政治问题，建立战略计划，弥补欧盟的缺陷。2004年，欧盟成员国领导人签署《欧盟宪法条约》，在成员国内进行全民公投，但是困难重重，在法国和荷兰遭到否决，在欧盟其他国

① 埃德加·莫兰．反思欧洲[M]．康征，齐小曼，译．北京：生活·读书·新知三联书店，2005：79.

家也遇到了巨大阻力，因此欧盟于2007年推出《里斯本条约》，替代已经失败的《欧盟宪法条约》。在此期间，欧洲进入了更加开放和多元的区域发展阶段。2004年，东欧十国加入欧盟，分别是塞浦路斯、爱沙尼亚、拉脱维亚、立陶宛、波兰、捷克、斯洛伐克、匈牙利、马耳他、斯洛文尼亚。2007年，罗马尼亚、保加利亚加入欧盟。2013年，克罗地亚加入欧盟。2016年，英国公投脱欧。

从《罗马条约》到《马斯特里赫特条约》，再到《里斯本条约》，欧洲的一体化进程经历了半个多世纪的发展，成员国已经从6个增加到27个，具有了单一的货币，一体化的内部政策，统一的对外经济和商业政策，并且在政治、军事、教育领域也实现了一体化的发展。这种全新的一体化模式为世界区域一体化实践开启了新的路径。

二、拉美与欧盟高等教育实践依据对比：法律规范

拉美与欧盟不同的是尚未形成高等教育一体化的统一规范与框架，因此为了更好地研究拉欧高等教育的合作机制，本书首先从规范拉欧成员国高等教育实践的法律规范着手，在尊重各国高等教育法律的基础上，了解各成员国高等教育体系的差异，进而协调各国之间高等教育发展关系。根据拉欧区域间高等教育合作领域，即高等教育、科学技术和创新领域，本节分别对拉美各国以及欧盟在高等教育、科学技术和创新领域相关法律规范进行比较研究，分析拉欧各国在各领域的实践依据。

（一）拉美区域各国尚不完善的高等教育相关法律规范

根据拉美区域各国法律资料的可获取性与完整性，本书选取了拉美区域22个国家的高等教育所涉及的相关法律作为研究对象，这22个国家是该区域经济、政治、教育和文化具有重要影响力的国家。拉美高等教育相关法律的整体特点可分为两点：第一，拉美各国在高等教育、科学技术和创新领域的法律发展尚属于起步阶段；第二，每个国家教育行政制度不尽相同，因此，各国所制定的高等教育法律规范所具有的行政权力范围也有所不同。这无疑给拉欧高等教育合作带来了一定的挑战。但正是因为该区域高等教育差异性显著，才更有必要理清各国教育法律规范，为区域一体化建设的改革之路打下坚实的理论基础。拉美主要国家高等教育相关法律规范见附录1。

1. 多元性综合法律体系

对这22个国家的相关教育法律法规梳理后发现，这些国家高等教育相关的法律法规均来自国家宪法，或根据国家宪法制定的相关教育法律或法规。纵览各国的法律，拉美区域各国把高质量的教育服务视为公民的基本权利以及国家的首要责任。在高等教育领域，大学自治是该区域各国的主旋律。在大多数国家有针对高等教育制定的法律法规，也有一些国家将高等教育包含在了教育总法中（如智利和墨西哥）；但是有些国家没有自己的高等教育法律，如古巴没有针对高等教育专门设立的法律，该国教育法律是以专题逻辑形式制定而成的；在海地，只有一部1997年国家大学制定的过渡性高等教育法律，最终的高等教育法仍在参议院和众议院讨论；在哥斯达黎加、危地马拉和乌拉圭也没有专门针对高等教育的法律。

根据各国法律规定，各国对高等教育进行管理的机构不尽相同，大多数国家的高等教育由国家教育部直接管理，但是也有些国家的高等教育由其他教育部门负责管理，如厄瓜多尔，其高等教育由独立于国家教育部的高等教育联盟直接管理。在立法之外，各国对教育发展重视程度和规划能力也不尽相同，譬如巴西、玻利维亚、哥斯达黎加、智利等国均制定了国家中长期教育发展规划，明确了国家高等教育未来发展之路。

2. 总法兼公立、私立并行的高等教育机构法律体系

（1）公立高等教育机构法律体系

在公立大学法律体系方面，拉美区域内各国主要呈现出三个特点。第一，大多数国家已经建立了高等教育总法，并且对国家具有特殊意义的高等教育机构设立了相对独立的公立高等教育法律。第二，少数国家没有设立专门的高等教育法律，如海地与古巴，古巴的教育总法以专题形式出现，涉及高等教育内容的条款被纳入在各个专题中，并未单独成章；而海地是拉美区域唯一没有对高等教育立法的国家，现有的高等教育法律为过渡性法律，尚待参众两院批准。第三，国家公立学校设立的法律，在人口和规模都较小的国家，如萨尔瓦多、危地马拉等国只拥有一所或几所公立学校，在这些国家中没有专门为公立大学设立的普适性法律，而是各个学校根据各自发展情况而制定的本校法规，如萨尔瓦多的萨尔瓦多大学（1999年制定了萨尔瓦多大学组织法第597号条款）、

危地马拉的圣卡洛斯危地马拉大学（1947年制定的圣卡洛斯危地马拉大学第325号法令），乌拉圭和哥斯达黎加两国亦是如此。

同时需要指出的是，由于国家政体性质不同，高等教育的法律法规也呈现出不同的特征，尤其是在联邦国家，高等教育法律的复杂性和差异性尤为显著。如在阿根廷拥有两种高等教育机构，为大学和非大学的第三级教育机构，其中非大学的第三级教育机构的法律由阿根廷的23个省和联邦首都自行决定，国家没有统一的立法要求。阿根廷的大学则享有自治传统，也不受国家的统一领导。

在公立高等教育机构的法律法规中发现了一个现象，各国或者各高等教育机构开始将教育质量评估和认证纳入高等教育法中，但质量评估和认证在拉美各国仍处于起步阶段。也有一些国家建立了质量保障机制，这无论是对拉美区域内部合作、与欧盟的合作，抑或是其他国家与该区域的合作无疑都起到了积极的推进作用。

（2）私立高等教育机构法律体系

私立教育在拉美发展历史较为悠久，因此，该区域的多数国家都制定了私立高等教育相关的法律法规，但各国家之间此类法律内容的差异性较大。阿根廷、玻利维亚、智利和危地马拉拥有专门针对私立高等教育机构的法律法规。巴西、厄瓜多尔、墨西哥等国虽然没有制定私立高等教育机构的法律法规，但是在教育总法中都有涉及，如巴西的《国民教育基础和准则法》、厄瓜多尔的《高等教育组织法》。在中美洲，一些国家成立了私立大学委员会，负责制定私立高等教育机构的规范制度，如哥斯达黎加的国家私立高等教育机构委员会、尼加拉瓜的私立大学高级委员会。需要特别指出的是，古巴和海地两国没有私立大学，所以不存在这方面的法律法规。

3. 权责不统一的科学和技术法律体系

多数国家制定了与科学和技术相关的法律法规，但各国的法律法规侧重点不同。有些国家成立了专门负责科学和技术发展的部门，并为该部门专门制定了法律法规，这类法律法规不仅规定了相关部门的职责及权力，同时也为国家的科学技术制定了法律和发展方向，如智利的《国家科学研究和技术委员会组织法》、乌拉圭的《国家研究和创新委员会法》等。有些国家的科学技术相关法律包含在高等教育法中，如多米尼加共和国。有些国家没有这方面的法律，但是该方面内容在该国的不同法律中被提及，如特立尼达和多巴哥。在对各国科学和技术的法律文本的比较中发现，与科学、技术和创新相关的法律法规，被提及较多的部门是经济部和通信部，这与创新过程中产生的知识转换、专利等带来的促进国家发展的经济效益有直接关系。

（二）欧洲高等教育一体化的法律规范

欧洲各国高等教育的合作与教育一体化进程伴随着欧洲政治、经济一体化逐渐发展而来，高等教育一体化的法律、制度和框架日趋完善。其中，欧洲高等教育区（European Area of Higher Education， EAHE）已经成为欧洲高等教育一体化过程中的一个标杆项目，它打破了传统国家层面合作的藩篱，在超越国家层面建立起区域性的高等教育合作模式，为世界高等教育合作开启了新的大门。

欧洲高等教育区的建立源于1998年由法国、德国、意大利、英国共同签署的《索邦宣言》（*Sorbonne Declaration*），欧洲高等教育区这一设想在1999年的《博洛尼亚宣言》（*Bologna Declaration*）中得到最终确认。法、德、意、英四个国家高等教育发展均面临着竞争力和吸引力不足、财政预算紧缺和大学入学人数迅速扩张等发展问题。恰逢此时，法国教育部部长克劳德·阿莱德尔（Claude Allègre）大胆提出了建立一体统一结构、学制周期与学位，尊重内容与方式差异的“欧洲高等教育体系”的大胆设想。[①]欧洲高等教育区的建设过程也被称作“博洛尼亚进程”（Process of Bologna），在整个过程中为了建立起欧洲统一的高等教育区，来自欧盟的28个国家对本国的高等教育体系分别进行了改革。目前，总共47个国家加入了高等教育区（27个欧盟国家，20个非欧盟国家），同时欧洲高等教育区的建设还得到了欧盟和国际组织的支持，如欧盟委员会、联合国教科文组织、欧洲大学联合会、欧洲学生会、欧洲高等教育协会、欧洲高等教育质量保障协会等。

欧洲高等教育区的建立，是为了加强欧洲各国高等教育领域的合作与交流，对高等教育体系进行整合，加强欧洲各国间的高等教育体系的认证，促进高等教育体制内的学生和工作人员的流动，提升欧洲区域内的高等教育国际化水平和国际竞争力。在1999年的《博洛尼亚宣言》中确定了欧洲高等教育一体化的目标：①重塑高等教育三级教育体系，分

① 于尔根·施瑞尔 .“博洛尼亚进程”：新欧洲的“神话”？ [J]. 赵雅晶，译 . 北京大学教育评论，2007(2)：94–95.

别是本科、硕士研究生和博士研究生，统一质量标准，建立互认机制；②建立统一的学分体系，保障学生在各国高等教育机构间的流动；③建立欧洲文凭补充文件，对学生的学习培训内容进行指标性鉴定，帮助毕业生的学历在欧洲其他国家得到更好的认可；④促进欧洲高等教育区内部的学生和教师流动；⑤促进欧洲内部的高质量的高等教育领域合作。[①]

为了保障高等教育区的顺利建成，欧洲建立了每两年一次的教育部部长会议制度，该制度的建立是为了对高等教育区的建设过程进行阶段性的总结，以及建立更加适切性的阶段性发展方案。继博洛尼亚会议之后，2001年5月在布拉格举办了第一届教育部部长会议并发布了《布拉格公报》，在该公报中指出将继续执行《博洛尼亚宣言》中的各项议程，并接纳克罗地亚、塞浦路斯和土耳其为欧洲高等教育区的新成员。2001年《布拉格公报》、2003年《柏林公报》、2005年《卑尔根公报》、2007年《伦敦公报》和2009年《鲁汶公报》都继续落实欧洲高等教育区的建设工作。2015年的《埃里温公报》中提出了面向未来发展的四项主要解决问题，分别是：提高教学和教育质量与适应性；提高本科毕业生在劳动力市场的就业率和竞争力；吸引更多合作伙伴参与高等教育区的建设工作；坚持贯彻执行高等教育结构调整改革。

随着欧洲高等教育区建设工作的不断推进，高等教育区各成员国分别对本国的三级高等教育体系做出了调整。各国主要的三级教育体系的差别来自于本科教育，有些国家的本科设置与高等教育区的总体目标大致相同，改动甚少；但是，也有很多国家因为加入高等教育区时间较晚，或者本国原有的教育体系与教育区体系相差甚远，所以需要更多的时间进行结构调整。综上所述，欧洲高等教育区的建设工作仍存在诸多困难和问题。

2013年在智利圣地亚哥举办的拉欧学术峰会上颁布的《圣地亚哥宣言》（*Declaración de Santiago*）中明确提出为了推动拉欧高等教育、科学、技术和创新区的建立，需要建立必要的规范条例和财务监管条

---

① European Union. Joint Declaration on Harmonisation of the Architecture of the European Higher Education System[R].Paris,1998:1.

件。[①]从拉丁美洲主要的22个国家高等教育相关法律法规中可以看出，协调拉美和欧盟之间的高等教育法律框架并非易事，欧洲已经基本形成统一的高等教育法律法规，主要的困难在拉美区域。为了建立拉欧高等教育区，各国政府至少是拉美各国政府有必要通过区域间协商对各国的法律和制度体系进行适当调整，以达成最大程度的相互认同。因此，对于拉美和欧盟的高等教育合作来说，为了寻求合作而进行诸如修改国家法律这样复杂且牵涉多方利益的浩大工程来说，校际合作可以说是一个比较理想的合作切入点，通过学校间点对点的合作模式促进双方的了解以及建立相互的信任，在此基础上逐步建立中长期的子区域和区域间的高等教育合作机制。

三、拉美与欧盟高等教育管理主体对比：行政机构

拉美各国的高等教育、科学、技术和创新相关法律法规的制定体系、发展程度、涉及内容等方面存在较大的差异性；欧盟经过20多年的高等教育一体化建设，已经基本形成了统一的法律体系。如果说分析各国高等教育发展的法律法规，是为了在了解及尊重的基础上寻求合作，那么进一步分析各国高等教育行政机构，那就是在合作的过程中厘清到底“敲谁的门，找谁谈”的问题。

（一）“多源流”下的拉美高等教育、科学、技术和创新负责机构

在分析的22个拉美国家中，全部国家都拥有各自的教育部或相关管理机构，负责本国教育事务。多数国家分工较为明确，在教育部内部设立了专门的高等教育事务管理部门，但是危地马拉、尼加拉瓜和洪都拉斯这三个中美洲国家的高等教育并未被纳入教育部或教育司的管理范畴，而是由高等教育机构隶属的委员会或学会进行管理；乌拉圭虽然设立了教育部，但其职权范围仅包含对私立大学的监管，不具有对公立大学的管理权，而公立大学的监管由大学本身和国家公共教育体系共同进行；在阿根廷，虽然设立了教育部，但是教育部权力也十分有限，受到国家政治体制和科尔多瓦大学改革运动的影响，高等教育机构由所在省以及大学自身管理。在科学、技术和创新领域，各国制度存在较大差

① Declaración de Santiago. Primera Cumbre Académica América Latina y el Caribe y Unión Europea[R]. Santiago, 2013: 6.

异。目前只有海地没有设立相关的管理和执行机构，其余的21个国家多数成立了负责科学、技术和创新的国家机构；但也有一些国家，如厄瓜多尔、特立尼达和多巴哥等，将科学、技术和创新纳入教育部的管理范围。（详见附录2）不管高等教育、科学、技术和创新这几个领域的管理权如何划分，从各国的法律文本中可以看出，这几部分的发展息息相关，是不可被割裂而单独谈论的。

1. 拉美各国高等教育质量评估机构

拉欧高等教育合作的目标是向青年人提供更高质量的教育服务，因此在拉美区域，以及欧盟已有的认证经验基础上，制定一套区域间高等教育评估系统，建立起科研、培训、国际化等方面的统一指标，保障学业质量成为拉欧合作的主要任务之一。[①]与欧洲国家相比，拉美各国高等教育评估起步较晚。20世纪90年代末，随着高等教育国际化和知识经济时代的来临，拉美各国才开始逐渐重视教育质量问题，并建立了负责本国教育质量监控的教育质量评估机构。较早成立教育评估机构的国家如阿根廷、巴西、墨西哥和牙买加等。到目前为止，除海地和玻利维亚两国外，大部分国家都建立了高等教育机构质量评估体系，这些已经建立的质量评估体系在评估范围、过程和标准方面存在差异。在认证机构的属性方面，阿根廷、巴拉圭、秘鲁、厄瓜多尔、哥斯达黎加、洪都拉斯、墨西哥、尼加拉瓜、萨尔瓦多、特立尼达和多巴哥、牙买加和智利的质量评估和认证委员会是独立于教育部的第三方机构，其他国家的认证机构则隶属于国家教育部门。除了哥斯达黎加、萨尔瓦多和墨西哥三国，所有国家的教育评估机构都具有对高等教育机构评估的职能，主要的业务领域包括教学、教务、机构、科研创新等。这些机构多数是以外部同行评估、自我评估和量化绩效指标等方式对高等教育质量进行评估。（详见附录3）

2. 拉美各国质量评估内容

拉美各国质量评估主要包括学位、课程和项目，其认证标准和流程存在较大差异。从上面研究中可以看出，拉美各国高等教育质量评估机构成立时间均不长，业务仍在逐步完善中。秘鲁国家教育质量评估、认

---

① Declaración de Santiago sobre Cooperación Universitaria en Educación Superior, Ciencia, Tecnología e Innovación y Propuestas a los Jefes de Estado y de Gobierno de la Cumbre CELAC-UE[R].Santiago de Chile. 2013:2.

证体系成立于2006年，但是2016年才正式出版了《高等教育研究项目认证手册》，该手册的出版，意味着秘鲁大学的课程和项目建立起了统一的评估认证制度，并且评估模式从单一的内部评估向内外部评估转型。[①]巴拿马也是在同一时期的2015年立法建立了全国统一的学位、课程和项目评估制度。同时仍有许多国家尚未建立对学位、课程和项目的评估机构，如玻利维亚、乌拉圭等国，这些国家的质量评估依托于南方共同市场的区域认证机构来完成。海地是拉美质量评估体系发展最落后的国家，尚未建立起任何与高等教育相关的评估机构。（详见附录4）

在评估形式方面，拉美各国的学位、课程和项目评估机构通常采取自我评估和外部同行评估双轨并行的办法，主要对课程内容、教学基础设施、师资队伍、合作项目等进行评估。大多数国家都已经明确了本国的学位评估流程和工作范围，只有巴拿马、古巴、尼加拉瓜和委内瑞拉的学位和学历评估处于起步阶段，认证工作范围尚不明确。拉美各国评估发展程度的不一致性显然已经成为拉欧高等教育区域间合作的主要障碍之一，为了扫清这一障碍，首先需要拉美各国在教育质量评估方面建立有效的沟通和协作机制，可以借用联合国教科文组织的拉美地区国际高等教育研究所（IESALC）这一平台，进行该领域的信息共享和分析工作。中美洲子区域各国同样可以依托中美洲大学高级委员会（CSUCA）这一平台，寻求教育质量评估方面的帮助和指导。另外，拉美各国的评估过程中几乎都是内部评估和外部同行评估两个部分组成，这样相似的评估结构对统一认证体系的建立无疑是个利好消息。

（二）一体化背景下的欧洲高等教育负责机构

欧盟报告中指出，质量保障不仅对促进人员流动，文凭、学位的相互认证等方面具有重要意义，并且是建立具有协同性、兼容性和吸引力的欧洲高等教育区的核心任务之一。[②]各国政府也在《博洛尼亚宣言》签署之后，纷纷对本国的高等教育质量保障体系进行改革，细化教育质

① Sineace. SINEACE Oficializa Nuevo Modelo de Acreditación para Educación Superior Universitaria[EB/OL]. https://www.sineace.gob.pe/sineace-oficializa-nuevo-modelo-de-acreditacion-para-educacion-superior-universitaria/, 2017-11-25.

② European Commission. Report from the Commission to the European Parliament, the Council, the European Economic and Social Committee and the Committee of the Regions: Report on Progress in Quality Assurance in Higher Education[R].Brussels, 2014: 3.

量条款，根据博洛尼亚进程要求，建立统一高等教育质量标准，以满足各国之间高等教育学历和学位互换的需求。

欧洲区域层面的高等教育质量评估体系开始于20世纪90年代。1991年，在欧共体理事会上，委员会就呼吁各成员国成员应该共同关注改善教育质量问题。①1994年欧盟委员会提出了“欧洲高等教育质量评估先导计划”；1998年欧盟理事会颁布了《关于加强欧洲高等教育质量保障合作的建议》；2004年欧盟理事会和欧洲议会联合提出“进一步开展欧盟高等教育质量保障合作”的倡议，该倡议于2006年正式颁布实施；2005年欧盟委员会颁布了《促进欧洲的人才流动：充分发挥大学在实施里斯本战略中的作用》通报。②

欧洲高等教育区各成员国在提高高等教育质量、提高高等教育质量评估和认证能力方面达成高度一致共识，各国在不断完善自身的高等教育质量评估和认证体系的同时，也在不断调整各自评估和认证体系结构，便于形成与欧洲高等教育区相兼容、具有可比性的高等教育评估和认证体系。

表3-1　欧洲高等教育质量保障系统建立历程

年份	主导者	文件	作用
1998	欧盟理事会	《关于加强欧洲高等教育质量保障合作的建议》	欧洲高等教育区各成员国建立透明的教育保障体系
1999	欧洲高等教育区博洛尼亚部长会议	《博洛尼亚宣言》	提出在质量保障上进行欧洲合作的明确目标
2001	欧洲高等教育区布拉格部长会议	《布拉格公报》	欧洲高等教育保障网络、各国机构和有关大学联合提议建立一个共同框架

① Council of the European Communities. Conclusions of the Council and the Ministers of Education Meeting within the Council of 25 November 1991 on Quality Assessment in Higher Education[R].Denmark,1991:1.

② 阚阅.多样与统一——欧洲高等教育一体化研究[M].杭州:浙江大学出版社,2016:231-233.

续表

年份	主导者	文件	作用
2003	欧洲高等教育区柏林部长会议	《柏林公报》	2005年启动质量保障体系。欧洲高等教育质量保障网络负责制定共同的标准、程序和指导意见
2005	欧洲国家教育部长会议卑尔根会议	《卑尔根公报》	《欧洲高等教育区质量保障标准与指导意见》获得通过
2006	欧盟理事会/欧洲议会	《进一步关于加强欧洲高等教育质量保障合作的建议》	提出建立欧洲质量保障机构注册协会

资料来源：阚阅.多样与统一——欧洲高等教育一体化研究[M].杭州：浙江大学出版社，2016:234.

欧洲高等教育区建立了三个欧洲层面的质量保障机构，分别是欧洲高等教育质量保障协会（ENQA）、欧洲高等教育认证协会（ECA）和欧洲质量保障机构注册协会（EQAR），这三个质量保障机构犹如欧洲高等教育质量认证的"三驾马车"，推动和协调欧洲高等教育区质量评估工作的实施。实施过程主要依据《欧洲高等教育区质量保障标准与指导方针》和《欧洲高等教育质量保障协会成员行为准则》等。

欧洲高等教育质量保障协会作为一个高等教育质量保障的监管和服务综合性平台，为各国高等教育机构在该领域的沟通和管理提供了保障，与其他相关组织合作进行政策决定。[①]在欧洲高等教育区的47个成员国中，有27个国家拥有教育质量监控或认证委员会并成为欧洲高等教育质量保障协会的成员。有些国家为国家级别质量委员会，负责整个国家的高等教育质量监管体系，如奥地利、丹麦、芬兰等；有些国家不仅拥有国家级别的而且拥有地方级别的质量监管委员会，如西班牙、德国等。(详见附录5)

2005年《卑尔根公报》中就提到建立高等教育区统一的教育质量标准的重要性，并且制订了到2015年之前的高等教育质量目标计划，质量标准体系的建立是保障欧洲高等教育区的高等教育质量，增加教育透明

① ENQA. ENQA Mission Statement [EB/OL]. http://www.enqa.eu/index.php/about-enqa/enqa-mission-statement/, 2018-01-14.

度，建立高等教育区内各国之间的相互信任关系，促进了解。[①]因此，欧洲高等教育区教育质量的“三部曲”，一是完善各成员国大学内部的高等教育质量保障体系；二是建立各成员国大学外部的高等教育质量保障制度；三是成立质量保障委员会。欧洲高等教育区首先要求各成员国大学不断提升各自的教育质量，建立与外部评估政策相一致的内部质量监管制度，建立学位授予的监督政策，对学生的学业表现和教师的职业表现进行监控。其次，欧洲高等教育区建立外部专家评估团队，定期对学校进行督导检查，透明公开学校的评估标准和结果。再次，欧洲高等教育区建立质量保障委员会，根据欧洲高等教育质量保障协会的要求，各国质量保障委员会必须具有独立的监管体系，具有专业的评估经验，具有为本国或地区建立质量体系的能力，并且履行定期对本国各高校评估的责任。[②]

除了欧洲高等教育质量保障协会外，欧洲高等教育认证协会主要负责高等教育区各成员国质量保障委员会之间评估结果的互认工作，提供评估及其相关活动的学习和交流平台，提高评估环节的透明度，最终促进提升高校和学生的国际化水平。[③]欧洲质量保障机构注册协会为成员国提供可靠且值得信任的外部评估机构名单，为高等教育机构提供质量评估的咨询服务，建立起高等教育机构之间的信任，为高等教育机构选择不同的评估机构提供信息服务。[④]

博洛尼亚进程是欧洲各国高等教育评估机构发展的推动器和催化剂。[⑤]在博洛尼亚进程推出之前，只有少数欧洲国家建立了高等教育质量保障机构，为了更好地参与到博洛尼亚进程中，各国纷纷尝试建立本

① ENQA. Standards and Guidelines for Quality Assurance in the European Higher Education Area (ESG)[R].Bruselas: Bélgica, 2015:6.

② Francisco Sánchez, Rosana Hernández Nieto. Bases Institucionales y Normativas para la Construcción del Espacio Europeo, Latinoamericano y Caribeño de Educación Superior, Ciencia, Tecnología e Innovación[R].Hamburgo, 2017:247.

③ ECA. Aim and Stratehy [EB/OL]. http://ecahe.eu/home/about/aims-and-background/, 2018-01-14.

④ EQAR. EQAR at a Glance.[EB/OL]. https://www.eqar.eu/about/introduction.html, 2018-01-14.

⑤ Education, Audiovisual and Culture Executive Agency. The European Higher Education Area in 2012: Bologna Process Implementation Report[R]. Brussels, 2012:60.

国的质量评估机构，目前已有27个国家建立了质量评估机构。欧洲质量保障机构注册协会会员已从成立之初的13个增加到了27个。大多数国家都根据欧洲高等教育区柏林会议提出的标准和程序建立了相应的质量评估机构。基于欧洲高等教育区高等教育质量保障系统建立的经验可以看出，可信赖的高等教育质量认证结果是基于透明且信任的认证过程以及开诚布公的沟通基础之上的。

四、拉美与欧盟高等教育评定标准：学位制度

学分转换与累计体系可谓欧洲高等教育一体化进程中有关学位制度改革的一项伟大“发明”，它使校际以及国家间人员流动成为可能。实践证明，这一体系不仅在欧洲得到有效践行，并且在全世界产生了重要影响。[①]在拉欧高等教育区建设任务中特别强调，需要加强区域间学分、学历和学位互认合作，促进区域间学生、教师和学校间的培训和交流活动，促进人员流动。[②]可以说，学分、学历和学位认证工作是将合作愿景变为现实的关键因素。本部分主要从拉美各国和欧盟高等教育学位体系着手，对比和分析区域间以及国别学位分级制度、准入要求、学业设置、学习方式等内容。

（一）拉美各国高等教育学位体系的复杂性

总体来说，拉美区域各国的本科是指高中学业结束后更高一级的学历教育。本部分选取与之前相同的22个拉美区域国家作为案例，进行比较和分析。

1. 本科阶段学位体系设计逻辑

（1）录取标准

拉美各国进入大学就读的基本要求是完成中等阶段教育，即高中阶段教育。各国入学要求和标准不尽相同，入学考试分三种，分别为全国统一入学考试、学校自主招生考试以及不设置考试。巴西、多米尼加、

① 阚阅．多样与统一——欧洲高等教育一体化研究[M]．杭州：浙江大学出版社，2016：175.

② Declaración de Santiago sobre Cooperación Universitaria en Educación Superior, Ciencia, Tecnología e Innovación y Propuestas a los Jefes de Estado y de Gobierno de la Cumbre CELAC-UE[R].Santiago de Chile，2013：2.

古巴和智利设置了全国统一入学考试；巴拉圭、巴拿马、厄瓜多尔、哥伦比亚、哥斯达黎加、洪都拉斯、墨西哥等国家为公立学校设立了全国统一入学考试，而对私立学校则自主命题未做强制性要求；阿根廷、尼加拉瓜、萨尔瓦多、特立尼达和多巴哥、委内瑞拉和牙买加没有设置全国统一高等教育考试，各学校自主招生。阿根廷的高中生只要获得了中等教育认证资质即可根据意愿学校要求申请报考。对于在海外获得的中等教育学位，需要在阿根廷教育部下设的学历认证机构进行认证才可进入阿根廷高等教育机构就读。拉美其他国家，完成中等教育阶段教育并获得相关证书是充分但不是唯一条件，如巴西、智利、墨西哥、哥斯达黎加等国设立了选拔考试制度，学生只有通过了选拔考试方可进入高等教育机构就读。选拔考试的形式也根据各国实际情况有所不同，比如在哥斯达黎加、洪都拉斯和巴拉圭，选拔性考试由高校自主命题并对学生进行选拔；在厄瓜多尔、巴西、智利等国设置了全国统一性高等教育入学考试。但是，需要注意的是，上述所提到的入学考试都是针对各国公立学校设置的统一入学考试，对于私立高校来说，入学选拔标准不一且方式更加灵活。（详见附录6）

（2）在读时长

高等教育阶段的学历分为高级技师（Técnico Superior）、专科（Bachillerato）和本科（Licenciatura）三类，每类学历对就读学时的标准不尽相同。阿根廷、危地马拉和委内瑞拉对持续2—3年的学历称为“短期学历”，对持续4—6年及以上的学历称为“长期学历”。特立尼达和多巴哥以及牙买加学历制度设置与其他国家不同，这两个国家实行累加递进制，攻读一年本科学位可获得认证资质（Certificate），攻读两年学位可获得副学士学位（Associate Degree），攻读四年（医学除外）可获得学士学位。在拉美，课堂实体教学仍是主流，虽然很多国家已经开始尝试在线远程教学，但仍属于起步阶段。拉美多数学校本科是以年或者学期为单位，但也有少数国家的课程安排是以课时来计算的。在阿根廷，因为大学自治的特点，在国家法律中明确提出，大学有权力根据各自的需求进行课程设置。到目前为止，只有如巴西、智利、哥伦比亚、哥斯达黎加、墨西哥等国的高等教育机构建立了双学位制度；特立尼达和多巴哥尚未建立双学位制度，但是设立了主修和辅修专业。在授予双学位的国家中，双学位授予制度由各个学校自己制定，因此要求和条件也不尽相同，譬如在哥伦比亚的圣波哥大大学，只有成绩优异的学生才可以修双学位。可以看出，拉美区域双学位制度建设尚不完善且覆盖群体不广泛，仍处于起步阶段。（详见附录7）

2. 硕士研究生阶段学位体系设计逻辑

使用与本科阶段学位体系分析一致的框架，对拉美各国的硕士研究生阶段学位体系特点进行比较分析。

（1）录取标准

在被研究的22个国家中，几乎所有国家对招收硕士研究生的要求是获得本科学士学位，阿根廷和牙买加除外。阿根廷的学生就读四年以上的专科专业所获得的学历与本科学历相当，牙买加的学生具有一定年限的工作经历与本科学历等值，都可以直接申请硕士研究生。但这些都是个案，不为该区域的普遍现象。

由于拉美高等教育机构都拥有较强的自治权力，因此硕士研究生的招收标准没有全国统一规定，各学校制定各自的入学标准，在学生选拔方面也就比较灵活，常见的入学考核形式为学分制、考试制以及申请制。如在牙买加、洪都拉斯、智利等国，学校对申请就读硕士研究生的考核标准之一是在本科阶段完成的课时总量；还有一些国家会对学生的外语成绩进行考核，如智利、墨西哥、委内瑞拉、哥斯达黎加等；在厄瓜多尔、海地、巴拿马等国设置了硕士研究生考试对候选考生进行选拔。当然，也有部分国家十分重视对学生研究能力的考核，如巴西、智利等国的申请者需递交研究计划书。

（2）在读时长

研究生类型一般分为硕士研究生（专业型硕士、研究型硕士）和博士研究生，有关博士研究生的内容在后面进行分析。专业型硕士是培养职业型人才，研究型硕士是培养学术型人才。硕士研究生就读时间通常为2—3年，主要是对学生的科研能力和学术水平进行培养。但是，也有一些国家在学制上较为特殊，如危地马拉的硕士攻读时间为1.5—2年；古巴硕士研究生培养时间从1个月到5年不等，形式多样，1个月的为本科后短期培训课程，5年为正式硕士研究生课程。

与此同时，各国对专业型硕士和学术型硕士培养的侧重点也存在差异。如在哥斯达黎加专业型硕士更加重视对学生职业能力的培养，因此这类学生不需要提交毕业论文；而学术型硕士不仅要完成一定的研究理论和方法课程的学习，同时还要提交毕业论文并进行正式答辩。在尼加拉瓜，专业型和学术型硕士研究生的课程内容设置分为研究类课程、专业类课程和实践类课程三类，学校对不同类型的硕士研究生所选课程类型比例有不同的要求，学术型硕士研究生最后需要撰写毕业论文并进行答辩。

3. 博士研究生阶段学位体系设计逻辑

（1）录取标准

通常来说，拉美各国对博士研究生招收的具体要求根据每个国家、学校及专业的设置情况而定，但是基本要求是申请者至少具备本科及以上学历。如在玻利维亚、哥斯达黎加、萨尔瓦多、巴拿马、巴拉圭、秘鲁、特立尼达和多巴哥、乌拉圭以及委内瑞拉等国，申请博士研究生时最低学历为硕士研究生；但是在巴西、智利、哥伦比亚、古巴、危地马拉、洪都拉斯、牙买加、墨西哥、尼加拉瓜等国，本科及以上学历即可申请博士研究生；阿根廷的博士入学的学历标准各学校自己制定，可以为本科学历也可为研究生学历；在海地，仅有一个博士专业，主要为国家高科技服务，选拔标准根据国家需求制定。除了对学历的基本要求外，在博士研究生入学选拔过程中，外语水平、研究能力、推荐信、面试成绩等也会作为学生录取的重要考核因素。

（2）在读时长

拉美各国博士就读时间通常为3—5年，博士培养一般分为两个部分，课堂教学和论文撰写。大多数国家的博士课程教学仍然是面授型以及课堂研讨形式，但是在海地由于当地教育资源匮乏，不得不与海外大学进行合作，聘请海外教师对学生进行授课，所以在海地，博士课程形式多为视频远程教学。

博士研究生的培养模式基本一致，由教学和研究两部分组成，研究能力是整个博士期间最主要的培养内容。譬如在巴西，博士攻读期间无须修课，所有的精力投入在科研和论文设计中；海地的课堂培养与论文设计的比例为1：2，课堂培养为60学分，论文撰写为120学分；在委内瑞拉，学生至少修满45学分的课程，才可以进行论文答辩。为了促进国家高端人才国际化发展需求，像在智利等国，博士生在博士就读期间必须有海外留学、访学或参会经历。在被研究的所有国家，博士生必须论文答辩并获得通过方可获得博士学位。但是由于拉美各国的高等教育机构具有较高的自治权力，因此上述分析仅为国家的最低标准，各个学校也会根据各自发展制定不同的博士生毕业要求。

4. 学业学分体系设计逻辑

“学分”作为学术工作的度量单位已经被拉美各国广泛使用。在欧洲高等教育区建设的过程中，首要解决的工作就是建立欧洲学分转换和累计制度（European Credit Transfer and Accumulation System），1学分大约为25—30小时学术活动。[①]拉美一半以上的国家使用学分系统，学分的换算以课时为单位，根据所修课程时长对学生学术能力给以基本判断。

就本科阶段而言，巴西、智利、哥伦比亚、古巴、厄瓜多尔、危地马拉、海地、牙买加、墨西哥、尼加拉瓜、巴拿马、秘鲁、多米尼加、委内瑞拉使用学分体系，但是各国学分和小时换算比例差异较大，每个学科对毕业学分要求也不尽相同。牙买加1学分等于1小时，墨西哥1学分等于50小时的社会实践、16小时的理论学习或者20小时的自我学习。有些国家学分/小时的换算比例视学习内容和方式（如社会实践、理论学习、自学等）而定，而有些国家则不会区别对待。如在哥伦比亚，1学分为48小时，其中包括16小时上课，32小时自学；在巴西，1学分为15小时；智利1学分为24—31小时等。除了学分，萨尔瓦多和洪都拉斯使用“学术单位”（Unidad Valorativa）这一概念，但这两国对该计量单位的使用方法存在差异。

在研究生阶段，学分/学时互换体制仍然存在较大差异。阿根廷、智利、哥斯达黎加、海地以及牙买加没有学分体系，因此研究生课程的开展以“年”为单位计算。萨尔瓦多和洪都拉斯的硕士阶段同本科阶段一样使用“学术单位”，换算方式与本科一致，萨尔瓦多1学术单位等于20课时，每课时50分钟；洪都拉斯1学术单位等于1小时理论或3小时实践。墨西哥的学分/学时换算体系分为四类：研究类、实践类、自主学习类和教师监督学习类，这四种分类方式根据学术活动类型进行分类，每种学术活动时间与学分换算方式不同。在其他国家如玻利维亚、巴西、哥伦比亚、古巴、厄瓜多尔、尼加拉瓜、秘鲁、多米尼加和委内瑞拉则使用相对简单的学时和学分互换方式，但是国家之间的换算方式差异性较大，比如在巴西，1学分为3小时（1小时教师授课、2小时学生

① European Commission. ECTS User’s Guide[R].Luxembourg,2009:11.

讨论活动），而在古巴和哥伦比亚，1学分为48小时学术活动。（详见附录8）

通过比较发现，不管是本科阶段还是研究生阶段，并不是所有的拉美国家都建立了学分和学时转换体系。即使建立转换体系的国家，转换方式也不尽相同，可对比性较差；甚至有些国家内部不同大学间的转换规则也不相同。但可喜的是，很多国家都已经开始有意识搭建学分/学时转换体系。参考欧洲高等教育区的成功经验，学分/学时转换体系是区域间合作的基础，同时也是拉欧高等教育区建立的基础。

（二）欧洲高等教育一体化学位体系的统一性

与拉美不同的是，欧洲共同体理事会于20世纪80年代末就提出了建立“课程学分转换体系”（European Community Course Credit Transfer System）的计划，随后在伊拉斯谟计划中正式提出学分转换体系（European Credit Transfer System and Accumulation System， ECTS），并在博洛尼亚进程中得到执行。统一学分体系建立之后，欧洲将原有差异性较大的学分体系进行整合，以便各成员国之间学历和学位的互认，回应和满足学生流动的现实需求，为学生在各高等教育机构间的流动提供认证支持。欧洲学分转换体系也是欧洲高等教育区的核心内容和重要工具，该转换体系可以更加方便地为高等教育区成员国的学生提供有关学历质量、水平、相关性的认定。

1. 欧洲学分转换体系的设计逻辑

欧洲学分转换体系规定一名本科学生1学年必须完成60学分的课程，每个学期需要完成30分（一年三个学期的大学，每学期需要完成20学分）。按照平均每学年40个星期，每星期40个小时，一年1500—1800小时的方式计算，一个学分大约为25—30小时的课业时间。《博洛尼亚宣言》确定了两级学分制度，在第一级即本科教育阶段需要完成180—240学分的课业要求，在第二级即硕士阶段需要完成80—120学分，最低60学分的课业要求。随后，在2003年的《柏林公报》中将博士纳入第三级学位，没有硬性学分要求，但是学制一般为3—4年。

本科教育阶段一般为通识教育，学生修习基础课程、专业课程以及实践课程（视学科计划而定），学位为学士学位，学科发展必须满足本国以及欧洲区域内的劳动市场发展需求。

硕士教育阶段对学生的研究能力或特殊专业能力进行培养，同样也是学术研究之路的开始。一般硕士课程时间为1—2年，学分为60—120学分，硕士教育阶段合格完成后可以直接进入博士阶段的深造。博士教育是唯一对学分和学时不做强制性要求的阶段，但是为了保障博士教育阶段的质量，欧洲高等教育区要求学生必须全身心攻读博士3—4年的时间。

《柏林公报》提出了三级考试系统的建议后，对一级进入二级、二级进入三级教育阶段的学生实行考试或者开设一些补充课程，来弥补不同国家之间的学科差异。欧洲高等教育区的建设仍在进行中，不同国家改革的步伐和程度不尽相同，与博洛尼亚进程提出的教育体系相似的国家改革难度会小一些，但是仍有许多国家的教育体系与博洛尼亚进程提出的教育体系相似度相差甚远。以西班牙为例，博洛尼亚进程之后，西班牙取消了原有的专科、技术学位、学士学位和工程学位，统一整合成本科学位，学生必须攻读4年修满240学分。对于博洛尼亚进程之前取得的学位，西班牙政府采取了过渡性措施，为之前获得学位的学生开设了相应的补充课程，使得这些学生的学位在博洛尼亚进程之后同样具有竞争力和可比性。

2. 欧洲文凭补充文件的设计逻辑

1998年，欧洲委员会、欧盟委员会和联合国教科文组织欧洲高等教育中心组成工作小组，共同推进欧洲文凭补充文件（European Diploma Supplement）的实施，该文件同时被纳入1999年颁布的《博洛尼亚宣言》之中。欧洲文凭补充文件是欧洲高等教育区建立的另一个学历互认机制，它相当于大学文凭的补充说明文件，不具备学历和学位认证功能，仅用于增强用人单位对学生学历的了解，促进欧洲公民提高跨国就业能力和就业竞争力。该补充文件包括8项主要内容：文凭资格持有者信息；文凭资格识别信息；文凭资格层次信息；所学内容与成绩；文凭资格功能信息；附加信息；国家高等教育体系信息以及补充说明。截至2015年，共有31个国家得到自动的文凭补充文件的签发资格，但是仍有部分国家的部分院校或者国家仍未普及这项政策，该项政策在欧洲高等教育区的发展出现了较大的差异。

1999年博洛尼亚进程正式启动，29个国家加入该进程。到2017年，高等教育区共有成员国47个。博洛尼亚进程最主要的两个工具为欧洲学分转换体系和欧洲文凭补充文件。从这两个方面可以看出，欧洲高

等教育区的发展呈现出开放多元的特点。一方面，高等教育区的成员国不断增加，任何一个国家可以在适合自己的时机选择加入欧洲高等教育区。另一方面，高等教育区的发展考虑到各国高等教育的差异性，建设协调发展机制，欧洲学分转换体系和欧洲文凭补充文件成为博洛尼亚进程的一块重要基石，①促进成员国之间的共同发展。因此，说它是欧洲高等教育区的一项伟大“发明”一点不为过。

拉美和欧盟的高等教育体系形成了“多元”对“统一”的鲜明对比。欧洲高等教育区已经形成了较为统一的高等教育体系：指导教育实践的法律法规、负责教育事务的行政机构以及促进一体化进程的学位管理制度。但是相比之下，由于拉美各国的高等教育一直保持着自治的传统，各国甚至各大学间的体系差异性较大，尚未建立一个类似于欧洲的高等教育体系。因此，为何存在巨大差异的两个区域寻求合作，并成为“南北高等教育合作”的典型案例？这是下一节着重研究的问题。

第二节　拉欧高等教育合作的权力平衡关系分析

鲁兰德著名的区域间主义“五大功能说”将“权力平衡”放置在了首位。在国际关系中，“权力平衡”既是一种体系，也是一种政策，②它在包括全球（体系）、区域（次体系）等不同层次以及在军事、经济、政治、文化、教育等多领域运行。③权力平衡是一个动态过程，它是在权力主体间权力制衡和利益共享的博弈过程中实现平衡关系的。本节将从拉欧双方现实诉求出发，结合政治、经济、社会、历史等多方面的因素，分别从国际、国家以及高等教育机构三个层次，分析拉美和欧盟如何进行权力博弈，进而实现区域间高等教育的合作。

① European Commission. ECTS Users' Guide[R].Luxembourg,2009:9.

② 郑先武．区域间主义治理模式[M]．北京:社会科学文献出版社,2014:76.

③ T. V. Paul. Introduction: The Enduring Axioms of Balance of Power Theory and Their Contemporary Relevance[A]. T. V. Paul, James J. Wirtz and Michel Fortmann. Balance of Power: Theory and Practice in the 21st Century[M]. Stanford: Stanford University, 2004:5-11.

一、国际层次：促进拉欧政治利益的共同发展

教育领域的合作无论是对欧洲还是对拉美而言，都是政治合作的重要工具。第二次世界大战后，世界格局发生了重大变化。对于欧洲而言，一方面，德国等国急于修复战后留给世界的“法西斯”负面形象；另一方面，美苏两国崛起，欧洲失去了世界政治和经济中心的地位，在美苏的夹缝中生存。因此，欧洲重新思考开始将重心转到欧洲内部，最终决定选择自强的欧洲一体化道路，通过区域整合，以求复兴之路。[①]高等教育作为规范性权力的一个重要维度被欧盟视为重要的外交工具，欧盟希冀通过高等教育这一工具，树立以“文明为核心”的欧洲形象，并对世界其他国家和区域产生影响。

对于拉美而言，“拉美一体化思想”是拉美各国人民一个古老的梦想。早在19世纪初，拉美解放运动领袖西蒙·玻利瓦尔（Simón Bolívar）把从欧洲学习到的民主自由思想同西属美洲的民族独立斗争结合起来，号召拉美人民通过一体化实现国家和民族的独立和富强。[②]然而直到今天，拉美人这一古老的梦想仍然未能得以实现。世界上第一个实现一体化的区域是欧洲，这一历史事件对拉美产生了巨大的冲击，引起了拉美人民的反思。因此，拉美选择与欧盟合作，学习并借鉴其成功经验，推进包括高等教育在内的一体化进程，以偿200年的夙愿。

悠久的历史溯源以及共同的利益诉求为拉欧的整体性合作保驾护航，有助于促进拉欧这对国际行为体的利益平衡。

（一）“共同历史记忆”是拉欧高等教育合作的必要条件

拉欧高等教育合作具有历史的必然性。拉欧高等教育的合作要追溯到500多年前，自1492年西班牙殖民者踏上拉美这片土地以来，教育合作就一直伴随着拉欧关系的发展，可以说，教育合作尤其是高等教育合作是拉欧最为传统且古老的合作领域。高等教育作为拉欧合作关系中一股较为特殊的力量，支持着拉欧作为一个共同行为体在国际舞台上发挥着重要作用。维持拉欧关系的因素既不是先天既有的，也不是后天合成

① 伍贻康．多元一体：欧洲区域共治模式探析[M]．上海：上海社会科学院出版社，2009：11.

② 洪国起．玻利瓦尔主义与拉丁美洲一体化[J]．拉丁美洲研究，1999(5)：131-141.

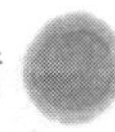

的，是通过历史的积累而沉淀下来的，这种共同的文化和身份共识是其他国家和地区所不具备的。[①]

> 数个世纪以来，拉美和欧洲保持着密切的高等教育合作关系，将拉美剥离于欧洲的文化进行认知不可能了解一个真正的拉美，同样，将欧洲孤立于大西洋彼岸的拉美进行了解这也是不现实的。【CAB/GP-ESP-Aldecoa】[②]

共有的历史是拉美和欧盟合作发展的重要支柱。从1812年《加迪斯宪法》[③]到19世纪的思想家，西班牙和法国对拉美区域独立之后的共和国国家产生了深远的影响。英国对加勒比区域的影响已经深入到加勒比区域民族国家的发展建设中。虽然美国早在19世纪20年代就发表了《门罗宣言》，告知全世界尤其是欧洲，美洲已经不是欧洲的殖民目标，不要再在美洲扩充势力，但是这份宣言并未对当时的欧洲产生威慑作用。19世纪，英国在拉美投入大量资金和技术，修建铁路、电报和采矿业基础设施等。

共同历史记忆这个必要条件仿佛是一管“黏合剂”，将拉欧关系无形地连接在一起，使拉欧的合作在挑战面前也可以不断发展。从20世纪80年代开始，拉欧逐步建立起制度性对话关系，将这种合作模式不断完善并沿用至今。在这种模式的影响下，拉欧不断加强经贸领域的双边合作，从原有较为单一的欧盟对拉美的合作，逐渐形成了拉欧的双向合作。在拉欧经贸合作的基础上，合作领域不断扩展，逐渐扩展到社会领域，如教育、科学、技术等领域。

> 拉欧开展高等教育合作，成立拉欧学术峰会，提出建立拉欧高等教育区的设想，这些都是基于拉欧之间拥有的共同历史和价值观，它们促进和加强了拉欧区域间高等教育合作的协同发展。拉欧

① Desarrollando Ideas Llorente & Cuenca. ¿ Hacia Dónde Debería Caminar la Relación Estratégica entre la UE y América Latina y el Caribe?[R].Madrid,2015:5.

② 访谈资料。访谈情况见附录 11。

③《加迪斯宪法》,也被称作《1812 年西班牙宪法》,该宪法于 1812 年在西班牙的加迪斯市颁布,是西班牙第一部宪法。

之间的“黏合剂”效应是世界任何区域和国家都没有的。【CAB-MEX-Padilla】①

（二）“共同利益诉求”是拉欧高等教育合作的充分条件

从国际关系视角出发，第二次世界大战后欧盟希望修复形象，重拾世界高等教育中心的地位。欧洲作为世界大学发源地，多个世纪成为世界学者的“朝圣地”。但是随着一战、二战的结束，欧洲已经丧失了世界大学中心地位，该地位逐渐被美国、日本所取代，并且受到了一些新兴国家的潜在“威胁”。因此，加强教育复兴、重返教育高地是欧洲高等教育一体化发展的重要目标。同时，具有“软实力”外交功能的高等教育也成为欧盟构建对外合作关系的重要手段。

欧洲六国签署了《罗马条约》（*Treaty of Rome*），为今天欧盟的成立奠定了基础。“冷战”期间，欧盟一直在完善，苏联解体、“冷战”结束，欧洲市场得到了稳定的发展。在此基础上，1992年，当时欧洲12个欧共体国家签署了《马斯特里赫特条约》（*Maastricht Treaty*），在该条约中第一次将文化领域列入欧洲的政策体系中。1997年签署的《阿姆斯特丹条约》（*Amsterdam Treaty*）明确提出，鼓励成员国与第三国或国际组织的文化合作。②2007年，27个欧盟国家共同签署的《里斯本条约》（*Lisbon Treaty*）中要求加强各国之间的文化共识，尊重文化多样性。同年，欧盟理事会批准的《全球化世界中的欧盟文化议程》中，提出了文化是欧盟对外关系的重要因素。2008年，《在欧盟及其成员国对外关系中促进文化多样性和跨文化对话的决定》中提出，促进与第三国家和国际组织（特别是联合国教科文组织）在文化领域的合作。③至此，欧盟文化输出政策框架基本搭建完成。从《罗马条约》到《马斯特里赫特条约》，再到现在的《里斯本条约》，欧盟一直通过政治、经济、文化等国际活动，逐步搭建其倡导的规范性权力（Normative Power）理念。

欧盟作为国际关系的重要参与者，与其他国际行为体不同的

① 访谈资料。访谈情况见附录11。

② Treaty of Amsterdam. European Communities [EB/OL]. http://www.lisbon-treaty.org/wcm/images/amst-en.pdf, 2017-09-17.

③ 徐进. 文化与对外关系：欧盟的作法及启示[J]. 国际论坛，2010(5):20-24.

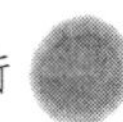

是，欧盟最大的特点是提倡社会福利，并且以一个区域整体在国际社会上发声。欧盟通过强调民主的规范性权力理念，进行其政治、经济、人道主义等国际活动，并且通过多极合作模式来协调国际关系中不平等的制约关系。从《拉肯宣言》到《里斯本条约》，欧盟的一体化理念和国际行为的地理版图不断外延，逐渐影响到如拉美在内的世界其他国家和地区。【IN-CHI-Miranda】①

拉美和欧盟在教育领域的合作近500年，尤其是近半个世纪，拉欧通过区域、次区域和国家间的对话制度，建立了多层次、宽领域的高等教育合作模式。尤其是博洛尼亚进程后，随着拉欧领导人峰会制度的建立，拉欧高等教育合作进一步升级，欧盟通过对拉美的教育支持与文化交流，成为在拉美这片土地上先进理念的推动者、知识的说服者以及经济的资助者，以柔性权力或软实力影响着拉美。

其次，欧洲通过新型发展模式促进经济发展。欧盟出版的《2007—2013拉美区域规划》中提到三个合作领域：社会凝聚力、区域一体化和经济发展、人力资源和相互理解。②在社会凝聚力领域，欧盟着重强调，社会凝聚力是修正和弥补社会经济发展模式缺陷的重要理念。欧盟"集体团结和政治意愿"这一成功发展模式在拉美引起了不小的反响，并引发了拉美一系列制度性改革，如政治权力的合法性、重视公民权力等方面。通过改革，拉美的社会稳定性得以改善。

经济和社会凝聚力是政治一体化的基本理念，鉴于欧盟经济体系发展不均衡的事实，必须要对某些特定区域或者国家进行调整。欧盟通过项目和结构性改革修正经济发展不均衡这一问题，着力解决社会凝聚力问题。欧盟这一成功模式很快得到发展中国家的效仿，欧盟同时在贫困和偏远的国家及区域推行自己的成功经验，有意促进经济落后地区的社会民主发展。【CAB/SE-FRA-Quenan】③

---

① 访谈资料。访谈情况见附录11。

② América Latina Documento de Programación Regional 2007—2013［R］.Comisión Europea,2007:2.

③ 访谈资料。访谈情况见附录11。

对拉美来说，首先是寻求区域一体化的可能性。全球化带来的世界性问题，已经不是一个国家或政府依靠单方能力可以解决的了，需要采取共同行动共同治理全球性问题。

拉美和欧盟本来就是"天然的盟友"关系，欧盟一体化进程取得成功，也给拉美人民带来了一体化进程的希望。拉美希望在与欧盟的合作过程中，学习其经验，用于自身区域的发展。【CAB-ESP-Galván】[①]

其次，拉美希望与欧盟合作使地缘政治关系达到平衡。随着拉美社会与经济的不断发展，该区域越来越重视在全球事务中的话语权，因此拉美希望通过与欧盟的进一步合作，减少对其他国际行为体尤其是美国的依赖，形成较为平衡的国际关系，为自己争取更大的博弈空间。[②]

拉美各国在国际关系中越来越活跃，不断参与国际经济和政治事务，如该区域的巴西、墨西哥、智利和阿根廷成为G20集团或经合组织的成员国，并且一些区域性和子区域组织相继成立。拉丁美洲越来越希望通过一体化的区域组织发声，增强其在国际关系中的影响力。【IN-CHI-Miranda】[③]

拉美和欧盟通过高等教育的合作进而结盟，无论是对于这两个区域的任何一方或双方来说，都可以在国际关系的舞台上拥有更大的话语权，避免国际关系变化过程中的边缘化，共同巩固多边体系的共同原则和规范，从而建立区域间相互联结的控制和平衡体系。[④]同时，拉美和欧盟的区域间合作可以减少对其他行为体的依赖，弥补机构性权力和关系性权力的不平衡，并保持各自区域和国家的发展。虽不能与处于绝对优势的国家（如美国）进行一定的抗衡，但可以通过和平手段"延缓、

① 访谈资料。访谈情况见附录11。

② Carlos Malamud. Las Relaciones entre la Unión Europea y América Latina en el Siglo XXI: entre el Voluntarismo y la Realidad[J]. Plataforma Democrática, 2010(7): 1-34.

③ 访谈资料。访谈情况见附录11。

④ 郑先武. 区域间主义治理模式[M]. 北京：社会科学文献出版社，2014: 81.

挫败或削弱其侵略性的单边政策”[①]，进而实现与世界其他行为体的权力制衡。

二、国家层次：加大人才培养力度，推动拉欧经济的快速发展

教育是人力资本投资的重要方式，高等教育机构是人才培养的重要场所，这一理念起源于欧洲中世纪，一直沿用至今。人才培养是现在高等教育机构利用人才优势、智力优势为社会提供教学和科研服务，将知识进行生产、传播以及应用的过程。[②]人才培养同时为高等教育的科研活动储备人才，进而使高等教育机构更好地开展科学研究工作，并且将科学成果转化成社会尤其是现在知识经济社会最为需要的创新力量。因此，知识成为高等教育机构和国家发展的纽带，而人才已经成为推动国家经济发展的重要“引擎”。

拉欧高等教育区的提出恰好满足了人才培养的现实需求。对于欧盟来说，欧洲高等教育再也不像以往那样对全球学者、学生具有强大的吸引力，再也不能因其声望和久远的历史而高枕无忧。[③]在发展过程中，欧洲不断面临着来自日本、美国等发达国家的挑战，这些国家与欧洲之间进行着人才抢夺战，这为欧洲经济发展增加了不确定因素。欧洲迫切需要通过高等教育国际合作，进一步提高本区域的教育竞争力，吸引更多人才，促进该区域科学技术的发展。因此，欧盟的高等教育合作从区域内合作向区域间合作扩展，如从伊拉斯谟计划的“欧洲维度”扩展到伊拉斯谟世界计划的“国际维度”。而与拉美的合作就是欧洲培养和吸引人才的国际战略的体现。

与欧盟相比，拉美高等教育发展滞后，拉美急需改变高等教育阶段学生辍学率和复读率双高的现状，加大对人力资本的投入以促进经济长

① Robert A. Pape. Soft Balancing against the United States[J]. International Security,2005:7-45.

② 付八军．知识经济与高等教育的相关性探析[J]. 高等教育研究,2005(3):12-16.

③ 陈玥,蔡娟．欧盟高等教育国际化发展的主要特征——基于欧盟相关政策文本的分析[J]. 比较教育研究,2016(7):50-57.

期发展，进而提升社会包容指数和社会公平指数。同时，拉美信息技术普及率低，信息技术使用成本高，制约了人才培养的效率，加剧了与发达国家经济发展的差距。因此，通过与欧盟合作，解决人才培养过程中凸显的问题，无疑是拉美加速人才培养、推动经济发展的快速“路径”。当前，拉美高等教育面临着人力资本短缺、辍学率高、信息技术落后等问题。

（一）强化终身学习理念

人力资本匮乏是拉美区域发展遇到的最大障碍。2015年经合组织的数据统计，该区域青年人离开学校之后，1/5的青年人从事非正规工作，另外还有部分青年处于无工作、无教育和无培训的“三无青年”状态。[①]适龄青年技能不足，严重制约了该区域社会经济发展，尤其是在降低贫困领域。本世纪初，该区域生活在贫困线以下的人口占总人口比例的44%，约2.21亿人；到了2015年，该数字减少到1.75亿人，但仍占总人口比例的29.2%，[②]成为世界上亟须脱贫的区域。作为社会发展源动力的青年人缺少良好的就业前景和适应社会发展的劳动技能，这给该区域的知识经济转型带来了挑战。因此，拉美区域急需健全教育体系，倡导人们除了接受传统的学校及正式教育外，还需要持续接受教育以及培养自主学习的习惯，将学习贯穿生命的始终。这种理念是社会经济进步与发展、个人发展与完善以及增进社会包容和民主进步的重要途径。[③]

（二）降低辍学率和复读率

近年拉美国家不断提高高等教育入学率，2004—2014年入学率已经从29%提高到44%，平均年增长率为4%。在阿根廷和智利，高等教育

① 经济合作与发展组织中心，联合国拉丁美洲和加勒比经济委员会，CAF-拉丁美洲开发银行主编．拉丁美洲经济展望（2017）——青年、技能和创业[M]．北京：社会文献出版社，2017：内容概要 001.

② 经济合作与发展组织中心，联合国拉丁美洲和加勒比经济委员会，CAF-拉丁美洲开发银行主编．拉丁美洲经济展望（2017）——青年、技能和创业[M]．北京：社会文献出版社，2017：内容概要 001.

③ 李兴洲，耿悦．终身学习理念嬗变研究——基于联合国教科文组织的报告[J]．清华大学教育研究，2017（1）：94-100.

的入学率已经达到80%和84%。[①]但是需要指出的是，这一数字同时意味着学生在校时间比预期长，从2014年经合组织的数据来看，该地区的高等教育完成率仅为14%。[②]低学业完成率会造成国家人才的缺失，同时还会造成国家教育资源的浪费，这成为该区域高等教育发展的大难题。拉美区域需要通过提高高等教育质量、学生能力和市场需求的匹配度来解决这一问题。

（三）增加信息技术基础设施建设

拉美区域在信息技术领域的发展水平与世界其他国家和区域相比，存在较大差距。拉美和加勒比经济委员会（ECLAC）[③]的调查指出，电子信息技术领域的差距直接加剧了拉美区域内部，以及拉美与其他经济体之间的发展差距。[④]

据联合国教科文组织数据统计，2000—2005年美国在信息技术领域的投入占国内生产总值的3.5%，欧洲为2.4%，但是拉美区域仅为1.38%。上网成本该区域为中国香港的145倍，为美国的58倍，为丹麦的42倍。巴哈马拥有该区域最稳定且最快的宽带设备，但性能不足丹麦的1/44，而巴西为丹麦的1/377，哥伦比亚为1/1598，海地仅为1/4830。爱尔兰是世界上居民使用互联网密度最高的国家之一，平均每100位居民中有65名互联网使用者，智利为拉美区域居民使用互联网密度较高的国家，互联网使用密度不足24%，该区域的平均值为15%。[⑤]

---

① 经济合作与发展组织中心，联合国拉丁美洲和加勒比经济委员会，CAF-拉丁美洲开发银行主编.拉丁美洲经济展望（2017）——青年、技能和创业[M].北京：社会文献出版社，2017：158.

② 经济合作与发展组织中心，联合国拉丁美洲和加勒比经济委员会，CAF-拉丁美洲开发银行主编.拉丁美洲经济展望（2017）——青年、技能和创业[M].北京：社会文献出版社，2017：159.

③ 拉丁美洲和加勒比经济委员会隶属于联合国经济及社会理事会，成立于1948年，总部位于智利圣地亚哥。

④ Ernesto Villanueva. Reformas de la Educación Superior：25 Propuestas para la Educación Superior en América Latina y el Caribe[EB/OL].http://www.iesalc.unesco.org.ve/index.php?option=com_fabrik&task=plugin.pluginAjax&plugin=fileupload&method=ajax_download&element_id=126&formid=9&rowid=54&repeatcount=0, 2018-06-13.

⑤ Unesco-IESALC. Informe sobre la Educación Superior en América Latina y el Caribe 2000-2005[R].Venezuela，2006：64-65.

虽然拉美区域已经在大中小学教室中广泛配备计算机设备，但是智能校园的建设水平仍然十分落后，还需要在移动学习、远程培训、自主学习等方面加强学生的观念意识，完善设施配备，提高使用效率。[①]中小微企业和贫困居民的网络基础设施较差，使用成本较高，这给中小微企业和贫困家庭使用互联网设备造成了较大的经济负担。此外，拉美区域经济生产结构与发达国家相比十分落后，拉美各国仍未将高等教育的信息化发展纳入国家整体发展战略，这不利于信息技术的普及、高科技产品的研发、信息技术与商业环境的整合，以及互联网在教育中的使用等。[②]

三、机构层次：提高高等教育机构国际化水平和竞争力

自20世纪90年代以来，拉美各国为了应对高等教育国际化的发展开始改革，但不得不说的是，拉美区域的高等教育在世界范围内影响力不足，时至今日，拉美教育仍然处在世界研究和知识传播的外围。[③]与发达国家以及发展中国家（如中国甚至是非洲国家）相比，拉美在学生及教职人员流动、国际化课程设置、机构管理等方面存在明显差距，缺少系统性发展策略。多数高等教育机构尚未建立具有独立管理权力的国际事务办公室，人员多为借调，流动性大，专业水平低，因此无法独立制定高等教育机构国际化战略发展方针与政策，制约了学校提升国际化水平。[④]这些都说明拉美区域高等教育机构的相关决策者对国际化的创

---

① Unesco-IESALC. Informe sobre la Educación Superior en América Latina y el Caribe 2000-2005[R].Venezuela,2006:68-69.

② Carlos Bianco, Fernando Peirano. La Brecha Digital en Argentina, Chile y Uruguay. Resultados de la Aplicación de una Metodología de Evaluación de la E-readiness y del Análisis de las Principales Políticas en Materia de Reducción de la Brecha Digital[J]. Centro de Estudios sobre Ciencia, Desarrollo y Educación Superior,2005:1-17.

③ 若瑟兰·加塞尔·阿维拉,伊莎贝尔·克里斯蒂娜·哈拉米略,简·奈特,汉斯·德维特.拉丁美洲的道路:趋势、问题和方向[A].汉斯·德维特,等.拉丁美洲的高等教育:国际化的维度[M].李峰亮等,译.北京:教育科学出版社,2011:319.

④ 若瑟兰·加塞尔·阿维拉,伊莎贝尔·克里斯蒂娜·哈拉米略,简·奈特,汉斯·德维特.拉丁美洲的道路:趋势、问题和方向[A].汉斯·德维特,等.拉丁美洲的高等教育:国际化的维度[M].李峰亮等,译.北京:教育科学出版社,2011:329.

新、质量和变革走向缺少经验和认识。国际合作可以提升拉美高等教育机构国际化水平，搭建便于拉美区域与世界其他国家高等教育机构、专家和学者进行信息与经验交流的平台，同时推动学生、教师和科研工作者的流动，扩大知识和文化传播范围，缩短拉美各国之间以及与其他区域国家间高等教育的水平差距。[①]只有这样，拉美高等教育机构才有可能逐步突破世界研究和知识传播的"外围"并向"中心"靠拢，获得与发达国家进行平等交流和对话的机会。

（一）提升高等教育机构网络效应，促进地方经济发展

由于中产阶级规模不断扩大，拉美学生入学需求给各国政府带来了空前的压力，各国政府纷纷在地方成立了新的公立学校或开设现有公立学校的分校。新学校的建立无疑为地方培养了专业人才，并且带动了经济发展。但是，随着高等教育机构分校数量不断增加，对高等教育机构的管理能力和协调能力提出了更高层次的要求，如何在保障教学质量不断提升的前提下，同地方开展良好的合作以实现区域协同创新发展成为高等教育机构面临的新挑战。目前，现有的高等教育机构缺少适应规模性发展的现代化管理制度，协调发展的管理能力有待增强和完善，新开设的学校和分校并未能很好地将学校资源与当地优势相结合，进而促进当地社会的经济发展。[②]

（二）加强高等教育机构国际合作能力

国际合作已经成为拉美高等教育机构发展的重要渠道之一。通过国际合作，首先促进拉美各国高等教育机构及专家之间的合作，扩大知识和文化交流的范围，为彼此发展提供便利条件。其次是丰富学生、教师和科研工作者的交流活动，特别是大学生、大学教师和专业人员的流动，缩短拉美各国之间以及与其他区域国家间高等教育的水平差距，并完善高等教育学分、学位和学历互认体系。[③]最终，通过加强拉美高等

---

① 若瑟兰·加塞尔·阿维拉．拉美和加勒比海地区高等教育国际化的新方向[J]．国际高等教育，2015，8(1)：21-22.

② Ernesto Villanueva. Reformas de la Educación Superior：25 Propuestas para la Educación Superior en América Latina y el Caribe[EB/OL].http://www.iesalc.unesco.org.ve/index.php?option=com_fabrik&task=plugin.pluginAjax&plugin=fileupload&method=ajax_download&element_id=126&formid=9&rowid=54&repeatcount=0, 2018-06-13.

③ IESALC. Estatutos del IESALC[EB/OL]. http://www.iesalc.unesco.org.ve/index.php?option=com_content&view=article&id=4&Itemid=428&lang=es, 2017-05-22.

教育机构国际合作能力，搭建成便于本区域和世界其他国家高等教育机构、专家和学者之间沟通和交流的信息与经验交流平台。

（三）加强区域科学和技术的融合政策

拉美区域的知识创新能力和知识转化水平不足，虽然近年来研发（R&D）的投入有所增加，2015年经合组织的数据表明，创新资本占国内生产总值的13%，但是远远低于经合组织国家的平均水平30%，并且与经合组织成员国的研发支出构成多元化相比，拉美区域的研发支出主要由高等教育构成。[①]因此，该区域需要加强高等教育机构与私有部门在科学技术和研发方面的合作，加强对科学技术部门的管理，完善制度框架，提高科研经费投入以及投资回报率。

博洛尼亚进程可以说是欧洲最成功的高等教育倡议，[②]它不仅奠定了欧洲区域高等教育国际化发展的基础，而且成为欧洲以外其他区域教育合作与发展的典范。其中，拉美就是欧盟最积极的追随者。从上述分析中可以看出，拉欧进行区域间高等教育合作，一方面说明拉欧进行结盟以应对外部力量；另一方面说明了经济全球化时代下的两个区域，尤其是拉美区域各国高等教育变革的迫切需求。那么，何种机制保障了拉欧这对“实力悬殊”的伙伴关系的稳定发展？这将是接下来一章着重探讨的问题。

① 经济合作与发展组织中心，联合国拉丁美洲和加勒比经济委员会，CAF-拉丁美洲开发银行主编．拉丁美洲经济展望（2015）——面向发展的教育、技术和创新[M]．北京：社会文献出版社，2015：13.

② Hans de Wit, Fiona Hunter. Europe's 25 Years of Internationalization: The EAIE in a Changing World[J]. International Higher Education, 2014(74): 14-15.

第四章
拉欧区域间高等教育合作保障：制度建设

如果说权力平衡是拉欧区域间高等教育合作的动力基础，那么制度建设和议程设置则是区域间合作的重要保障机制。著名国际关系学者罗伯特·基欧汉指出，制度是一系列持续而相互关联的规则，而国际制度则是跨越国际边际运行的规则。[①]本书研究的拉欧区域间高等教育合作关系是国际互动关系中的新层次，区域间制度自然也成为国际运行的新规则。一般来说，区域间制度建设包括对话协定、伙伴关系协定、高峰会议、部长会议以及这些会议颁布的声明、宣言、行动计划等。本章节将以制度建设为切入点，着重就拉欧区域、拉美子区域与欧盟以及第三方国际组织推动拉欧高等教育合作的制度建设进行分析，探寻拉欧通过何种制度机制保障了区域间高等教育合作的发展。在20余年的合作过程中，为了适应拉欧教育发展需求，这些制度又产生了哪些变化？

第一节　拉美与欧盟区域间高等教育合作的制度建设

拉美和欧盟区域层面的整体性合作一直是拉欧高等教育的合作重点。拉美希望通过与欧盟的合作，提升本区域高等教育一体化水平，进而实现拉美的一体化夙愿。同时，由于文化、政治等历史因素，欧盟一直将拉美视为自身"规范性权力"的试验场。因此，随着拉欧区域间制度性对话关系的建立、逐步完善和深化，拉欧区域间的高等教育合作也

① Robert Keohane. International Institutions and State Power：Essays in International Relations Theory[M]. Boulder：Westview Press，1989：5.

随之得到了发展。

一、拉美和欧盟从双边一般性合作到区域间战略合作发展

（一）合作历程演变：从单边对话到多边对话

一直以来，欧洲高度重视与拉美区域间合作关系的发展，制度性合作始于20世纪70年代，欧洲很多政治组织开始在拉美区域开展活动，陆续建立合作网络平台，通过政府间以及非政府间的合作推动拉美区域民主制度的建立，促进该区域改革发展。也就是在该阶段，区域间政治对话初见端倪。1974年，在欧洲议会（Parlamento Europeo）和拉美议会（Parlamento Latinoamericano）[①]的共同努力下建立起了每两年一次的欧洲和拉美议会间对话制度，拉美的安第斯共同体[②]、中美洲共同市场[③]、南方共同市场[④]均参与了该对话，墨西哥和智利也单独以国家身份与会。[⑤]在双方对话中，欧洲起到了较为决定性的作用，合作内容也主要集中在人权和区域间合作关系方面，其中经济和贸易是双方合作的核心领

① 拉美议会成立于1965年，截止到2015年，共有拉丁美洲成员23个国家和地区，分别是阿根廷、玻利维亚、巴西、智利、哥伦比亚、哥斯达黎加、古巴、多米尼加、厄瓜多尔、萨尔瓦多、危地马拉、洪都拉斯、墨西哥、荷属阿鲁巴、荷属库拉索、荷属圣马丁、尼加拉瓜、巴拿马、巴拉圭、秘鲁、苏里南、乌拉圭和委内瑞拉。每个成员国和地区议会各选出12名议员作为拉丁美洲议会议员参加活动，其任期由各成员国和地区议会确定。拉丁美洲议会的宗旨是促进拉丁美洲的团结和一体化发展。

② 安第斯共同体原称安第斯集团或安第斯条约组织，成立于1969年，成员国有玻利维亚、哥伦比亚、厄瓜多尔、秘鲁，联系国有阿根廷、巴西、巴拉圭、乌拉圭和智利。安第斯共同体的宗旨是促进安第斯一体化的建立，促进自由贸易区的建立。

③ 中美洲共同市场成立于1962年，成员有哥斯达黎加、危地马拉、洪都拉斯、尼加拉瓜、萨尔瓦多。

④ 南方共同市场成立于1991年，会员国有阿根廷、巴西、巴拉圭、乌拉圭、委内瑞拉（2017年8月起被无限期终止成员国资格）。南方共同市场在成立之后才加入欧盟和拉丁美洲议会对话制度。

⑤ Parlamento Europeo. Las Conferencias Interparlamentarias PE/América Latina[EB/OL].http://www.europarl.europa.eu/meetdocs/2004_2009/documents/dv/556/556393/556393es.pdf,2017-05-08.

域。[①]

进入20世纪80年代，拉美政治局势动荡，冲突不断，尤其是中美洲区域，1984年，欧洲共同体与中美洲6个国家（哥斯达黎加、萨尔瓦多、危地马拉、洪都拉斯、尼加拉瓜和巴拿马）启动了“圣何塞对话”（Diálogo de San José），主要是通过“欧洲政治合作”和“共同体框架”制度帮助中美洲减少暴力和不稳定因素，推动该区域社会经济和平与稳定发展。这个协议被视为拉美和欧洲间第一个正式合作协议，为后来拉欧区域间合作奠定了基础。本次对话达成共识，通过国际合作，促进发达国家与贫困国家间经验和资源共享，在尊重彼此意愿和利益的基础上，实现稳定、公平、有效、持续且负责任的合作。[②]圣何塞对话议程，标志着拉美在国际政治中作为一个对等国际行为体与欧盟展开正式对话。[③]

20世纪90年代，拉美与欧洲区域间合作全面铺开。欧洲共同体与安第斯共同体、南方共同市场这两个拉美最重要的子区域组织开展对话，旨在推进这些区域的一体化发展，打通经济壁垒，倡导互惠自由贸易，促进区域的经济发展。1990年，里约集团（Grupo de Río）[④]和欧洲

---

① David Osvaldo González Miranda. El Espacio Común de Educación Superior y Conocimiento：Una Nueva Dimensión Estratégica en las Relaciones entre la Unión Europea y la América Latina（1994—2012）[D]. Madrid：Universidad Complutense de Madrid, 2012：115.

② María Carracedo Bustamante, Luis Pérez Miguel, Ester Domenech Llorente, Víctor Temprano García. La Percepción Pública de la Cooperación Internacional para el Desarrollo en Castilla y León[J]. Revista Interuniversitaria de Formación Profesorado, 2012, 15(2)：47-57.

③ 甘瑟·麦霍尔德．一种寻求实质的框架：从欧洲视角看欧盟和拉丁美洲的关系[A]．克敏，牛海彬，主编．中国、欧盟与拉丁美洲：当前议题与未来合作[M]．上海：上海人民出版社，2011：10.

④ 里约集团，1986年12月16—17日，孔塔多拉集团（哥伦比亚、墨西哥、委内瑞拉和巴拿马）和利马集团（巴西、阿根廷、乌拉圭和秘鲁）八国外长在巴西里约热内卢举行会议，决定建立“政治磋商和协调常设机构”，被称为八国集团。1990年3月，外长会议决定易名为“里约集团”，2011年终止运行。该集团旨在促进就国际和拉丁美洲地区政治、经济、社会等重大问题进行磋商，协调立场，并决定采取相应的行动，以促进拉丁美洲一体化事业的发展。

共同体召开了拉美和欧洲区域间有史以来规模最大、涵盖国家数量最多的会议，双方均表示出强烈的合作意愿。1996年，在西班牙政府的推动下，在第六届伊比利亚美洲首脑会议[①]上，与会各国领导提出建立区域间合作的倡议。经过多年的合作，1999年，拉欧区域分别派代表参加了在巴西里约热内卢举办的第一届拉欧领导人峰会，峰会颁布了《里约宣言》（*Declaración de Río*）。该宣言强调，自此拉美和欧盟建立战略合作伙伴联盟关系，在政治、经济、贸易、文化、教育和社会等方面展开平等和统一的对话关系。[②]总体来说，拉美和欧盟的合作多呈现出自愿态势，[③]双方合作的强烈意愿促成了区域间合作战略目标的建立。目前，学者内部的共识是，拉欧之间拥有较为深厚的文化和历史的共识，也是因为这个原因，很多学者把拉美归为西方国家。法国著名拉美研究者阿莱恩·罗基（Alain Rouquié）指出，拉美是“西方的尽头”。[④]由于拉欧双方在经济和政治方面存在很大差距，这给双方的合作造成了不小的阻碍。在此情况下，双方除了进行区域间的资源整合，同时寻求子区域的合作，如欧盟与南方共同体市场、安第斯集团、中美洲一体化市场等。西班牙欧洲问题著名研究者阿拉塞利·曼加斯·马丁（Araceli Mangas Martín）认为，如果拉美的某个国家不赞成区域间或次区域间的合作模式，那么双边合作模式是可以考虑的。因此，在拉美和欧盟合作过程中，双边、子区域和区域间被视为有效的合作模式，双边合作关系被视

---

① 伊比利亚美洲首脑会议(Cumbre Iberoamericana)，为纪念哥伦布“发现”美洲新大陆500周年，西班牙国王胡安·卡洛斯一世倡议召开伊比利亚美洲首脑会议。在西班牙赞助和墨西哥积极组织下，首届首脑会议于1991年在墨西哥举行。此后每年召开1次会议，截止到2020年4月已举行过25届首脑会议。成员国分别是来自拉丁美洲的19个国家(墨西哥、危地马拉、哥斯达黎加、萨尔瓦多、洪都拉斯、尼加拉瓜、巴拿马、古巴、多米尼加、哥伦比亚、委内瑞拉、秘鲁、厄瓜多尔、玻利维亚、智利、巴拉圭、阿根廷、乌拉圭、巴西)，欧洲的西班牙、葡萄牙、安道尔的国家元首和政府首脑。

② Grupo de Río. Declaración de Río de Janeiro[EB/OL].http://siga.jalisco.gob.mx/assets/documentos/TratadosInt/DeclaraRio_92.htm, 2017-10-20.

③ Carlos Malamud. Las Relaciones Entre la Unión Europea y América Latina en el Siglo XXI: Entre el Voluntarismo y la Realidad[C].Rio de Janeiro: Plataforma Democratica, 2010:6.

④ Alain Rouquié, Rosa Cusminsky de Cendrero. América Latina. Introducción al Extremo Occidente[M].Madrid: Siglo XXI, 2007:10.

为区域间合作的一个补充合作关系。[①]

（二）合作领域：从政治、经济合作向教育、科学和创新领域扩展

二战结束之后，欧洲的对外关系战略发生了变化，开始推行“民主”和“自由”的国际关系理念，并且通过这些理念不断凝聚欧洲内部的合作力量，合作范围不断扩展。欧洲最初的合作是从二战后欧洲经济复兴开始，建立了欧洲货币基金组织，这一组织的建立改变了国际经济的格局。在这一时期，拉美也在不断完善民主进程，同时由于“进口替代”经济发展模式导致的经济衰退，拉美也正在寻求更加开放和具有活力的经济改革之路。在新的国际政治经济环境下，以及区域间发展的内部需求，拉美和欧洲达成了区域间合作的共识，主要是通过子区域的合作，实现区域民主的发展和经济的增长。例如，20世纪80年代，欧洲为中美洲国家提供尊重独立、不干涉、自行解决的全面解决冲突和危机的和平解决方案，随后将政治对话扩展到贸易、投资等领域；[②]与安第斯共同体的合作聚焦在人权与民主、农业与社会发展以及区域一体化等方面，通过双方合作关系的升级，合作领域扩展到经贸合作；与南方共同市场的合作也是先从制度性政治对话开始，随后逐步涉及反毒、信息、区域一体化、经济和商业等领域。

进入20世纪90年代，“冷战”结束之后，美国成为世界上唯一的超级大国，世界格局又一次发生巨变。在这种形势下，身处“美国后院”的拉美和寻求自主发展的欧洲通过更紧密的合作实现自身区域的发展，隔大西洋相望的拉美和欧盟的合作关系进入了历史新阶段。1990年，里约集团与欧洲共同体建立了制度性对话机制，随后在此框架下，中美洲、安第斯共同体、南方共同市场、智利、墨西哥等与欧洲共同体继续深化子区域、双边的合作关系。1996年在智利举办的第六届伊比利亚美洲首脑会议和1997年在荷兰阿姆斯特丹举办的欧盟委员会会议上，西班牙政府呼吁，需要重视拉欧合作并将合作领域扩展到政治、经济、贸易、教育、文化等方面，举办区域间领导人峰会，建立战略性对话机

① Araceli Mangas Martín. UE e Iberamérica: Fracaso del Paternalismo [EB/OL]. https://www.almendron.com/tribuna/ue-e-iberoamerica-fracaso-del-paternalismo/, 2017-04-04.

② 张凡 . 欧洲联盟与拉美国家关系及“欧洲方式”[A]. 周弘,贝娅特·科勒·科赫,主编 . 欧洲治理模式[M]. 北京：社会科学文献出版社,2008:230.

制。[①]西班牙政府的这一提议很快得到拉美和欧盟各国政府的支持，并且巴西政府主动请愿希望举办第一届领导人峰会。1999年，第一届拉美及加勒比和欧盟领导人峰会在巴西里约热内卢举办，峰会的议题从传统的欧盟“三支柱”政治、经济和合作扩展到了“新形态”的战略合作，其中受到知识经济时代的影响，人才培养成为区域间的合作重点，教育、科学和创新被纳入到区域间合作领域。

二、拉欧领导人峰会制度：拉欧高等教育合作的“总指挥”

拉美及加勒比和欧盟领导人峰会（以下简称“拉欧领导人峰会”。现用名：拉美及加勒比国家共同体和欧盟领导人峰会）是拉欧区域间最高级别的对话制度，负责拉欧合作方向、内容和目标等总体工作的规划，起到统领全局的作用。该峰会制度于1999年正式启动，为两个区域最高级别领导间对话会议，一般每两年举办一次，拉美和欧盟各国轮流交替主办，到2019年为止，共举办了八届峰会。这八届峰会，各国政府商讨和确定的阶段性发展重点与目标体现了区域间合作和发展的现实需求。教育合作，尤其是高等教育领域合作一直是这八届领导人峰会重点关注的话题，更关注教育对社会可持续发展、经济发展、社会融合、人文发展所起到的作用，以及它对区域一体化和参与全球化竞争的现实意义。

表4-1　拉美及加勒比国家共同体和欧盟领导人峰会举办时间和地点

届数	年份	地点
1	1999年	巴西里约热内卢峰会
2	2002年	西班牙马德里峰会
3	2004年	墨西哥瓜达拉哈拉峰会
4	2006年	奥地利维也纳峰会
5	2008年	秘鲁利马峰会
6	2010年	西班牙马德里峰会

① Jorge Alberto Quevedo Flores. El Espacio Eurolatinoamericano (1992-2007) Una Estrategía Efectiva de la Política Exterior Común hacia América Latina [D]. Madrid: Universidad Complutense de Madrid, 2007: 198.

续表

届数	年份	地点
7	2013年	智利圣地亚哥峰会
8	2015年	比利时布鲁塞尔峰会

资料来源：根据有关资料编制。

（一）拉欧区域间合作关系的蓬勃发展阶段

1999年里约热内卢峰会上，双方确定的区域间合作战略主要是三个方面，即政治、经济和合作。合作类型也呈现多层级趋势，除了加强拉美和欧盟整体区域间的合作，还强调需要加强拉美子区域如南方共同市场、中美洲一体化体系，智利、墨西哥、巴西等国与欧盟的不同层面合作。在合作内容方面，高等教育作为合作的主要领域首次出现在1999年颁布的《里约宣言》中："我们重申加强拉美和欧盟的教育、文化和人文交流与合作的重要性，通过合作加深双方了解，建立互信关系，进而促进社会的公平发展，以及科学技术领域的进步。我们承诺区域间的关系是建立在公平、尊重文化意识形态的多样性，消除种族、区域和性别歧视的基础上，营造一个开放的、包容的、和谐的社会合作环境，公民拥有自由、平等、受尊重地接受生产技能培训，提高健康和受教育程度的权力。"[①]同时，各国与会领导提出了效仿"欧洲高等教育区"，建立"拉欧高等教育区"的设想。《里约宣言》中指出，拉欧区域间高等教育合作领域日渐深入，建立拉欧高等教育区设想的提出符合时机，并且高等教育区将成为双边和多边关系的一个重要支柱，在促进区域间学生、教师、科研人员、行政人员的流动，知识交流、科学技术转换，培训就业等方面起到重要作用。[②]因为是第一届拉欧领导人峰会，也是第一次将教育合作纳入软制度文本，因此这届峰会并未开设新的拉欧教育合作项目，与会双方达成共识，继续推动在1994年由欧盟启动、旨在培养拉美学术人才的ALFA计划的实施，通过该计划继续积累在教育领域的合作经验。

① Declaración de Río de Janeiro[EB/OL].http://siga.jalisco.gob.mx/assets/documentos/TratadosInt/DeclaraRio_92.htm, 2017-10-20.

② Cumbre Unión Europea- América Latina y Caribe. Declaración de Madrid[R].Madrid,2002:3.

与1999年里约峰会相比，2002年马德里峰会召开时，世界环境已发生巨大变化。一方面是席卷拉美尤其是阿根廷的金融危机；另一方面，2001年美国发生的“9·11”恐怖袭击事件，拉美和欧盟面临诸多困扰社会和经济发展的不确定因素，进而增加了进一步寻求外部合作的动力和决心。本次峰会进一步夯实拉欧区域间合作的同时，智利与欧盟签署了合作协议，中美洲和欧盟、安第斯集团和欧盟开展常识性的对话。本届会议上颁布的《马德里宣言》(*Declaración de Madrid*) 强调：“我们不仅需要高度重视社会稳定发展，提高促进社会、经济发展的能力，同时重视对文化多样性的保护，教育和文化成为21世纪国家能否取得成功的关键因素。因此，我们在ALFA计划的基础上，还需要增设更多促进区域间高等教育、科学、技术和创新发展的项目，同时还要加强对加勒比区域的重视。”①本次峰会在进一步推进ALFA计划的同时，在欧盟的资助下，又推出了针对促进拉美学术人员流动的ALBAN计划。

2004年，在墨西哥瓜达拉哈拉举办的峰会达到了拉欧领导人峰会高峰，就在本次会议开始之前的两个月，欧盟又有10个新的成员国加入，因此当年共有58个国家的领导人（33个拉美国家，25个欧洲国家）参加了会议。本次会议开始强调拉美区域一体化发展的重要性，同时欧盟开始与子区域的中美洲集团和安第斯集团开展有关签署合作协议的对话和磋商。在《瓜达拉哈拉宣言》(*Declaración de Guadalajara*) 中提到，在高等教育领域，需要秉承上一届马德里峰会上提出的倡议，继续完善拉美和欧盟高等教育区的建设工作，并且重视两个区域的高等教育质量……除了继续执行已有的高等教育项目外，还增加了伊拉斯谟世界计划（Erasmus Mundus），继续丰富区域间的合作议程……除此以外，还需要意识到科学、技术对促进社会和经济发展所起到的重要作用，因此要加强区域间的科学、技术和高等教育领域的合作。②

本次峰会的参与国家和参与人数达到了新顶点，但是由于欧盟新成员国的加入，欧盟新老成员国之间的差异性较大，欧盟将注意力投入到了对自身内部的治理工作，同拉美合作的力量开始分散。与此同时，面

---

① Cumbre Unión Europea- América Latina y Caribe. Declaración de Madrid[R].Madrid,2002:3.

② III Cumbre América Latina y el Caribe-Unión Europea. Declaración de Guadalajara[R].Gudalajara,2004:13-14.

对伊拉克战争和科索沃战争带来的更加不确定的国际政治环境，拉美内部的子区域也开始寻求更加多元的合作，除了与传统的欧盟和美国开展合作外，也开始与如中国、南非等新兴市场国家开展“南南合作”，因此区域间的整体合作有向“多边主义”（Multilateralismo）合作转型的趋势。①

（二）拉欧区域间合作关系的发展停滞阶段

接下来三届拉欧领导人峰会在发展过程中遇到了前所未有的困难和挑战，一方面是受到美国金融危机的影响，欧盟的经济也受到了重创，2008年全年国内生产总值的增长仅为1%，不及2006年和2007年的三分之一，2009年还出现了经济负增长，②经济增长乏力；另一方面是拉美出现了新的子区域组织，由古巴和委内瑞拉倡导的美洲玻利瓦尔联盟③，吸引了如尼加拉瓜等国的加入，拉美内部分歧越来越严重，以委内瑞拉、玻利维亚、古巴为代表的左翼政府与右翼政府在政治、经济、教育等领域的合作无法达成共识，因此拉美的一体化进程受挫。以上这些原因都削弱了拉美和欧盟区域间合作的信心和凝聚力。

2006年的维也纳峰会上，伊比利亚美洲秘书处（Secretaría General Iberoamericana）和联合国成为该峰会的观察成员组织。受到国际大环境的影响，本届峰会将合作重点聚焦在了反恐、环境保护、经济增长、移民和教育等保障社会平稳发展、促进经济增长的问题上。《维也纳宣言》（*Declaración de Viena*）中再次强调教育对促进社会融入、区域融合和经济竞争力的重要性，必须把拉美及加勒比和欧盟高等教育区列为区域间合作的重点，通过更加紧密的合作，借助欧盟的资源平台，促进拉美区域内和拉美与欧盟区域间的人员流动、合作与交流……通过合作，进一步提高拉美区域的信息技术水平，通过信息技术的普及增加社会融入性，减少社会不公平以及缩短社会差距。④在拉美和欧盟高等教育区

① III Cumbre América Latina y el Caribe-Unión Europea. Declaración de Guadalajara[R].Gudalajara,2004:2.

② 裘元伦．金融危机冲击下的欧盟经济[EB/OL]. http://theory.people.com.cn/GB/136457/8972514.html,2019-04-03.

③ 美洲玻利瓦尔联盟是拉丁美洲的地区性合作组织，为了对抗由美国主导的美洲自由贸易区。该联盟成立于2004年，现有成员国10个。

④ Cuarta Cumbre Unión Europea-América Latina y Caribe. Declaración de Viena[R]. Viena,2006:21.

的基础上，双方又提出了建立知识区的设想，推进拉美及加勒比和欧盟知识区的建设工作，促进拉美和欧盟的科学技术人员更广泛地交流和合作，推动区域间的人员流动，借助欧盟第七框架计划加强区域间的多层次合作。①

2008年利马峰会上，拉美和欧盟领导人继续上届议题，继续提出减少社会贫困和排斥、促进社会可持续发展的倡议，中美洲与欧盟签署区域间合作协议，安第斯集团的谈判仍在进行中。本次峰会，拉美和欧盟继续强调，质量是教育的基础，拉美需要进一步提高各个阶段的教育质量……为了更好地促进社会的平等发展，拉美还应该提高学前、基础教育阶段的普及率，增加高等教育的入学率，同时应该重视职业教育的发展……重视信息技术在教育中的使用，缩短拉美内部和与其他国家之间的信息技术差距。②本届会议的议题乏善可陈，除了继续上几届的议题外，并未提出任何实质性的改革建议。

2010年西班牙成为欧盟的轮值主席国，也就是在这期间，拉欧领导人峰会再次在马德里举办，“创新和可持续发展”成为本次峰会的主题。西班牙政府希望通过这次机会，再次拉近拉美和欧盟的距离，提高西班牙在拉美的影响力。③但是由于希腊爆发经济危机，西班牙和葡萄牙也在经济危机的边缘徘徊，力不从心。本届峰会颁布了《行动计划（2010—2012）》，拉欧领导人尤其是会议主办方希望通过该计划开展更加务实的合作，合作内容包括科学、研究、创新、技术；可持续发展、气候变化、生物多样性、能源；区域一体化和互联互通；移民；教育、就业；禁毒等。该计划强调，新的工作任务是加强拉美和欧盟知识区的建设工作，进一步提高区域间的科学研究和创新合作能力，进一步加强基础设施建设工作，进一步提升科学成果的转换水平，加强知识和科学技术对促进社会持续稳定发展的重要作用的意识，从而减小区域间和区

---

① Cuarta Cumbre Unión Europea-América Latina y Caribe. Declaración de Viena[R]. Viena,2006:22.

② Quinta Cumbre América Latina y Caribe-Unión Europea. Declaración de Lima[R]. Lima,2008:5,8.

③ Navarro Hoyos, Julián Antonio. La VI Cumbre Unión Europea América Latina y el Caribe ? Una Cumbre de Resultados?[J]. Revista VIA IURIS,2010(9):123-128.

域内部的电子信息水平差距，提高区域竞争力。[①]在教育领域，继续强调高等教育的质量和公平问题，终身学习，以及教育与市场人才需求的匹配发展等问题；通过高教区的建立，促进学生、教师和科学研究人员的流动；建立教育与人才市场的供给机制，提高毕业生的就业率，让毕业生更好地进入劳动市场；同时，通过教育减少对弱势群体如女性和残疾人的歧视等。[②]此外，在本次峰会上还开展了南方共同体国家与欧盟的合作谈判，进一步推进巴西、墨西哥与欧盟的合作。

（三）拉欧区域间合作关系的重新界定阶段

2011年，拉美和加勒比国家共同体（Comunidad de Estados Latinoamericanos y Caribeños，简称CELAC）成立，这个纵跨北美洲和南美洲的政府间对话机构共包括拉美的33个国家，近6亿人口。该组织旨在加强区域合作，推动区域一体化进程；加强拉美区域与其他区域和国家的交流与合作，提升拉美国家作为一个统一行为体在国际的影响力和地位。

由于拉美和加勒比国家共同体的成立，2013年在圣地亚哥举办的第七届拉美及加勒比和欧盟领导人峰会正式更名为拉美及加勒比国家共同体和欧盟领导人峰会。本次峰会成为重新确定拉欧关系、深化双方战略合作的会议。"可持续发展：促进社会和环境质量的投资"成为本次会议的主题，与会人员围绕着科学技术、教育、移民、合作机制、经济、毒品等议题展开讨论。在《圣地亚哥宣言》（*Declaración de Santiago*）中反复强调："教育同医疗、社会发展、经济增长并列为区域间合作的首要议题，通过共同发展促进社会公平、公正且可持续发展……我们需要高度重视高等教育领域的合作以及在高等教育、科学和创新领域的投入，只有提高高等教育、科学、技术和创新领域的水平，才可以保障国家经济和社会的可持续发展。我们还要再次强调加强拉美网络基础设施建设的重要性，尤其是教学和教育研究领域的网络覆盖。"[③]本次峰会建立了拉美及加勒比和欧盟学术峰会制度，该学术峰会专门负责高等教育、科学、技术和创新方面的具体事务管理和实施工作。并且，拉欧领

---

① Cumbre UE-ALC. Plan de Acción de Madrid 2010-2012[R].Madrid,2012:2.

② Cumbre UE-ALC. Plan de Acción de Madrid 2010-2012[R].Madrid,2012:10.

③ Santiago CELAC-UE. Declaración de Santiago CELAC-UE[R]. Santiago,2013:4,11.

导人还在该峰会上提出将拉欧高等教育区和知识区的建设工作合二为一，建立拉美及加勒比和欧盟高等教育、科学、技术和创新区，将高等教育与科学、技术和创新工作更紧密地结合，建立区域间的协同创新新机制。

2015年，峰会再次回到欧洲，在布鲁塞尔举办，本次峰会强调了加强“南北合作”“南南合作”、多边合作等多种合作制度建设的重要性。在《布鲁塞尔宣言》（*Declaración de Bruselas*）中第一次提到了高等教育对提高国家现代化和国际化水平的重要性，以及人才流动带来的潜在风险等问题，应该加强高校和研究机构间的学术和研究合作，通过欧盟推出的“伊拉斯谟+”计划（Erasmus+）、玛丽·居里计划等，加强拉欧之间的学术合作和人员交流，提高高等教育机构的学术和教学质量，提高学生的就业竞争力和跨文化理解能力，提高学校的综合管理能力等，与此同时，还需要避免人才流失，确保海外培训人员的归国服务等工作。[①]本次峰会制定的未来两年的《行动计划（2015—2017）》特别将“高等教育”单列成项，《行动计划（2015—2017）》中有关高等教育的合作事宜从以前的两项增加到了现在的三项，分别是科学、技术、创新和技术；教育和就业，促进社会一体化和融入性发展；高等教育。[②]这三点分别从教育对科学技术、对社会和对教育本身的功能进行了阐述。

表4-2　拉欧领导人峰会历届高等教育领域成果

届数	年份	会议名称	颁布文件	合作成果
1	1999年	巴西里约热内卢峰会	《里约宣言》《行动计划》	ALFA计划
2	2002年	西班牙马德里峰会	《马德里宣言》	ALFA计划、ALBAN计划
3	2004年	墨西哥瓜达拉哈拉峰会	《瓜达拉哈拉宣言》	ALFA 计划、ALBAN 计划、伊拉斯谟世界计划

① EU-CELAC Summit 2015 Brussels. Declaración de Bruselas[R]. Bruselas, 2015: 11,14.

② EU-CELAC Summit 2015 Brussels. Plan de Acción UE-CELAC[R]. Bruselas, 2015:1.

续表

届数	年份	会议名称	颁布文件	合作成果
4	2006年	奥地利维也纳峰会	《维也纳宣言》	ALFA计划、ALBAN计划、伊拉斯谟世界计划
5	2008年	秘鲁利马峰会	《利马宣言》	ALFA计划、ALBAN计划、伊拉斯谟世界计划
6	2010年	西班牙马德里峰会	《马德里宣言》	ALFA计划、ALBAN计划、伊拉斯谟世界计划
7	2013年	智利圣地亚哥峰会	《圣地亚哥宣言》	伊拉斯谟世界计划
8	2015年	比利时布鲁塞尔峰会	《布鲁塞尔宣言》《行动计划（2015—2017）》	“伊拉斯谟+”计划、“地平线2020”计划

资料来源：根据有关资料编制。

从1999年的第一届里约峰会到2015年的第八届布鲁塞尔峰会，拉欧领导人峰会已经成为大西洋隔海相望的两大区域间的定期政治对话机制。拉美和欧盟的发展经历了初期蓬勃生长期、中期疲软期以及后来的结构关系调整期，发展过程中遇到了来自区域间内部和国际社会外部的诸多干扰因素，如经济危机、政局动荡、恐怖主义等。但是，区域间的合作仍在不断成长和完善中。合作领域涉及政治、经济、医疗健康、禁毒、科学技术、教育等诸多领域，合作内容也在不断细化，通过一个个具体项目而得到落实。教育，尤其是高等教育，更被视为推动区域间科学、技术、创新发展，缩短社会差距，促进社会融入的要素，在历届宣言和行动计划中被反复强调。首先，拉欧领导人峰会确立了区域间高等教育合作的基调，通过历届峰会颁布的宣言，明确高等教育合作的价值目标。第一届峰会的《里约宣言》确定了高等教育的价值目标，此后的历届领导人峰会在《里约宣言》价值目标的基础上，不断探索高等教育合作新的可能性和意义，在教育合作对社会融合、社会公平、促进男女平等，缩短社会差距、促进社会可持续发展，科学技术进步，经济发展，人文交流，多元文化保护，教育质量、国家竞争力提升起到的促进作用，以及它对区域一体化和参与全球化竞争的现实意义等方面达成重要共识。其次，拉欧领导人峰会确定了区域间高等教育合作的议程设置，即拉欧高等教育区的建立以及合作项目的推进。虽然《里约宣言》对拉欧高等教育区的建立仅是一个初步的构想，但是它引起了广泛且深远的反响，并且带动日后拉欧高等教育合作一系列的行动和连锁反应。2013年随着拉欧领导人峰会制度的升级，拉欧高等教育区的重要性再一次得到提升，拉欧领导人将高等教育与科学、技术和创新工作更紧密地结合，在原有高等教育区的基础上，提出了建立拉美及加勒比和欧盟高等教育、科学、技术和创新区的升级版设想。最后，拉欧领导人峰会确定了区域间高等教育合作的实施机制，其中包括来自拉欧61个国家以及相关组织共同参与的复杂体系。经过近20年的实践，合作运行机制不断完善，其运行是通过拉欧学术峰会、拉欧学术峰会下设的组织机构以及各国等多方的合作与互动实现的。

三、拉欧学术峰会制度：拉欧高等教育合作的“执行者”

如果说拉欧领导人峰会是拉欧高等教育合作的统领者，那么拉美及加勒比和欧盟学术峰会则是拉欧高等教育合作的具体执行者。作为拉欧领导人峰会下设的平行会议，其核心任务是促进拉欧高等教育合作，推动拉欧高等教育区的建设工作。从2000年到2017年，共举办了六届拉欧领导人学术峰会。前三届为拉美及加勒比和欧盟教育部部长会议（以下简称“拉欧教育部部长会议”），各国教育部部长和教育相关负责人士在会议上共同商讨如何推进拉美及加勒比和欧盟高等教育区的建设工作，该会议每五年举办一次。2013年，由于拉欧峰会进入了新的合作期，峰会决定将原来五年一次教育部部长会议改为两年一次的学术峰会，学术峰会上将拉欧高等教育区的设想进一步升级，提出了建立拉美及加勒比和欧盟高等教育、科学、技术和创新区的设想。改制后的学术峰会参加成员在原有的国家政府官员的基础上增加了更多的高等院校机构的校长和管理人员，学术峰会的决策权从原来的各国领导人转为真正具有业务实际操作经验的管理人员，业务范围也从原有的教育领域扩大到了与教育密切相关的科学、技术和创新领域。

表4-3　拉美及加勒比和欧盟历届学术峰会

届数	年份	会议名称
1	2000年	法国巴黎教育部部长会议
2	2005年	墨西哥瓜达拉哈拉教育部部长会议
3	2010年	西班牙马德里教育部部长会议
4	2013年	智利圣地亚哥学术峰会
5	2015年	比利时布鲁塞尔学术峰会
6	2017年	萨尔瓦多圣萨尔瓦多学术峰会

资料来源：根据有关资料编制。

（一）拉欧高等教育区建设的制度保障

1. 拉美及加勒比和欧盟教育部部长会议：拉欧高等教育区建设初期阶段

2000年，拉欧教育领导人在法国巴黎举办了第一届拉美及加勒比和欧盟教育部部长会议并颁布了《巴黎宣言》(*Declaración de París*)。本次会议回应了1999年里约领导人峰会提出的建立拉欧高等教育区的倡议，制定了拉欧高等教育区的发展目标和任务：加强学历制度的建设，加强高等教育与科学、技术、教育管理、信息技术、区域一体化等领域的合作；加强远程教育的实施和推广，建立网络图书馆，将区域间学术资源共享变为现实；加强对在职员工的企业培训，推进在职培训学历认证制度的建立，促进终身学习；加强区域间研究中心的建立。[①]作为第一次教育部部长会议，本次会议对今后的发展制度和目标做了具体规划，为了有效保障会议的成果，规定教育部部长会议必须实行制度化和常规化管理，每五年举办一次；在这次会议上，拉欧教育相关负责人一致同意成立了监督委员会（Comité de Seguimiento）行政机构，考虑到区域平衡发展原则，委员会成员由2名来自欧盟、3名来自拉美的教育官员担任，负责跟进和监督拉欧高等教育区具体事务的落实工作。随后执行秘书处（Secretaría Ejecutiva）成立，该秘书处协助监督委员会制定教育部部长委员会决议，并且负责活动的宣传工作。

2005年在墨西哥举办了第二届教育部部长会议，这届会议确定了

① Conferencia Ministerial de los Países de la Unión Europea, de América Latina y el Caribe sobre la Enseñanza Superior. Declaración de París [R]. París, 2000: 3.

推动拉欧高教区建设的14个具体目标：[①]

——加强拉美和欧盟之间高等教育体系的了解；

——促进拉美和欧盟高等教育机构之间的交流，互相学习成功经验；

——在相互了解和信任的基础上，建立有效互动机制，鼓励区域间的高等教育机构参与到拉欧高等教育区的建设工作中；

——进一步推进区域间高等教育互认制度的建立；

——通过奖学金等帮助措施，建立区域间学生、研究人员、教师、行政管理人员的流动项目；

——提高两个区域高等教育机构的管理能力，建立合作平台、网络等机制，促进区域间高等教育机构的联合办学能力；

——加强拉欧高教区的信息沟通技术的使用能力；

——帮助在未建立高等教育评估和质量保障制度的国家建立相关制度；

——加强各国之间高等教育评估和认证制度的了解，尽快建立区域间的认证制度；

——建立拉欧高等教育区的质量保障机制；

——在拉美区域建立欧盟高等教育研究中心，在欧洲建立拉美高等教育研究中心；

——提高拉欧高等教育区的知名度和增强号召力；

——明确拉欧高等教育区的财务管理体系，鼓励各国政府参与到拉欧高等教育区的建设中；

——明确和减少拉欧高等教育区的建设障碍。

随着拉欧高等教育区建设目标的出台，本次会议提出用10年的时间推进和完善拉欧高等教育区的建设工作，预计2015年该高等教育区建成。建成后的拉欧高等教育区，将成为区域间高等教育机构、学术人员的交流与合作的重要平台。[②]

五年后的第三届教育部部长会议于2010年在马德里举办，本次会议

---

① II Reunión de Ministros de Educación América Latina y el Caribe–Unión Europea. Declaración [R]. México, 2005: 1–2.

② II Reunión de Ministros de Educación América Latina y el Caribe–Unión Europea. Horizonte [R]. México, 2005: 1.

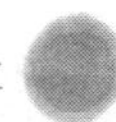

的主题为“教育、创新和社会融入”，本次会议议题设置与伊比利亚美洲国家组织（Organización de Estados Iberoamericanos）提出的《教育目标2021》（*Metas Educativas 2021*）内容相契合，尤其是在建立拉欧高等教育区，促进人员交流与流动，充分重视教育、科学技术对经济的促进和社会可持续发展，以及消除贫困、增加社会融入性等方面起到的作用。

截止到2010年，教育部部长级会议共举办了三次，除了各国教育部部长参加外，欧盟、南方共同市场、安第斯集团分别派代表出席会议。这三次会议，不难看出一届比一届的目标更加具体，尤其是第二届会议。在巴黎会议上制定了拉欧高等教育区的发展目标和任务，在第二届墨西哥会议上将这一设想具化为了14个目标，并设定了高等教育区成立的时间。上述三届会议依托欧盟对拉美开设的专项计划ALFA计划和ALBAN计划，以及伊拉斯谟世界计划、玛丽·居里计划共同推进拉欧高等教育区的建设。

2. 拉美及加勒比和欧盟学术峰会：拉欧高等教育区建设转型期

2013年，随着第一届拉美及加勒比国家共同体和欧盟领导人峰会，也就是第七届拉美及加勒比和欧盟领导人峰会的召开，作为平行会议的教育部部长会议也正式更名为“拉美及加勒比和欧盟学术峰会”（以下简称“拉欧学术峰会”）。更名后的学术峰会由原来的每五年一届改为与拉欧峰会制度相统一的一般每两年举办一次，一改以前管理模式过于松散、会议时间间隔过长导致议程推进过于缓慢等问题。改革后的拉欧学术峰会除了在会议制度设置上改为两年一次，还规定每次会议举办的前一年举办两次准备会议，从而保证正式会议的议题更加具有针对性和可操作性，不让每一届的学术峰会流于形式。在行政机构方面，在原有的监督委员会和执行秘书处的基础上，增设了拉美及加勒比和欧盟永久学术论坛（以下简称“拉欧永久学术论坛”）。该论坛面向全世界所有从事高等教育、科学、技术、科研和创新等领域研究工作和对这些领域感兴趣的学者，作为一种“民间智库”的形式推动拉美和欧盟之间的合作。具有新制度形式的拉欧学术峰会一如既往地推动拉欧高等教育区的建设工作，并且在推动传统高等教育一体化的基础上，加强了高等教育与科学、技术、创新等领域的合作，并将原有的拉美及加勒比和欧盟高等教育区建设的设想，升级为拉欧高等教育、科学、技术和创新区的设想，具体工作分为四个领域：高等教育领域，科学、技术和创新领域，学术与社会生产力的联系领域，学术和公共政策领域。[①]

2013年在智利圣地亚哥举办的拉欧学术峰会，共有来自拉美和欧盟的国家教育官员、220多个教育机构的负责人和研究学者650多人参加。在此之前分别于2012年6月和10月在法国巴黎和秘鲁利马召开了两次准备会议。拉欧学术峰会主要围绕拉美和欧盟的战略合作的现实和愿景，拉欧高等教育区的发展，结合欧盟的“地平线2020”计划、“伊拉斯谟+”计划展开的科学、技术、研究和创新合作，学术和公共政策有效对接，大学和企业的人才培养、创新和科技成果转换合作等五个方面展开讨论。[②]在本次会议颁布的《圣地亚哥行动计划 2013—2015》（*Plan de Acción de Santiago 2013-2015*）中，针对上述五方面做出了未来两年的具体工作规划，发展建设拉美及加勒比和欧盟高等教育、科学、技术和创新区，建立财政监管制度；促进高等教育一体化建设；推动科学研究和创新一体化建设；提高高等教育机构与社会以及生产部门的合作能力。[③]由于自2013年起，欧盟高等教育制度进行调整，将原有的对内和对外教育政策整合为一个教育项目，欧盟针对拉美开设的专项计划ALFA计划、ALBAN计划，以及欧盟对外高等教育合作项目伊拉斯谟世界计划停止，全部整合在“伊拉斯谟+”计划下进行，有关科学技术合作项目整合在“地平线2020”计划下进行。自此，拉欧高等教育合作主要依靠这两个欧盟项目议程展开。

2015年在比利时布鲁塞尔召开了第二届拉欧学术峰会，本次学术峰会的两次准备会议分别于2014年5月和10月在罗马尼亚布加勒斯特、墨西哥瓜达拉哈拉举办，准备会议对《圣地亚哥行动计划 2013—2015》中制定的工作内容进行阶段性检查和评估。在瓜达拉哈拉准备会议上，拉欧与会代表通过了成立区域间学术委员会的决议，并在该委员会下设

---

① Christian Ghymers, Patricio Leiva. Introducción[A].Segunda Cumbre Académica Comunidad de Estados Latinoamericanos y Caribeños y la Unión Europea[C].Bélgica, 2016:18.

② Patricio Leiva. Introducción[A].Primera Cumbre Académica Comunidad de Estados de América Latina y el Caribe-Unión Europea. Hacia un Espacio Eurolatinoamericano para la Educación Superior, Ciencia, Tecnología e Innovación[C].Chile,2013:17.

③ I Cumbre Académica CELAC-UE. Plan de Acción de Santiago 2013-2015 sobre Cooperación Universitaria en Educación Superior, Ciencia, Tecnología e Innovación[R]. Santiago,2013:4-6.

 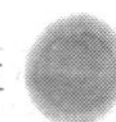

立四个永久反思小组，分别负责拉欧高等教育、科学、技术和创新区建设工作的四个领域工作。在本次会议上进一步延续和落实上届会议的议题，进一步推进区域间高等教育认证和评估制度的建立，对拉欧高等教育体系做进一步的了解；进一步推动区域间科学、技术、研究创新一体化体系的建设，建立区域间研究人员和研究项目的注册平台以及创新管理委员会和基金会，实现对该领域的制度化管理以及保障资金来源；加强高等教育机构与生产部门的联系，推动高等教育机构与企业之间的合作，提高企业的培训能力，以及人才培养和市场需求的契合度；提高学术机构在公共政策方面的参与度，尤其是教育公共政策领域、区域一体化领域、社会融入和可持续发展领域。[①]

2017年的学术峰会在拉美萨尔瓦多的圣萨尔瓦多举办，本次学术峰会的两次准备会议分别于2016年6月和10月在多米尼加的圣多明哥和瑞典的斯德哥尔摩举办。这两次准备会议都围绕着如何建立外语语言学习和认证资质，提高个人竞争力，推动区域间的学术和职业流动；提高高等教育质量，建立远程教育学习系统，尤其是推动大型开放式网络课程（MOOC）技术在远程教育中的应用；推动区域间科学、研究、技术和创新之间的联系和合作；高等教育在社会服务中遇到的问题与挑战；高等教育国际化的公共政策制定；对拉欧高等教育、科学、技术和创新区建设的路线规划等方面展开讨论，并为正式会议做准备工作。在2017年学术峰会的《圣萨尔瓦多宣言》（*Declaración de San Salvador*）中提到，将拉美及加勒比和欧盟高等教育、科学、技术和创新区的建立作为区域间学术合作的首要任务，在尊重拉美大学自治的传统基础上，尽可能制定出双边、子区域间、区域间的高等教育机构间的学分、学位和学历的认证制度。鼓励各大学的参与，加强各国和区域间的高等教育质量认证和评估机制的建设工作，增强学位和学历认证制度建设，推动学术流动性，加强区域间的高等教育国际化发展水平。加强科学研究、技术和创新领域的合作。[②]在该宣言中也特别强调欧盟在推进拉欧学术合作，建

---

① II Cumbre Académica América Latina y el Caribe y la Unión Europea. Declaración de Bruselas y Propuestas a los Jefes de Estado y de Gobierno de la Cumbre CELAC-UE 2015 [R]. Bruselas, 2015: 5-7.

② Cumbre Académica y del Conocimiento. Declaración de San Salvador [R]. San Salvador, 2017: 3-5.

立拉欧高等教育、科学、技术和创新区的重要作用，不论是议程设置还是资金支持方面，大多数资源都依靠欧盟的提供，尤其是欧盟推出的“伊拉斯谟+”计划和“地平线2020”计划。

拉欧学术峰会作为拉欧领导人峰会下设的平行会议，同时也是拉美和欧盟区域间的最高级别学术会议，主要负责推进拉欧高等教育合作和一体化建设。该学术峰会制度发展主要分为两个阶段：第一阶段从2000年至2010年拉欧教育部部长会议阶段，区域间合作形式为“组织与集团”的拉美与欧盟各国教育领域负责人会议。拉美受到当时欧洲高等教育区建设的“学术模范”作用，以及欧盟的规范性权力的对外输出政策的双重影响，拉美和欧盟共同提出了建立拉欧高等教育区的提议。第二阶段从2013年至2019年，随着拉美及加勒比国家共同体的成立，拉美各国以更加紧密的政治形象出现在国际舞台上，从2013年开始，拉欧区域间的最高级别学术会议更名为拉欧学术峰会，合作形式由“组织对集团”转为“组织对组织”，形成更为紧密的战略合作关系。合作进入新的历史阶段以来，拉欧越发重视高等教育和知识经济之间的发展关系，因此在原有的拉欧高等教育区建设的基础上，加强了与科学、技术和创新领域的联系，将其视为不可分割的相互联动整体，进而提出了建立拉欧高等教育、科学、技术和创新区的提议。但是不难看出，由于拉欧的发展现状和制度方面存在较大的差异，因此，时至今日，在最为基本的学位、学历和文凭认证制度建设方面仍存在较大分歧，具体原因将在第六章进行分析，经历了20年的努力，拉欧高等教育一体化目标尚未实现，拉欧高等教育、科学、技术和创新区的建设仍在路上。

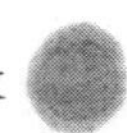

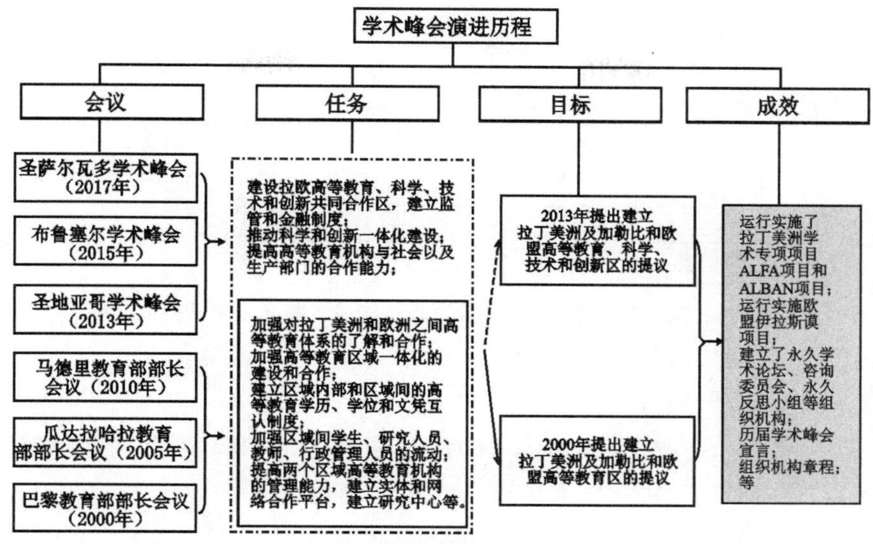

图4-1　2000—2017年拉欧学术峰会演进历程、任务、目标和成效

（二）机构行政体系设计

历届学术峰会不断完善峰会的机构行政体系，相继成立了监督委员会、执行秘书处、拉欧永久学术论坛、拉欧学术委员会和永久反思小组等机构，推进和辅助拉欧学术峰会工作的开展，帮助拉欧区域间学术领域最终目标的尽早实现。在机构体系的建设过程中，2013年前后经历了一次大的调整和改革。拉欧领导人峰会的改制为拉欧学术峰会的机构改革提供了基础，拉欧永久学术论坛执行秘书处主席卡洛斯·加南（Carlos Quenan）强调，拉欧高等教育区的建设在制度规范上已经进入了一个新的重要阶段。①

1. 拉欧学术峰会管理机构设计：2000—2013年（初期阶段）

拉欧学术峰会的核心管理机构效仿欧洲高等教育区的模式建立，初期的管理机构设置较为简单，职能分工仍不明确，只设立了监督委员会和执行秘书处两个机构。（见图4-2）

① Carlos Quenan. Intervenciones Inaugurales[A].Segunda Cumbre Académica Comunidad de Estados Latinoamericanos y Caribeños y la Unión Europea. Construyendo el Espacio Común de Educación Superior, ciencia, Tecnología e Innovación para la Asociación Estratégica Birregional[C].Bélgica,2016:50.

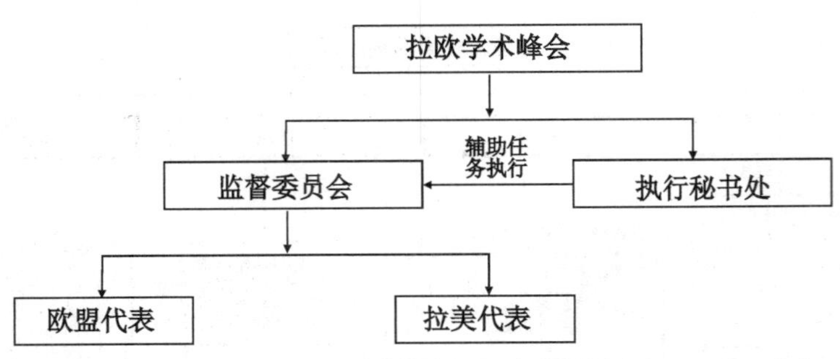

图4-2 拉欧学术峰会部分主要管理机构设置图（2000—2013年）

（1）监督委员会

监督委员会成立于2000年11月，最初由5个国家分别派出1名成员组成，分别是欧盟2名（西班牙、法国），拉美3名（巴西、墨西哥、圣基茨和尼维斯），负责该组织与各国政府和区域组织的沟通与联系工作，以及每次会议的筹办和推进工作。①随着业务量的不断增加，为了提高工作效率，在2005年的部长会议上决定将成员增加到10名，其中欧盟成员有法国、西班牙、葡萄牙和波兰，拉美成员有巴西、哥伦比亚、墨西哥、尼加拉瓜、圣基茨和尼维斯、牙买加。

截止到2008年，监督委员会共举办过12次会议。但是自2010年开始，由于业务重组，会议变成了非常规性模式，相关会议信息或记录也就没有保存下来。协助监督委员会筹办会议工作的执行秘书处，由于没有固定的办公地点，对后续会议的记录更是难以查找。因此以下仅就可获取信息的12次会议主要议题予以总结。

表4-4 2001—2007年监督委员会会议纵览

会议序号	地址	时间	主要议题
1	巴黎（法国）	2001.10.30—2001.10.31	确定监督委员会组织框架、功能、日程表、行动计划等。
2	福塔莱萨（巴西）	2002.3.25—2002.3.27	制定2002—2004年行动计划草案。

① Declaración de París. Conferencia Ministerial de los Países de la Unión Europea, de América Latina y el Caribe sobre la Enseñanza Superior［EB/OL］https://especialbolonya.files.wordpress.com/2009/02/uealc_decl_paris_2000_es.pdf. 2017-10-30.

续表

会议序号	地址	时间	主要议题
3	梅利达（墨西哥）	2002.7.22—2002.7.24	确定2002—2004年行动计划。
4	科尔多瓦（西班牙）	2002.10.28—2002.10.30	筹办论坛、电子图书馆、学习中心事宜。监督委员会进行工作总结。提出成立执行秘书处。巴西和墨西哥被邀请参加在柏林举办的博洛尼亚进程会议。
5	巴黎（法国）	2003.3.31—2003.4.1	在西班牙政府的帮助下成立执行秘书处，加勒比地区代表缺席本次活动。
6	贝洛奥里藏特（巴西）	2004.4.22—2004.4.23	推进拉美和欧盟论坛项目，安第斯集团、欧盟和南方共同市场作为长期观察员，讨论加勒比地区代表的加入。
7	马德里（西班牙）	2004.11.23—2004.11.24	讨论2004—2008年行动计划，加强拉美和欧盟各国家和机构之间的联系和对话。监督委员会成员更新，对新的加勒比代表进行讨论。
8	墨西哥城（墨西哥）	2005.3.28—2005.4.1	确定ALCUE为拉美和欧盟高等教育区的缩写。
9	巴黎（法国）	2005.12.8—2005.12.9	提出确保质量的人员流动提议，确定标志，确定区域间的合作呈双边、多边等多层形势发展，欧盟参与项目的策划工作。
10	马塞约（巴西）	2006.4.27—2006.4.28	开展针对工程师和教师培训的交流计划，对现有计划进行回顾。
11	麦德林（哥伦比亚）	2007.3.22—2007.3.23	对执行秘书处的工作进行回顾。
12	里斯本（葡萄牙）	2007.12.3	未公布相关会议文件。

资料来源：Aliandra Raquel Lazzari Barlete. Europeanisation of Latin American Higher Education? The Shaping of the ALCUE Common Area in Higher Education[D].University of Oslo，2008:87.

监督委员会负责拉欧高等教育区工作文件的出版，工作文件用英语、法语、葡萄牙语和西班牙语四种语言撰写完成，方便区域内外各成员国的阅读以及扩大影响力，执行秘书处负责文件的翻译工作。但是，在执行委员会出版的前期工作文件中，由于使用语言版本的不同，出现关键词用法不统一的现象（ALCUE，UEALC，EULAC等）。2005年，执行委员会规范了这一说法，统一使用ALCUE这一外文说法，并于同年在墨西哥举办的执行委员会的会议上确定了拉欧高等教育区的标志。

图4-3　拉美及加勒比和欧盟高等教育区区标

资料来源：José Joaquín Brunner. El Espacio Común ALCUE para la Educación Superior: América Latina y la Unión Europea[EB/OL].http://www.brunner.cl/? p=1067， 2019-04-02.

监督委员会工作建议报告只在2002年墨西哥会议上和2005年巴黎会议上被提及。在墨西哥会议上提出5条建议，分别是：组织高等教育质量评估和认证国际性论坛，建立高等教育区共同质量指标（由西班牙教育质量和认证委员会负责）；组织博洛尼亚进程研讨会（法国负责）；组织关于拉美、欧盟教育质量论坛（巴西负责）；建立促进人员流动项目（巴西负责）；建立网络图书馆和实验室（巴西负责）。2005年，在巴黎举办的会议上，监督委员会又提出了两条建议，分别是：认真总结学术交流与合作经验，确定区域间评估和质量保障的统一指标；将大学和教育机构纳入高等教育区的行政主体。

通过上述两次会议的建议，分析得出为了进一步推进拉欧高等教育区的建设工作，必须先解决学历、学位互认的问题，促进人员的短期或长期交流活动。通过人员的流动以及信息的交流深入了解各国高等教育体系的特点，同时将已有的人员、项目交流经验在区域间推广学习，进而提高学生、教师、科研人员、技术人员、行政人员等流动的质量，最终建立高等教育区的质量保障体系。

值得注意的是，在监督委员会会议过程中，加勒比地区代表参与度较低，该区域代表只参加了前几届的监督委员会会议，为了促进区域一体化的进程，在第六次和第七次监督委员会会议上，还特别就本问题进行讨论。究其原因，主要是高等教育区的项目中缺少对加勒比地区的关注，为该地区专门设计和实施的项目缺失所造成的。此外，加勒比区域的监督委员会代表国圣基茨和尼维斯缺少高等教育机构，因此在高等教育区建设过程中，监督委员会成员希望可以由拥有高等教育机构的该区域其他国家来代替圣基茨和尼维斯的代表身份。[①]为了解决这一问题，2010年在马德里举办的教育部部长会议上，出版了《欧盟—加勒比战略伙伴关系纲要》文件，加强欧盟和加勒比包括教育在内的多方面多层次的联系合作。

（2）执行秘书处

成立执行秘书处的建议是在2002年西班牙举办的监督委员会的会议上提出的，并在次年巴黎会议上得到通过。该秘书处最先由西班牙教育质量和认证委员会管理，2006年由西班牙教育和科学部下属的大学合作委员会的总秘书处接管。执行秘书处的主要职能是辅助监督委员会决议的执行，并且负责成员之间的联系和沟通工作。

此外，西班牙教育部还提议效仿博洛尼亚进程成立一个临时秘书处，最终提议未被采纳。整个高等教育区的相关配套建设工作缓慢，如由巴西负责的拉欧高等教育区的网站建设和运营工作，质量不高、内容匮乏，计划中提到的论坛、网络图书馆等均未按照承诺搭建运营。高等教育区建设推进缓慢的最主要的原因是机制建设不清晰，导致区域间各国成员兴趣不大，参与度不高。在墨西哥部长会议上，高等教育区的主要成员国大学作为观察员身份被邀请参加，但是会议上并未对大学的角色做以清晰的定位，各大学难以在高等教育区建设过程中起到积极的推动作用。

---

① Latin America and the Caribbean（ALCUE）.Minutes of the VI Meeting of the Follow up Committee of the Common Area for Higher Education in the European Union[R].Belo Horizonte,Brazil,2004:2-3.

2. 拉欧学术峰会管理机构设计：2013年至今（完善阶段）

（1）主要机构

拉美区域以拉美及加勒比国家共同体身份参加拉欧领导人峰会，推动了整个拉欧区域间合作制度的变革，对于拉欧学术峰会也不例外。2013年在智利圣地亚哥举办的第一届拉美及加勒比和欧盟学术峰会上通过了取消监督委员会和执行秘书处两个机构，建立拉欧永久学术论坛的决议。同时在峰会上颁布了《拉美及加勒比和欧盟永久学术论坛章程》（以下简称《永久学术论坛章程》）的草案，该草案于2016年批准生效。该部《永久学术论坛章程》成为指导拉欧永久学术论坛制度建设的重要准则，规定了拉欧永久学术论坛是拉美和欧盟区域间学术活动和学术峰会的组织者。[①]拉欧永久学术论坛主要成员为大学、机构、组织、学者、教授、研究人员、专业技术人员以及来自拉美及加勒比和欧盟学术峰会成员国的高等教育毕业生，共同推进拉欧高等教育、科学、技术和创新区的建立工作。

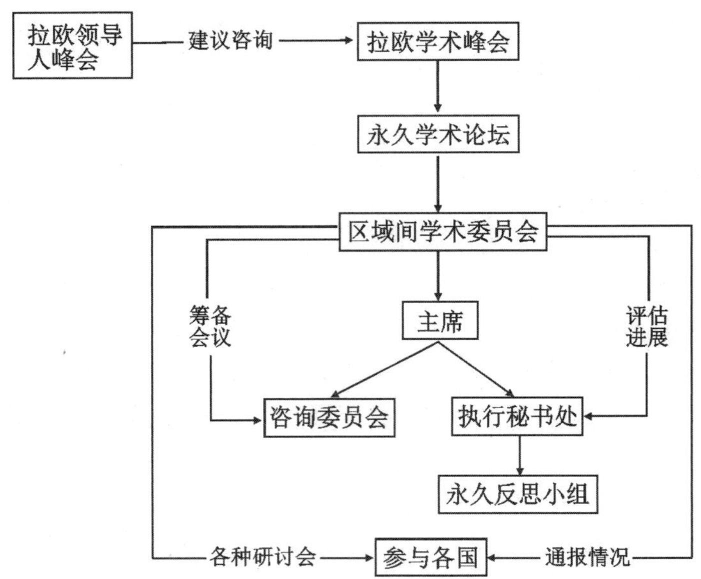

图4-4　拉欧学术峰会部分主要管理机构设置图（2013年至今）

资料来源：Foro Académico Permanente América Latina y el Caribe y la Unión Euro-

① Foro Académico Permanente América Latina y el Caribe y la Unión Europea. Estatutos del Foro Académico Permanente América Latina y el Caribe y la Unión Europea[R]. Lisboa,2016:2.

pea. Estatutos del Foro Académico Permanente América Latina y el Caribe y la Unión Europea[R].Lisboa，2016:3.（根据上述资料整理而成）

其下设的区域间学术委员会是永久学术论坛的最高组织机构，负责永久学术论坛具体任务的执行工作。该委员会由不超过30名区域间的知名学者和研究人员组成，从永久学术论坛成员中选拔而出，任期四年，主席一人，任期同样为四年。该委员会的主要工作范围：①负责永久学术论坛章程的审核和批准工作；②负责拉欧学术峰会的行动计划审核和批准工作；③负责执行秘书处工作的准则制定和引导工作；④参与学术峰会和准备会议工作；⑤负责学术峰会的宣言审核和批准工作；⑥决定战略方针，制定公立机构和私立机构之间的合作政策；⑦主席代表永久学术论坛以及执行秘书处参加第三方会议；⑧负责审核和批准新永久学术论坛成员资质等。①

主席作为区域间学术委员会的最高领导，全面负责委员会工作。区域间学术委员会主席职责：①对外代表永久学术论坛；②履行章程中涉及的目标任务；③负责区域间学术委员会的人员聘用工作；④执行区域间学术委员会的决议；⑤在区域间学术委员会会议上做出恰当的决定；⑥主持执行秘书处工作。②

同时，区域间学术委员会下设了两个部门，一是咨询委员会，另一个是执行秘书处。咨询委员会由主席和另外五名区域间学术委员会成员共六人组成，另外五名成员由主席委任。执行秘书处成员不超过四名，由区域间学术委员会直接任命，任期四年。咨询委员会参与区域间学术委员会的决议会议，根据主席要求召开定期或不定期会议（网络会议）。③执行秘书处是永久学术论坛的执行机构，遵循区域间学术委员会

① Foro Académico Permanente América Latina y el Caribe y la Unión Europea. Estatutos del Foro Académico Permanente América Latina y el Caribe y la Unión Europea[R]. Lisboa,2016:1.

② Foro Académico Permanente América Latina y el Caribe y la Unión Europea. Estatutos del Foro Académico Permanente América Latina y el Caribe y la Unión Europea[R]. Lisboa,2016:4.

③ Foro Académico Permanente América Latina y el Caribe y la Unión Europea. Estatutos del Foro Académico Permanente América Latina y el Caribe y la Unión Europea[R]. Lisboa,2016:4.

的指引和方针，具体职能为：①执行区域间学术委员会任务，以实现永久学术论坛的目标；②向区域间学术委员会提交永久学术论坛的发展战略；③为区域间学术委员会制定和提交计划，执行永久学术论坛的任务计划；④向资助机构提交项目报告，根据咨询委员会的规定申请资助，确保永久学术论坛的活动运营；⑤与永久学术论坛以及公立和私立机构保持密切合作关系；⑥参加地区性的准备会议、拉欧学术峰会以及其他会议；⑦代表拉欧学术峰会参加国家性和国际性会议，增加永久学术论坛的知名度；⑧每年向区域间学术委员会提交财政和项目运行报告。[①]

另外，执行秘书处下设四个永久反思小组，分别负责拉欧高等教育、科学、技术和创新区建设工作的主要四个方面事务，即高等教育反思小组、科学技术和创新反思小组、高等教育与社会联系反思小组以及高等教育与公共政策联系反思小组。

（2）各机构主要成员

拉欧永久学术论坛作为拉欧学术峰会的最高决策和管理机构，区域间学术委员会的主席1名，成员包括主席在内共有29人（次），成员主要来自欧洲的法国、西班牙、比利时、罗马尼亚等国，拉美的墨西哥、智利等国。法国和西班牙一直是欧盟内部推动欧盟与拉美合作的主要力量，比利时是2015年拉欧学术峰会的主办国，罗马尼亚是新入欧盟成员的代表。在拉美方面，智利作为2013年拉欧学术峰会的主办国，自然肩负起永久学术论坛建设的更多职责，墨西哥是拉美教育实力最强的国家之一。咨询委员会成员包括主席在内共6人，拉美和欧盟代表各3人。执行秘书处4人，与咨询委员会人员配比类似，拉欧代表各占一半。在四个永久反思小组中，每个主题各有2名负责人，分别来自拉美和欧盟。(详见附录9)

分析拉欧永久学术论坛主要机构负责人的构成情况即可发现：首先，29名成员分别来自19个国家，拉美高等教育实力较强的国家如阿根廷、巴拉圭、哥斯达黎加、墨西哥、智利等国派人员在机构中担任职务；欧盟“老”成员国如法国、西班牙、比利时、意大利、英国、德国、芬兰、瑞典等国人员在机构中任职，“新”成员国如罗马尼亚、波

① Foro Académico Permanente América Latina y el Caribe y la Unión Europea. Estatutos del Foro Académico Permanente América Latina y el Caribe y la Unión Europea[R]. Lisboa,2016:4-5.

兰也参与到拉欧学术峰会建设中。其次，从成员国分布情况来看，拉欧学术峰会共有61个成员国家，而永久学术论坛主要机构负责人来自19个国家，加勒比区域只有1个国家1名人员成为主要机构成员，巴西属于拉美高等教育最为发达的国家，也只有1名官员在主要机构担任职务。最后，主要机构29人（次）中，有4位女性，比例为13.8%。

由此可见，拉欧永久学术论坛未能完全实现区域间在地理、性别和成员国多样性之间的平衡关系，长此以往很有可能会导致机构制度建设机制的失衡。拉欧永久学术论坛过程中应该以欧盟机构建设为鉴，应该加强“制定具有约束力的机制条款[①]”，以平衡永久学术论坛的职位分配，调动所有成员国的积极性。造成人员配比失衡的原因有诸多方面，既有各国之间高等教育实力和对外行动力的差异，也存在机制性因素，具体原因将在第六章进行具体分析。

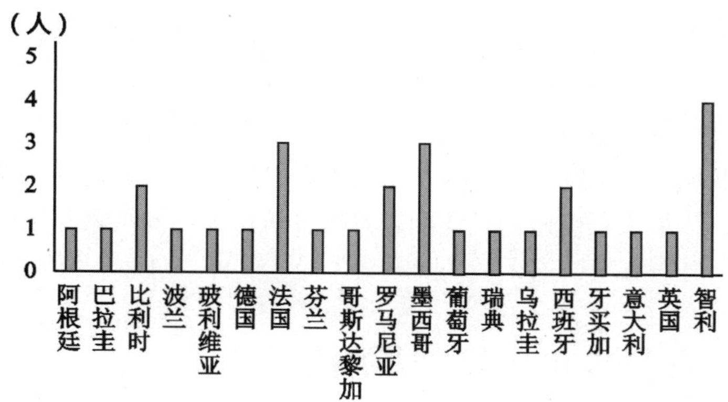

图4-5 区域间学术委员会委员成员国分布

资料来源：Foro Académico Permanente América Latina y el Caribe y la Unión Europea. Estatutos del Foro Académico Permanente América Latina y el Caribe y la Unión Europea[R].Lisboa,2016.（根据上述资料整理而成）

著名的法国政治经济学家让·莫内（Jean Monnet）说过，没有机构，一切都无法持久，只有共同体的组织结构才符合客观存在的共同任

---

① Martin Banks. Greens Hits out at “Lack of Women” in New EU Diplomatic Corps [EB/OL]. https://www.womenlobby.org/Greens-hit-out-at-lack-of-women-in-new-EU-diplomatic-corps,2018-01-17.

务的需要。[①]从《巴黎宣言》到《圣萨尔瓦多宣言》以及《永久学术论坛章程》对拉欧学术峰会的内部组织架构搭建和改革提供了指导依据，同时实现了拉欧学术合作方面的两项制度创新，即重组拉欧学术峰会最高级别代表制度，以及组建下属机构辅助执行拉欧学术峰会的最高指示和任务，机构在改革和重组的过程中各成员国试图寻求利益最大化的模式，整个过程充满了妥协。拉欧学术峰会机构建设在逐步完善，但为了实现拉欧高等教育、科学、技术和创新区这一最终目标，真正实现区域间的高等教育、科学、技术和创新的一体化发展，单纯依靠制度建设是不充分的，同时需要考虑拉欧学术合作过程中的权力关系和政策工具。

第二节　拉美子区域与欧盟高等教育合作的制度建设

拉美各国之间高等教育发展水平、制度体系存在较大差异，对国家高等教育政策的制定、优先发展领域的规划等方面产生影响。因此，拉欧在探寻区域间整体合作可能性的同时，也在探索多层级合作模式，如拉美子区域（中美洲一体化体系、南方共同市场）与欧盟寻求高等教育领域合作，最大程度做到具体问题具体分析，为不同国家和子区域“量身定制”合作方案，这无疑是既顾全大局，又可“对症下药”的选择。

一、南方共同市场与欧盟的合作

南方共同市场是拉美制度最完善、最为活跃的区域性组织。南方共同市场的建立，不仅仅让该组织各成员国公民形成了“南方共同市场居民”的一体化意识，更重要的是建立了公平信任的公共准则。在南方共同市场建立的过程中，“南方共同市场居民”逐渐打破了“邻里”的边界意识，建立起了跨文化交流，推动了区域一体化的发展。

在高等教育领域，南方共同市场效仿欧洲，在区域内实施高等教育一体化的公共政策。公共政策传播是一个政治环境下的政策、管理框

① 让·莫内．欧洲第一公民——让·莫内回忆录[M]．孙慧双，译．成都：成都出版社，1993：400.

架、机构、理念等因素在另一个政治环境下产生影响并变化的过程。[①]政策传播分为四种：完全复制、效仿、归纳总结以及经验学习。[②]可以说，南方共同市场的高等教育一体化就是效仿欧洲高等教育一体化政策实施的过程。

（一）南方共同市场和欧盟高等教育合作的背景与基础

1995年，南方共同市场与欧盟签署了第一份海关合作协议，自此开启了南方共同市场与欧盟的区域间合作序幕，合作领域也从传统的经济、贸易随后扩展到高等教育领域。

1. 南方共同市场一体化建设历程与理念

1991年，阿根廷、巴西、巴拉圭和乌拉圭四国总统共同发起并签署了《亚松森条约》（*Tratado de Asunción*），并宣布建立南方共同市场（Mercado Común del Sur， MERCOSUR），1995年南方共同市场正式成立。它是南美洲最大的经济一体化组织，也是世界上第一个完全由发展中国家组成的共同市场，拥有成员国阿根廷、巴西、乌拉圭、巴拉圭、委内瑞拉[③]，主要官方语言为葡萄牙语和西班牙语。区域总面积为1487万平方千米，人口约为2.95亿，是世界第五大经济组织。

南方共同市场一体化核心理念是通过协调区域经济政策，提高区域经济的竞争力和互补能力，促进成员国科技和经济的现代化改革，改善人民生活条件，进而推动人类的一体化进程。在此理念的基础上，南方共同市场已经在移民、劳工、文化、社会等领域签署了多项区域一体化合作协议。南方共同市场结构趋同基金（FOCEM）的建立为区域一体化的项目提供了金融保障，该机构每年向南方共同市场贷款近1亿美元，[④]用于提高区域竞争力，加强社会融入性，以及提高区域一体化水平。

2. 南方共同市场总体机构设置

目前共设有六个常务机构，分别是共同市场委员会（Consejo del

---

① David P. Dolowitz, David Marsh. Learning from Abroad：the Role of Policy Transfer in Contemporary Policy-Making[J]. Governance,2000(1):5-23.

② Diane Stone. Transfer Agents and Global Networks in the ‘Transnationalization’ of Policy[J].Journal of European Public Policy,2004(11):545-566.

③ 委内瑞拉未能按时将南方共同市场有关规定纳入国家法案,因此南方共同市场无限期取消其正式成员国资格。

④ Mercosur. En Pocas Palabras[EB/OL]. http://www.mercosur.int:8081/innovaportal/v/3862/11/innova.front/en-pocas-palabras, 2018-01-22.

Mercado Común, CMC)、共同市场小组(Grupo Mercado Común, GMC)、南方共同市场贸易委员会(Comisión de Comercio del MERCOSUR, CCM)、南方共同市场议会(Parlamento de MERCOSUR, Parlasur)、南方共同市场秘书处(Secretaría del MERCOSUR, SM)以及常设仲裁法院(Tribunal Permanente de Revisión, TPR)。[①]这些机构中包括了南方共同市场的决策机构、执行机构、立法机构、仲裁机构等,形成了一套较为完整的管理制度和体系。其中,共同市场委员会是该区域的最高决策机构,由各国外交部部长和经济部部长组成,主席由成员国最高领导人轮值担任,每年举行两次常规性首脑会议,负责首脑会议的筹备和组织工作,教育领域事务由共同市场委员会直接管理,截止到2017年底共举办了50届首脑会议。

(二)南方共同市场和欧盟高等教育合作机构设置与主要政策

南方共同市场成员国与欧盟成员国在政治、经贸、文化领域的合作较为悠久。在《亚松森条约》签署之前,德国、英国和意大利都分别与阿根廷、巴西保持着密切的经贸合作关系。欧洲不仅将南方共同市场视为文化遗产的延伸,还将其视为欧盟一体化模式最好的效仿者。[②]在高等教育方面,南方共同市场在与欧盟合作的过程中,不断寻求自身区域一体化的发展,并推出了一系列结构性举措。在政府层面,各国政府大力推动成员国之间的高等教育合作,把高等教育合作升级为战略合作高度;在民间层面,各成员国的高等教育机构也表现出了强烈的合作意愿,通过各高等教育机构自主合作、高等教育机构网络合作以及一些非官方力量的推动,促进了该区域高等教育一体化的发展。[③]南方共同市场在高等教育合作领域形成了“自上至下”以及“自下至上”的双向趋同发展模式。

---

① MERCOSUR. Órganos Derivados de Textos Fundacionales[EB/OL]. http://www.mercosur.int/innovaportal/v/3878/11/innova.front/organos-derivados-de-textos-fundacionales, 2018-01-22.

② Jorge Alberto Quevedo Flores. El Espacio Eurolatinoamericano (1992- 2007) Una Estrategia Efectiva de la Política Exterior Común hacia América Latina[D]. Madrid: Universidad Complutense de Madrid, 2007:290.

③ Gabriela Siufi. Mercosur y Educación Superior[J]. Cuadernos Iberoamericanos de Integración, 2008(9):39-56.

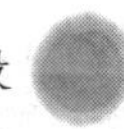

1. 南方共同市场高等教育部门机构设置

南方共同市场教育部门（Sector Educativo del MERCOSUR， SEM）是专门负责南方共同市场各成员国以及合作伙伴高等教育合作的专职部门。1991年，南方共同市场委员会通过了07/91号决议，批准成立南方共同市场教育部部长会议（Reunión de Ministros de Educación del MERCOSUR， RME）。此后，南方共同市场教育部部长会议颁布了一系列推动该区域教育一体化工作的倡议。2001年，在15/01号决议中通过了建立南方共同市场高等教育部门组织架构的提议，并且成立了区域协调委员会、区域部门协调机构以及信息和通信系统管理委员会。随后，于2005年成立了南方共同市场教育基金咨询委员会（Comité Asesor del Fondo Educativo），2006年成立了国家认证委员会网络（Red de Agencias Nacionales de Acreditación），2011年成立了区域教师培训协调委员会（Comisión Regional Coordinadora de Formación Docente），以及其他一些因短期项目而临时成立的机构。

教育部门自成立之日起，一直努力推动区域内的人员流动，促进区域内各成员国的合作与交流，努力为全民提供教育服务，尤其关注弱势群体的受教育问题。南方共同市场教育部门这些年一直秉承保障教育公平和教育质量的理念，在尊重文化多样性的基础上，促进成员国和合作国之间的相互了解、跨文化共识，不断提升教育体系科学化管理水平，通过教育促进区域和平、稳定以及可持续的发展。[①]

为了将上述任务和理念落地成为现实，南方共同市场建立了一套较为完整且灵活的组织框架结构以配合轮值主席的工作，共同负责南方共同市场教育部门的政策、计划的制订、推进以及执行工作。主要教育机构协同工作如下：

南方共同市场教育部部长会议是南方共同市场教育领域最高行政机构，负责南方共同市场教育相关政策的总体制定工作。区域协调委员会是教育部部长会议的执行机构，负责教育部门主要是教育部部长会议与南方共同市场机构的沟通与协调工作，根据教育部部长会议的要求制定工作计划，负责对外联系工作，促进专业机构、金融机构与教育部门的沟通，起草、制定并且评估教育项目、计划和行动，监督、指导和评估

① MERCOSUL Educativo. Que es el Sector Educativo del Mercosur[EB/OL]. http://www.edu.mercosur.int/es-ES/institucional/o-que-e.html, 2018-01-24.

教育部门的年度工作，宣传和发布工作和项目成果等。区域部门协调机构是区域协调委员会的咨询机构，负责教育部门战略计划的起草和执行工作，对教育部门的项目进行分析和评估，同时区域部门协调机构需要事先对项目进行可行性分析，并将结果递交给区域协调委员会进行最终审核。信息和通信系统管理委员会是教育部门的后勤信息保障机构，负责教育部门的信息技术支持，提供确保教育部门的信息沟通的保障技术，保障网站的正常运营，信息数据的实时更新，即时信息的公示等。

2. 南方共同市场高等教育一体化的主要政策

南方共同市场高等教育工作受到欧洲博洛尼亚进程的启发，将学历、学位认证视为高等教育区域一体化建设的基石。南方共同市场在设计该区域高等教育一体化发展的过程中，将基础教育和中等教育的教育结构考虑在内，以期构建较为完整的一体化教育体系。为了推动学位、学历认证制度的建立，该区域一直在推动大学本科专业认证机制（Mecanismo Experimental de Acreditación de Carreras de Grado Universitario，MEXA）和大学学位区域认证体系（Sistema de Acreditación Regional de Carreras Universitarias， ARCUSUR）这两个项目，通过协调区域内各成员国之间的学历认证体系，减少师生、研究人员之间流动的障碍，推进区域高等教育的一体化发展。

作为《亚松森条约》中的主要议题，大学本科专业认证机制于2002年正式启动。该机制促进区域高等教育一体化发展，通过学分、学历互认体系的建立，促进人员流动，提高该区域的教育质量。[①]大学本科专业认证机制的主要原则是：①给予与专业相匹配的有效职业认证；②自愿参加，循序渐进式发展；③前期自我评估环节；④根据要求进行区域内的同行评估；⑤认证内容涉及教学计划、教师能力、学校基础设施建设等；⑥各成员国建立相配套的国家级别的认证机构；⑦成立南方共同市场认证会议对该认证机制进行监督。[②]该认证机制为实验性质项目，

① MERCOSUL Educativo. Acreditação de Qualidade Acadêmica Mercosul de Cursos Universitários Sistema Arcu-Sul Rede De Agências Nacionais de Acreditação (Rana)[R]. Brasil,2008:1.

② Norberto Fernández Lamarra. La Convergencia de la Educación Superior en América Latina y su Articulación con los Espacios Europeo e Iberoamericano. Posibilidades y Límites[J].Avaliação, Campinas,2010(15):9-44.

 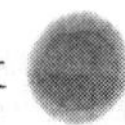

并非该区域的强制性认证措施，因此与专业相匹配的职业认证不具有任何法律效应，所有认证资质仅作为参考。目前，该机制主要涉及的专业为医学、工程学和农业学等，认证委员会的成员来自成员国各高等教育教育机构相关领域的专家和学者，每个国家负责一个专业领域，如巴西负责医学学历认证，阿根廷为工程学，乌拉圭为农业学。

2008年，南方共同市场的另一个“先锋”项目成立，即大学学位区域认证体系，该认证项目试图成为该区域的一个永久性认证项目。2008年，在该区域的教育部部长会议上，各国与会代表共同签署了建立大学学位区域认证体系的合作意向书，希望通过该项目提高南方共同市场的教育质量，建立区域内学历互认机制。各国政府希望通过该体系的建立，在学历互认的基础上，推动区域内各国之间学术人员的流动，促进相互了解和认识，不断深化学术项目的合作，共同提高区域高等教育质量，进而加快区域内的人才培养速度。[①]大学学位区域认证体系的任务，首先是本科课程质量的认证工作，建立本科毕业生的毕业标准，以及本科前的学历质量标准；其次，通过质量标准的建立，为区域内各成员国建立一套可对比可参考的教育质量标准，方便各国间的学历认证；再次，保障该认证项目的持续性，建立定期的认证机制，每次认证有效期为六年，持续监督各国高等教育本科学历教学质量，并与各国国家认证机构合作，制定相关的认证标准；最后，整个认证过程采取自我评估和外部同行评估的办法，并且为了尊重各国高等教育自治权力，各国政府对高等教育评估结果具有最终解释权。[②]大学学位认证体系将项目实施权力下放到各国教育质量认证机构手中，在南方共同市场教育部部长会议的监督下，全权负责各国教育质量认证过程。为了保障认证结果的公正性和统一性，大学学位区域认证体系对整个认证过程做出了严格的规定，质量认证对学科设置的整体性进行评估，参与评估的各学校必须

① MERCOSUR. Acuerdo sobre la Creación e Implementación de un sistema de Acreditación de Carreras Universitarias para el Reconocimiento Regional de la Calidad Académica de las Respectivas Titulaciones en el MERCOSUR y Estados Asociados[R]. Argentina, 2008:1.

② Norberto Fernández Lamarra. La Convergencia de la Educación Superior en América Latina y su Articulación con los Espacios Europeo e Iberoamericano. Posibilidades y Límites[J].Avaliação, Campinas, 2010(15):9-44.

完成自我评估和外部同行评估两个环节。外部同行评估环节的评估小组至少有两名以上成员来自其他成员国或合作国的专家，所有的认证结果都必须递交给南方共同市场国家认证委员会网络平台，并将结果进行公示。目前，已经加入该认证项目的专业或方向有农业学、建筑学、兽医学、人类医学、护理学、牙医、工程学等。

（三）欧洲高等教育模式对南方共同市场的渗透及影响

1999年，欧洲29个国家签署的《博洛尼亚宣言》标志着博洛尼亚进程的正式启动。经过几十年的发展，可以说欧洲高等教育区域一体化已经不再是欧洲独有的现象，它的效应已经影响到了欧洲区域外的其他区域和国家，尤其是拉美。[①]欧洲高等教育区正在对南方共同市场的高等教育体系产生影响。对比博洛尼亚进程和南方共同市场高等教育政策，可以看出，这两个区域的教育政策都是在经济一体化的基础上受到了新制度主义外溢效应的影响，且均将高等教育视为经济增长的助推器，高等教育质量的提升是人才竞争力的重要保障。[②]南方共同市场教育部门的机构设置、相关文件以及实施的大学本科专业认证机制等项目就是强有力的证明。

对比《博洛尼亚宣言》和南方共同市场教育部相关文件，都明确强调了教育是促进区域一体化的基础，建立学分认证体系更有助于促进区域人员的流动等。《博洛尼亚宣言》强调通过欧洲各成员国合作，保障教育质量，建立可比较的高等教育体系和方法。类似内容在南方共同市场的相关文件中也被强调，教育质量是区域高等教育建设的根本。[③]

在项目设置方面，欧盟和南方共同市场都将促进人员流动作为区域一体化建设的重点。在欧洲高等教育区建设的系列文件中提到，欧洲高等教育一体化的核心任务就是促进学术人员，如学生、教师、研究人员

---

① Hugo Aboites. La Educación Superior Latinoamericana y el Proceso de Bolonia: de la Comercialización a la Adopción del Proyecto Tuning de Competencias[J]. Educación Superior y Sociedad, 2010(1):25-44.

② Tatiana Carence Martins, Aurélio Ferreira da Silva. Processo de Bolonha e Mercosul Educacional: Reflexões acerca das Políticas de Integração e suas Ressonâncias na Educação Superior[J].IV Colóquio Internacional De Gestão Universitária, 2014: 1-11.

③ MERCOSUR. Acordos Assinados pelos Ministros da Educação[EB/OL]. http://www.edu.mercosur.int/es-ES/acordos/finish/5-acordos-acuerdos/391-protocolo-de-intencoes.html, 2018-01-25.

等的流动。[①]欧盟提出建立学分认证体系有助于区域内的人员流动，南方共同市场采取了同样的措施建立了可互认的学分体系以促进人员流动。

南方共同市场效仿欧洲高等教育区建立了一系列的制度体系，一方面说明欧盟的教育体系是成功的，促进了欧盟高等教育的发展，其国际影响力得到了提升；另一方面，说明南方共同市场各成员国与欧盟关系良好，欧盟这种高等教育发展模式同样符合南方共同市场的发展需求，因此南方共同市场各国将欧盟视为榜样学习。内生性和外生性因素的共同促进下，南方共同市场将欧盟高等教育一体化框架设计和制度运用在了自身教育发展中。

二、中美洲一体化体系与欧盟的合作

中美洲国家尤其是中美洲一体化体系与欧盟一直保持着较为多元的合作，合作领域涉及政治对话、经贸往来和文化等方面。在中美洲从内部冲突到多元民主制度过渡的过程中，欧盟一直在中美洲公平、可持续发展的建设道路上给予较大的帮助。[②]1999年，里约拉欧领导人峰会将中美洲和欧盟的关系升级，在拉欧区域间战略合作的大背景下，区域间领导人寻求多层次更加紧密的合作，为中美洲一体化体系和欧盟的合作升级提供了“温床”，将区域间的合作上升为更加紧密的制度性合作关系。2002年，经过三年的谈判，在西班牙马德里举办的拉欧领导人峰会上宣布《中美洲与欧盟伙伴关系协定》正式生效，协定内容包括贸易、政治对话与合作等三个方面，其中合作领域涉及了中美洲一体化体系与欧盟的高等教育合作。

---

① Glaucia Bernardo Ludmila Culpi. La Difusión de Políticas Educacionales de la Unión Europea por el Proceso de Bolonia para el Mercosur Educativo[A].Segunda Cumbre Académica Comunidad de Estados Latinoamericanos y Caribeños y la Unión Europea. Construyendo el Espacio Común de Educación Superior, Ciencia, Tecnología e Innovación para la Asociación Estratégica Birregional[C].Bélgica,2016:83.

② Jorge Alberto Quevedo Flores. El Espacio Eurolatinoamericano (1992- 2007) Una Estrategia Efectiva de la Política Exterior Común hacia América Latina[D]. Madrid: Universidad Complutense de Madrid,2007:414.

（一）中美洲一体化体系与欧盟高等教育合作的背景与基础

1. 中美洲一体化体系发展历程

中美洲是一个地理概念，它是北美洲和南美洲中间的天然桥梁，北邻墨西哥，南与哥伦比亚接壤，东边为大西洋，西边为太平洋，总面积为52.2万平方千米，人口约3957万（2006年）。主要国家有伯利兹、哥斯达黎加、萨尔瓦多、危地马拉、洪都拉斯、尼加拉瓜和巴拿马。

中美洲一体化体系（Sistema de la Integración Centroamericana）是基于“中美洲”这个地理概念发展起来的中美洲区域一体化的制度框架，最早由哥斯达黎加、萨尔瓦多、危地马拉、洪都拉斯、尼加拉瓜和巴拿马6个国家组成，2000年伯利兹加入，2013年多米尼加加入，目前共有成员国8个。中美洲一体化体系的前身是1951年成立的中美洲国家组织。1991年，最早组成中美洲一体化体系的国家共同签署了《特古西加尔巴议定书》（*Protocolo de Tegucigalpa*），宣布建立中美洲一体化体系，并于1993年正式运行。[①]

中美洲一体化体系是在联合国的推动下成立的，因此，中美洲一体化体系各机构组织与联合国保持着密切的合作关系，与此同时，与安第斯共同体、南方共同市场、加勒比共同体、欧盟等区域和国际组织保持合作与对话的关系。由于中美洲20世纪80年代遭受毒品、政治危机、武装冲突等问题的困扰，中美洲各国不想重蹈覆辙，因此中美洲一体化体系在设计之初选择与联合国合作，借助外部力量和能力推动中美洲的一体化发展，建立和平、自由、民主和发展的中美洲。[②]并且，该区域各国也深刻意识到，无论是人口、面积还是经济规模，每个国家单凭自己的实力都不足以应付变化莫测的国际关系，因此团结起来是该区域发展的最好选择，且各国有绝对的自由权选择一体化的发展进度。[③]

---

① SICA. SICA en breve［EB/OL］. http://www.sica.int/sica/sica_breve.aspx, 2018-01-26.

② 外交部 . 中美洲一体化体系［EB/OL］. http://www.fmprc.gov.cn/web/wjb_673085/zzjg_673183/ldmzs_673663/dqzz_673667/zmzythtx_690335/gk_690337/, 2018-01-26.

③ SICA. Un Vistazo a la Integración［EB/OL］. http://www.sica.int/sica/vista.aspx?Idm=1, 2018-01-27.

2. 中美洲一体化体系组织框架

中美洲一体化体系主要由中美洲国家首脑会议（Reunión de Jefes de Estado y Gobierno）、总秘书处（Secretaría General）、中美洲议会（Parlamento Centroamericano）、执行委员会（Comité Ejecutivo）、咨询委员会（Comité Consultivo）、中美洲法院（Corte Centroamericana de Justicia）等机构组成。

国家首脑会议是中美洲一体化体系的最高决策机构，每半年召开一次会议，如有特殊需要召开临时特别首长会议。国家首脑会议对内主要负责中美洲一体化总政策的制定和实施，负责监督和跟进一体化体系下的各组织机构工作，对各部门工作起到统筹和协调的作用。首脑会议对外负责建立和平衡国家关系，以一体化的整体身份参与国际事务。在一体化体系不断发展的过程中，国家首脑会议同时具有对新入成员国的绝对表决权。[①]1991年《特古西加尔巴议定书》的签订确定总秘书处的成立，该秘书处的最高决策机构是国家首脑会议。同时还成立了部长理事会，该理事会的秘书长由各国首脑轮值担任。

中美洲国家首脑认为，有必要建立一个促进相互理解和合作的制度机制，促进中美洲区域的对话，最终实现该区域的民主、和平和一体化发展。[②]因此，各国首脑达成一致，30天时间美洲议会筹备委员会组建完成，90天后起草出第一部《议会组织条约草案》，在草案的前言中特别提出“建立持久稳定和平的中美洲”[③]。中美洲议会于1991年正式成立。每个国家推荐20人作为议会成员参与议会的表决工作，每名议员任期5年，可以连续担任。各国总统和副总统在任期内同样是议会议员。议会最主要的职责是提供给中美洲各国共同商讨和分析政治、经济、社会、文化、安全等话题的平台，在该平台上，各国通过最广泛的合作共同推进中美洲一体化的发展，提交发展议案供各成员国一起讨论，促进各国政府的合作并有效解决各国之间的争论与冲突。

执行委员会成员由各成员国任命一名成员担任。主要职能是协助总

① SICA. Reunión de Presidentes[EB/OL]. http://www.sica.int/sica/rv.aspx, 2018-01-27.

② SICA. Directorio Regional[EB/OL]. http://www.sica.int/consulta/entidad.aspx?Idn=199&IDCat=29&IdEnt=7&Idm=1&IdmStyle=1&noarea=0, 2018-01-28.

③ SICA. Directorio Regional[EB/OL]. http://www.sica.int/consulta/entidad.aspx?Idn=199&IDCat=29&IdEnt=7&Idm=1&IdmStyle=1&noarea=0, 2018-01-28.

秘书处工作，执行首脑会议上通过的重要决议。负责制定部门政策以及中美洲一体化体系发展的预算项目，监督和审查总秘书处和其他办事机构制定的条例和文书，并审批总秘书处和其他办事机构向首脑会议提交的工作报告等。执行委员会是首脑会议和秘书处工作的衔接机构，负责协调和执行这两个机构下达的命令，以及向这两个机构递交各国的建议和要求。

（二）中美洲一体化体系与欧盟高等教育合作的机构设置与主要政策

中美洲一体化体系高等教育发展背景及其路径

中美洲高等教育一体化的发展较早。1948年，中美洲大学高级理事会（Consejo Superior Universitario Centroamericano，CSUCA）成立，这是拉美第一个促进区域高等教育发展的机构，虽然该组织的服务对象是中美洲的公立高等教育机构，但是其影响力已经辐射到整个拉美的高等教育界。该区域组织在成立之后，一直将高等教育质量作为该机构的发展重点，建立高等教育认证制度被视为促进区域高等教育一体化发展的基石。[①]1962年，在该组织的推动下，中美洲的旗舰项目“中美洲高等教育区域一体化计划”（Plan para la Integración Regional de la Educación Superior Centroamericana）成立，该项计划建立了中美洲区域各国的本科和研究生专业最低质量标准，为区域内各国间专业互认工作提供了参考依据，这不仅是中美洲而且是整个拉美区域最早的高等教育“一体化”制度。在此基础上，中美洲又建立了中美洲高等教育认证和评估体系（Sistema Centroamericano de Evaluación y Acreditación de la Educación Superior，SICEVAS）以及中美洲高等教育认证委员会（Consejo Centroamericano de Acreditación de la Educación Superior，CCA），不论是在制度层面还是体制层面，都进一步完善了高等教育认证体系的建立。

中美洲高等教育认证和评估体系于1998年成立，该评估体系的成立目的在于加强中美洲学历和文凭的认证工作，增进各国高等教育机构之间学历的可对比性，进而推动该区域内学生国家之间的流动。[②]在该认

① Carlos Tünnermann Beinheim. Los Procesos de Evaluación y Acreditación de la Calidad en Centroamérica[J].Avaliação (Campinas),2008(2):1-20.

② Carlos Tünnermann Beinheim. Los Procesos de Evaluación y Acreditación de la Calidad en Centroamérica[J].Avaliação (Campinas),2008(2):1-20.

证体系规章制度的筹备过程中，时任中美洲大学高级理事会学术事务主任的弗朗西斯科·阿拉尔孔（Francisco Alarcón）教授参加了在德国举办的教育质量认证会议，在该次会上，阿拉尔孔教授对中美洲高等教育认证和评估体系的建设做了介绍，该体系在建设过程中得到了来自德国方面的支持。中美洲高等教育认证和评估体系制订了五步计划：第一是理念建设，中美洲区域各大学间建立高等教育质量的文化意识；第二是共识建设，因为拉美高等机构受到较强自治文化的影响，因此建立具有可对比性的高等教育认证和评估体系需要得到各国的共同努力和配合；第三是自我评估建设，建立各学校各国的自我评估机制，先提高自身高等教育机构水平；第四是外部评估制度建立，在自我认同得到加强的基础上，引入外部同行评估机制，让质量评估和认证过程具有更高的可对比性；第五是制度完善，总结内外部评估过程经验，对评估过程中存在的问题及不足进行改善，使评估和认证体系更加完善，不仅得到区域内部的认可，而且得到其他区域和国家的认可。该体系在运行过程中充分考虑各国高等教育体系的差异性，因此，该体系的推行保证在不与各国现有教育评估和认证体系发生冲突的前提下，充分发挥区域评估和认证平台的作用，通过该平台帮助各国进行经验和信息的交流，协调各国教育评估体系，并建立统一标准。①

中美洲高等教育认证委员会是推动中美洲高等教育一体化发展和与欧盟合作的重要机构。该委员会由中美洲大学高级理事会提议建立，是一个区域性非营利组织，并得到了德国方面的经费支持。该委员会有四个业务板块，分别是公共学术、私立学术、政府和职业。委员会核心成员12名，其中11名专业人员，1名学生，其中7名专业人员由中美洲的7个成员国任命，4名由区域组织任命。委员会还设有一个执行主任，参加中美洲大学高级理事会的各项会议，但不具有投票权。委员们职务任期为四年。②该委员会在尊重各国高等教育体系差异性的前提下，首先对各国高等教育体系进行协调和整合，制定了中美洲区域内的评估和认

① Francisco Alarcón Alba. El Sistema Centroamericano de Evaluación y Acreditación de la Educación Superior (SICEVAES)[EB/OL]. http://resu.anuies.mx/archives/revistas/Revista108_S1A4ES.pdf, 2018-02-06.

② Carlos Tünnermann Beinheim. Los Procesos de Evaluación y Acreditación de la Calidad en Centroamérica[J].Avaliação (Campinas),2008(2):1-20.

证政策、流程和标准；其次，授予各国高等教育认证机构的区域许可认证，给予尚未建立认证机构的国家指导和支持；最后，为各国认证机构搭建沟通平台，促进相关业务的交流和合作，同时为区域内认证机构提供更多与国际评估和认证先进区域和国家如欧盟的合作与交流机会。

中美洲一体化体系一直推动区域内部高等教育一体化发展，主要通过建立区域内的学位、学历和文凭制度以及高等教育质量评估认证体系等方式，推动高等教育机构的整体发展。在区域一体化建设的过程中得到了来自欧盟尤其是德国在技术、资金等方面的支持，在不断巩固和加强自身高等教育一体化发展的基础上，自主寻求并开展与欧盟的整体合作。

第三节　推动拉欧高等教育合作第三方的制度建设

在推进拉美和欧盟的高等教育合作中，第三方的推动力量不可忽视，尤其是像联合国教科文组织、伊比利亚美洲教科文组织等国际组织，它们作为一股外部力量，在尊重拉美区域大学自治原则的前提下，为其搭建与其他国家和区域教育交流与合作的平台，推动高等教育区域的一体化发展。

一、拉美及加勒比地区国际高等教育研究所

（一）拉美及加勒比地区国际高等教育研究所的历史使命

联合国教科文组织（UNESCO）是进行全球教育治理和区域治理最重要的一个国际组织，其倡导的理念不仅在世界范围内得到广泛认同，制定的教育发展指标和标准也逐渐成为世界各国衡量自身教育发展的准绳，它同时也为各国尤其是发展中国家的教育提供技术和资金支持。联合国教科文组织致力于通过国际合作促进教育发展，尤其强调支持和加强对发展中国家高等教育的研究工作。[①]拉美区域作为世界上拥有发展中国家数量较多的地区，同时也是教育异质性和不公平性问题最为凸显的地区，自然得到了联合国教科文组织的高度重视。1997年，联合国教

① 联合国教科文组织 . 关于高等教育变革与发展的政策性文件（1995）［EB/OL］. http://www.zyfb.com/jgsz/2015/0609/437.html, 2018-01-24.

科文组织成立了拉美及加勒比地区国际高等教育研究所（Instituto Internacional para la Educación Superior en América Latina y el Caribe，以下简称“拉美高教所”），该研究所是联合国教科文组织唯一参与拉美高等教育治理和改善工作的机构，致力为拉美搭建一体化的平台，推动该区域高等教育的发展。①

联合国教科文组织于1995年发布《高等教育变革与发展的政策性文件》，在文件中指出拉美区域的发展中国家存在高等教育起点低、教育资金短缺、教育质量监控体系脆弱、国际化背景下人才短缺等高等教育危机。有鉴于此，联合国教科文组织在该份文件中表示，将会全面履行对发展中国家高等教育机构的责任，帮助它们缩短与发达国家的知识差距，并提高它们参与高等教育和科学发展的能力。②在此背景下，联合国教科文组织决定进一步加强对拉美高等教育领域的扶持工作，并于1997年颁布相关文件，将1978年成立的下设于教科文组织秘书处的拉美及加勒比地区高等教育中心（Centro Regional de Educación Superior de América Latina y El Caribe），升级为具有行政、学术和职能自主权的拉美及加勒比地区国际高等教育研究所，并常设独立理事会。改组后的拉美高教所与国际教育局、终身学习研究所、国际教育规划研究所、欧洲高等教育中心、教育信息技术研究所、国际非洲能力建设研究所、国际职业技术教育培训中心被并称为联合国教科文组织下的八大一类教育机构。③

联合国教科文组织在通过拉美高教所推动拉美高等教育建设的过程中，将区域合作和一体化视为核心任务，④并力求通过平台的搭建，促进拉美各国区域间和国际合作的开展，建立全体参与者之间公正的合作伙伴关系，确保拉美区域高等教育发展的适切性、质量、效率和公

① 胡昳昀，刘宝存．拉美高等教育一体化建设：目标、路径及困境——联合国教科文组织参与区域治理的视角[J]. 比较教育研究，2018(4)：69-76.

② 联合国教科文组织．关于高等教育变革与发展的政策性文件(1995)[EB/OL]. http://www.zyfb.com/jgsz/2015/0609/437.html, 2018-01-24.

③ UNESCO.Draft Statutes of the UNESCO International Institute for Higher Education in Latin America and the Caribbean[R].Paris，1998：2.

④ UNESCO. Review of the International Institute for Higher Education in Latin America and the Caribbean (IESALC) [R]. Paris，2013：2.

正。[①]

（二）拉美高教所促进区域一体化发展的实施路径

拉美高教所主要从促进学术交流、改善教育质量、增进跨文化理解等方面入手，推动拉美高等教育一体化的发展。

1. 建立信息交流平台，以实现学术共享

信息网络技术打破了国家和区域的界限，跨越不同语言和文化，为高等教育"无国界化"的交流提供了沟通渠道和平台。在此情况下，知识可以跨越国界实现共享，大学成为"一个国际性的学术共同体"，高等教育系统在信息技术的支持下，逐步走向开放。[②]但是，拉美地区信息技术应用相对落后，尤其是在教育领域的应用。为了提高该区域高等教育信息技术的发展，促进高等教育国际化发展，联合国教科文组织借助现有的地区网络平台系统，为拉美地区搭建了一个免费公开的教育信息平台——拉美及加勒比高等教育空间（Espacio de Encuentro Latinoamericano y Caribeño de Educación Superior，以下简称"拉美高教空间"）。拉美高教空间成立于2009年6月，为人员流动和学术合作提供了平台，增进拉美地区各国对本区域其他国家教育特点、发展趋势、存在问题等方面的了解。[③]拉美高教空间主要从推动机构发展、促进学术交流、推进知识生产和管理、提供帮助服务、信息和传播五个方面推动拉美地区的高等教育发展。拉美高教空间的核心思想仍然是以"科尔多瓦大学改革"所倡导的大学自治为原则，在此基础上开展互惠性、包容性、共享性、平等性的多边合作，促进拉美地区高等教育一体化的发展，促进拉美地区人类可持续发展。[④]

拉美高教空间还推出被誉为"拉美高等教育排行榜"的拉美及加勒比地区高等教育地图计划（Mapa de la Educación Superior en América Latina y el Caribe， MESALC）。拉美成员国的297名研究员参与该项目，对

---

① IESALC. Estatutos del IESALC [EB/OL].http://www.iesalc.unesco.org.ve/index.php?option=com_content&view=article&id=4&Itemid=428&lang=es, 2018-01-25.

② 吴坚 . 当代高等教育国际化发展 [M]. 北京：人民出版社，2009：9.

③ UNESCO. Report by the Governing Board of the Unesco International Institute for Higher Education in Latin America and the Caribbean (Iesalc) on the Institute's Activities for 2010-2011[R].Paris，2011：8.

④ III Encuentro de Redes Universitarias y Consejos de Rectores de América Latina y el Caribe. Declaración de Lima 2009[R]. Lima，2009：1-2.

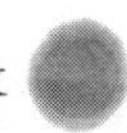

拉美地区的33个国家高等教育系统进行研究，完成了250多项国别高等教育研究，并对20多项教育专题项目进行了专题研究，介绍各国高等教育政策和发展目标，对国家及区域间的合作项目进行考察，建立起机构、国家和区域间的三个层面高等教育网络，分享各国高等教育成功经验，为高等教育政策制定提供数据和理论支持，进而加深了区域内部各国之间的了解，推动了各国之间的合作，缩小了区域内高等教育发展差距。2010年，为了进一步加强国际合作，拉美高教所与欧盟合作，将高等教育地图计划资源与欧盟的INFOACES（资源信息系统平台，是欧盟为了更好地与拉美合作，建立的拉美教育数据平台）资源整合，使之成为欧盟在拉美开展的阿尔法三期（ALFA III）计划的一部分。资源整合后，完善了22个国家（其中17个国家来自拉美，5个国家来自欧洲）的高等教育数据。两个机构的资源整合扩充了各自的数据库，为人们提供至今为止最全面的拉美高等教育资料。

与此同时，为了满足拉美高等教育发展的需要，该空间成立了4个专题性观察站，分别是致力于促进该地区高等教育流动的学术和科学流动观察站，了解对拉美教育产生重大影响的思想家、教育家及决策者重要思想的拉美大学思考观察站，研究大学社会责任的大学社会责任观察站，促进社会多文化共识的文化多样性及跨文化性观察站。信息平台的建立，在某种程度上打破了拉美地区沟通的屏障，降低了拉美地区高等教育的成本，提高了效率。

2. 建立质量保障体系，以促进人员流动

在拉美高等教育一体化建设的过程中，质量保障在文凭、学位互认等方面具有特殊意义，并能促进人员的流动。具体来看，为推动拉美地区高等教育质量保障体系的建立，拉美高教所利用自身在国际层面的资源优势，积极推动和组织国家、次区域、区域及国际组织间的合作。拉美高教所与拉美地区已有质量评估经验的组织进行合作，如伊比利亚美洲高等教育质量认证网络（Red Iberoamericana para la Acreditación de la Calidad de la Educación Superior）、中美洲高等教育认可委员会（Consejo Centroamericano de Acreditación de la Educación Superior），以及南方国家大学学位认证体系（Acreditación Regional de Carreras Universitarias del Sur），并建立拉美地区高等教育质量的参考对比指标。这些合作旨在促进拉美地区跨国学位互认，以及教师、科研工作者、学生的流动。

拉美高教所还在一直为推进该区域学历、文凭和学位认证体系的建立而努力。目前，大多数拉美国家都签订了子区域层面的高等教育学历、文凭和学位认证协议，如南方共同市场（MERCOSUR）国家、中美洲高等教育平台国家、北美自由贸易区（NAFTA）国家等。但是由于拉美地区各国情况差异较大，整个区域层面的学历、文凭和学位互认制度尚未建立。1974年，拉美各国签署《拉美及加勒比地区高等教育学历、文凭和学位承认协议》（*Convenios Regionales de Convalidación de Estudios, Títulos y Diplomas de Educación Superior*），但后来由于阿根廷和智利两国中途退出而被迫搁置。拉美高教所重新对该协议进行研究，并于2015年8月在巴西举办的政府层面高等教育会议上，推动拉美国家对该问题进行讨论。通过讨论，拉美各国达成共识，一致同意共同推进该地区学历、文凭和学位认证事宜。拉美高教所还出版了《有关1974年联合国颁布的〈拉美及加勒比地区学位、文凭和学历认证协议〉现实分析和展望》《拉美双学位和联合培养学位研究》《法国和墨西哥博士研究生交换项目研究》等书籍，为拉美区域内及与拉美寻求合作的海外院校和机构提供参考。

3. 建立多文化和跨文化项目组，以形成相互理解

对于一个涵盖33个国家、文化构成相对复杂的拉美高等教育区域来说，加深区域内各成员国之间的文化认知是开展教育合作的前提，是消除歧视、建立理解的基石。

2007年7月，在拉美高教所的主持下，高等教育文化多样性与跨文化性项目组成立，共有来自12个国家的70名专家参与该项目。[①]到2016年为止，该项目共完成了三个阶段内容：第一阶段为准备期，拉美高教所对已有的资料进行整理和编辑，2008年出版了该项目的第一本报告《高等教育的文化多样性和跨文化性：拉美的经验》。第二阶段开始于2008年8月，其中一个任务是对第一阶段报告进行更加深入的研究，分析多文化背景下高等教育的特点、发展趋势和面临的挑战，2009年汇总出版了《拉美跨文化高等教育机构：构建过程、成就、创新和挑战》；另一项任务是采用实证研究方法对区域内的民族文化认知、生活质量等

① UNESCO-IESALC.Proyecto Diversidad Cultural e Interculturalidad en Educación Superior en américa Latina[EB/OL]. http://www.unesco.org.ve/index.php?option=com_content&view=article&id=22&Itemid=405&lang=es, 2018-01-25.

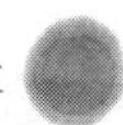

方面进行调查，对调查结果进行分析，并出版了《高等教育、跨文化合作与可持续发展／美好生活：拉美的经验》。另外，2009年在巴西举办了“拉美高等教育跨文化及文化多样性区域会议”，与拉美高教区合作成立了文化多样性及跨文化观察站，对该区域内的民族文化进行研究合作。第三阶段，继续加强文化多样性及跨文化观察站的建设工作，丰富网络图书馆资源，加强信息交换工作，为土著和非洲后裔高等教育开设视频课程。对土著民族和非洲后裔的高等教育公共政策、科学技术及创新进行研究，2012年出版《在拉美的土著和非洲后裔高等教育——法规、政策和实践》。[①]

从一般性的文化认知到广泛的文化传播，拉美高教所为拉美地区建立了一个可靠的文化交流平台，促进了沟通交流以及共同文化认知的构建。联合国教科文组织作为一股外部辅助力量，在不干涉拉美国家教育主权的前提下，长期以来为拉美地区提供资金、技术支持，搭建区域教育信息平台，对其教育质量的提高、人员流动、文化认同等起到了积极的推动作用，推进了拉美高等教育一体化建设的进程。

二、伊比利亚美洲教育、科学与文化组织

伊比利亚美洲教育、科学与文化组织（以下简称“伊比利亚美洲教科文组织”）是最早推动拉美和欧洲高等教育合作的国际组织。西班牙和葡萄牙——拉美国家曾经的宗主国——是该组织的主要推动国，这两个国家希望通过文化教育的交流与合作继续保持与大洋彼岸拉美各国的密切合作关系。在尊重文化多样性的前提下，该组织通过一系列制度的建立，促进伊比利亚美洲区域的高等教育一体化发展，提高拉美区域的高等教育、科学研究水平。

（一）伊比利亚美洲教育、科学与文化组织的历史使命

伊比利亚美洲教科文组织是一个政府性质的国际组织，致力于推动伊比利亚各国高等教育、科学、技术和文化领域的发展，促进区域一体化发展。伊比利亚美洲教科文组织共有成员国23个，分别是来自欧洲的

① UNESCO-IESALC.Proyecto Diversidad Cultural e Interculturalidad en Educación Superior en américa Latina[EB/OL]. http://www.unesco.org.ve/index.php?option=com_content&view=article&id=22&Itemid=405&lang=es, 2018-01-25.

西班牙、葡萄牙和安道尔，拉美的阿根廷、玻利维亚、巴西、哥伦比亚、哥斯达黎加、古巴、智利、多米尼加、厄瓜多尔、萨尔瓦多、危地马拉、洪都拉斯、墨西哥、尼加拉瓜、巴拿马、巴拉圭、秘鲁、乌拉圭和委内瑞拉，以及来自非洲的赤道几内亚。拉美和非洲的这些国家因为曾经都是伊比利亚半岛上西班牙和葡萄牙的殖民地，因此伊比利亚美洲教科文组织也因此而得名。

1. 伊比利亚美洲教科文组织制度发展

伊比利亚美洲教科文组织的前身是伊比利亚美洲教育办事处，具有国际机构的属性，1949年，第一届伊比利亚美洲教育委员会会议全体与会代表表决通过而得以建立。1954年，第二届伊比利亚美洲教育委员会会议将办事处改组成为一个具有政府间性质的国际组织，由各主权国家组成。1957年，第三届伊比利亚美洲教育委员会制定了伊比利亚美洲教科文组织的第一部规章制度，一直沿用到1985年。1985年，开始正式使用“伊比利亚美洲教科文组织”这一官方名称，并重新制定了规章制度以及明确了该组织的任务和目标，并一直沿用至今。1991年，伊比利亚美洲领导人峰会正式成立，并将原有的教育委员会升级为教育部部长会议，进一步完善伊比利亚美洲教育、科学和文化领域的制度建设和合作机制。

历届伊比利亚美洲领导人峰会不断强调，教育对于区域一体化发展以及区域参与全球竞争的重要性。2004年的《瓜达拉哈拉宣言》中提到，若希望推进经济、社会、技术和文化的发展，就需要在教育和文化领域下功夫，加强身份认同感，才有可能在以科学和技术创新为主流的国际社会中立足。[①]建立一个共同知识区，各成员国可以自由地进行文化和教育的对话和交流。推动科学和技术的发展，成为伊比利亚美洲在高等教育领域一直以来的发展目标。因此，伊比利亚美洲教科文组织在建设过程中，一直将教育、科学、技术和文化视为促进成员国之间相互认知和理解，加强区域一体化建设，促进区域稳定和平发展的重要路径。同时，该组织在加强区域一体化建设的过程中，不断加强西班牙语和葡萄牙语语言和文化的传播影响力，在以西班牙语和葡萄牙语国家文

① Cumbres Iberoamericanas de Jefes de Estado y de Gobierno. Declaración de Guadalajara（México, Julio 1991）［EB/OL］. http://cumbresiberoamerica.cip.cu/?page_id=267, 2018-01-28.

化为主的情况下，尊重该区域多元文化共生，加强对少数民族的保护，培养该区域的跨文化素养能力。[①]最终实现以人为本、促进社会道德与和谐发展，促进社会民主化进程、保障公民平等接受教育的权利，提高生产力，提高公民就业能力。[②]

2001年，举办了首届伊比利亚美洲高等教育校长论坛，在该论坛上正式将高等教育列入伊比利亚美洲教科文组织的议题，并且提出建立一个伊比利亚美洲专属的学术共同体。在这次论坛上，除了来自伊比利亚美洲17个国家的40名大学校长外，还有来自如大学基金会（Fundación Universia）[③]等区域组织的参加和资助。此后于2005年和2010年分别举办了两届高等教育校长论坛，每一届论坛都有超过1000所高等教育机构参加，对如何建立一个“肩负社会责任的伊比利亚美洲知识区”进行讨论，经过十年的努力，最终确定了该知识区的五个主要工作领域，分别为：大学与社会的关系、国家化和人才流动、教学创新和质量保障、研究和知识转化、组织资源的有效利用。[④]就此，伊比利亚美洲知识区的体制框架搭建完成，知识区的名称也得以最终确定，并沿用至今。

2. 伊比利亚美洲教科文组织的组织机构

伊比利亚美洲教科文组织主要由三个机构组成，形成了较为紧密的项目协作关系。首先是伊比利亚美洲教科文组织大会（Asamblea General de la OEI），由各成员国代表组成，该机构为最高行政机构以及立法机构，负责制定该组织的各项规章制度、年度计划以及预算审核等事宜。董事会（Consejo Directivo）负责伊比利亚美洲教科文组织的管理工作，主要对该组织每年的活动、预算等进行监管和审查，该董事会由各国教育部部长组成，下一届大会的主办国国家教育部部长担任本届董事会主

① Organización de Estados Iberoamericanos.? Qué es la OEI? [EB/OL]. http://www.oei.es/acercade/que-es-la-oei, 2018-01-31.

② Organización de Estados Iberoamericanos. Reglamento de la OEI [EB/OL]. http://www.oei.es/acercade/reglamento-oei, 2018-01-31.

③ 大学基金会(Fundación Universia)由西班牙桑坦德银行资助,成员为伊比利亚美洲的23个国家的1401所高等教育机构,该基金会主要为伊比利亚美洲区域各成员国高等教育机构学生提供留学奖学金,增强学生竞争力,以及帮助残疾学生社会融入。

④ David Osvaldo González Miranda. El Espacio Común de Educación Superior y Conocimiento: Una Nueva Dimensión Estratégica en las Relaciones entre la Unión Europea y la América Latina(1994-2012) [D]. Madrid: Universidad Complutense de Madrid, 2012: 308.

席。伊比利亚美洲总秘书处（Secretaría General Iberoamericana，SEGIB）是大会的常任代表机构及负责伊比利亚美洲组织的任务执行机构，负责实际任务执行，并与各国政府、国际组织和其他机构保持联系。总秘书处的组织架构相对灵活，以适应政策、活动计划的战略调整。

（二）伊比利亚美洲教科文组织促进该区域高等教育一体化实施路径

1. 搭建伊比利亚美洲高等教育一体化平台

2005年伊比利亚美洲知识区建立，该知识区集高等教育、研究与创新于一体，旨在快速提升伊比利亚美洲生产力水平。[①]伊比利亚美洲教育领域共涉及初等教育和高等教育两个平行业务板块，初等教育领域制定了《2021教育目标：未来200年我们想要的教育》（*Metas Educativas 2021: la Educación que Queremos en los Bicentenarios*）；高等教育阶段成立了伊比利亚美洲高等教育区（Espacio Iberoamericano de Enseñanza Superior，EIBES），研究和创新领域成立了伊比利亚美洲科学和创新区（Espacio Iberoamericano de Ciencia e Innovación），这两个区共同构成了伊比利亚美洲知识区。

伊比利亚美洲知识区通过高等教育峰会、领导人会议等制度性对话途径不断推进该区域的制度建设和议程设置。伊比利亚美洲总秘书处、伊比利亚美洲大学委员会（Consejo Universitario Iberoamericano，CUIB）等机构主要负责该知识区的建设工作。

表4-5 伊比利亚美洲知识区组织框架

<table>
<tr><td>政治部门</td><td>伊比利亚美洲领导人峰会</td></tr>
<tr><td>教育部门</td><td>伊比利亚美洲高等教育校长论坛
高等教育负责人会议
公立大学校长峰会</td></tr>
<tr><td>管理部门</td><td>伊比利亚美洲总秘书处
伊比利亚美洲大学委员会
伊比利亚美洲教科文组织</td></tr>
<tr><td colspan="2">伊比利亚美洲知识区</td></tr>
<tr><td colspan="2">伊比利亚美洲高等教育、科学、技术等领域合作项目</td></tr>
</table>

① Alejandro Tiana Ferrer. El Espacio Iberoamericano del Conocimiento：Retos y Propuestas[J].Fundación Carolina，2009：1-6.

行动	高等教育合作 专题网络 合作研究 创新项目

资料来源：Begoña Álvarez García， Lucía Boedo Vilabella， Ana Álvarez García. Ejes del desarrollo del Espacio Iberoamericano del Conocimiento. Análisis comparativo con el Espacio Europeo de Educación Superior[J].Revista Iberoamericana de Educación，2011（57）:125-143.（根据上述资料整理而成）

2. 促进学术人员流动

加强区域内部高等教育机构之间的合作，建立可对比可协调的高等教育体系是知识区的主要任务，其最终目的是促进区域内学生、教师和科研人员的沟通与流动。伊比利亚美洲知识区到目前为止共推出了三个促进学术人员流动的项目，分别是巴勃罗·聂鲁达计划（Programa Pablo Neruda）、学术流动和交换计划（Programa de Intercambio y Movilidad Académica， PIMA）以及MUTIS奖学金计划（Programa de Becas MUTIS）。

巴勃罗·聂鲁达是拉美著名的作家，诺贝尔奖得主。为了纪念这位伟大作家对伊比利亚美洲的文化交流做出的巨大贡献，故以这位大师的名字命名了高等教育交换计划。该计划为校际网络合作计划，至少三所学校共同申请参与建立一个主题的合作网络项目，为研究生提供访学、参加国际会议等机会。目前建成的合作网络项目主要覆盖环境科学和能源、生物科技、农业学、信息技术、教育等五个领域，其中比较著名的项目有可持续发展、全球生态变化网络、伊比利亚美洲视频和农业网络、伊比利亚美洲信息技术网络、伊比利亚美洲教育网络（博士阶段）等。

学术流动和交换计划启动于1999年，此计划以专题为合作内容，同巴勃罗·聂鲁达计划类似，促进校际合作网络的建设。[①]每一个合作网络至少需要来自三个国家的大学共同参与，其中一个为西班牙的大学。

① José Ángel Sotillo, Irene Rodríguez, Enara Echart, Tahina Ojeda. El Espacio Iberoamericano de Educación Superior: Diagnóstico y Propuestas Institucionales[M]. Fundación Carolina, 2009: 63.

目前共建立了25个合作网络平台，如医学合作网络、环境保护和可持续发展合作网络、教育合作网络、农业可持续发展合作网络等。因为合作网络建设对高等教育机构资质要求比较高，并且主要是西班牙政府推动的项目，因此并非所有伊比利亚美洲国家都参与该项目，如葡萄牙的大学、一些加勒比国家高等教育相对落后的国家均未能参与到该项目中。西班牙、阿根廷和巴西这些高等教育水平相对领先的国家，为学生流动的主要目的地国家。

MUTIS奖学金计划是西班牙政府针对学生推出的研究生阶段流动项目，一般期限为1—3年，奖学金包括学生的学费、注册费、机票费用及补助等。与前两个计划相比，为更多非合作网络院校的学生提供了海外留学的机会。

3. 建立学历的可对比制度

在提出建立伊比利亚美洲知识区提议的同时，各国教育相关负责人提出了加强与伊比利亚美洲高等教育质量认证网络合作的建议。伊比利亚美洲高等教育质量认证网络成立于2002年，与联合国教科文组织的拉美及加勒比高等教育空间合作，共同推进拉美的高等教育认证体系的建设，促进拉欧高等教育的进一步合作。

4. 促进产学研协同创新发展

伊比利亚美洲知识区的另一项重要职能就是促进该区域科研和创新发展，知识区依托科学技术发展计划（Programa Ciencia y Tecnología para el Desarrollo，CYTED）开展区域内各国之间的产学研合作。科学技术发展计划成立于1984年，最初成员国为拉美的19个国家以及西班牙和葡萄牙。自1992年，考虑到伊比利亚美洲科学技术和教育的发展需求，该组织被并入到伊比利亚美洲教科文组织，在伊比利亚美洲领导人峰会的制度框架下举办年度科学技术准备会议。

科学技术发展计划分为两个领域，分别为研究和创新。在研究领域，主要在农产品、健康、工业发展、可持续发展、世界生态环境变化、信息技术、科学健康和能源领域开展合作。在创新领域，主要通过一个名为IBEROEKA的区域性长期集群项目，加强学校和企业之间的工业领域合作。从1984年成立之初到目前为止，该项目已经成立了超过200个项目合作网络、600多个子项目，有超过28 000名研究人员、专家

和企业家参与到该项目中。[①]高等教育机构为该项目的主要参与主体，其次是私立研究机构、企业等。项目经费主要来自各子项目的负责机构、政府拨款以及一些国际或地方基金会组织。70%以上的经费来自企业，企业是该项目的主要资助方。[②]

除了IBEROEKA这个长期项目之外，伊比利亚美洲知识区还设置了一些阶段性和国家间的合作项目，如伊比利亚美洲创新计划（Programa Iberoamericano de Innovación）。该计划于2011年正式启动，总共运行了五年，项目经费主要由受益方如公司资助。该计划主要在西班牙、阿根廷、巴西、玻利维亚、萨尔瓦多、墨西哥、尼加拉瓜、巴拿马、巴拉圭、乌拉圭、秘鲁和葡萄牙各国的高等教育机构、企业间开展跨国、跨领域的创新研究合作。

伊比利亚美洲教科文组织推动了伊比利亚美洲知识区的建立，区域内各国在共同利益的基础上，加强学术和科研方面的合作，跨越各国的差异性，在尊重教育、文化、社会多样性的基础上，促进区域一体化的发展。这一理念与欧盟对外关系的规范性政策具有异曲同工之处，从权力平衡、制度建设到议程设置，依托欧盟的代表西班牙、葡萄牙与曾为这两个国家殖民地的美洲国家开展高等教育合作，建立伊比利亚美洲知识区，促进了“局部范围”的拉欧高等教育合作。虽然该合作不足以覆盖拉欧高等教育、科学、技术和创新区所涉及的所有国家，但是显然伊比利亚知识区的成功经验可以为拉欧区域间的合作提供借鉴与参考。

制度建设为拉欧这对“非对称”行为体的高等教育合作提供了保障。首先，拉欧通过制度性合作，拉欧高等教育合作得到了稳定性、一致性以及可持续性发展，各国高等教育机构在实现各自利益诉求的同时，与其他国家的高等教育保持协调发展，从而实现世界高等教育事业的共同发展。制度机制更是帮助各国政府在合作过程中进行协同合作提供信息，从而降低了合作成本。其次，拉欧区域间的高等教育制度建设，通过一系列的相关联规则，进一步巩固了拉欧区域间高等教育合作的权力平衡关系。最后，拉欧高等教育的制度建设同时也是一个将规

① CYTED. CYTED[EB/OL]. http://www.cyted.org/en/node/4812, 2018-02-08.

② David Osvaldo González Miranda. El Espacio Común de Educación Superior y Conocimiento: Una Nueva Dimensión Estratégica en las Relaciones entre la Unión Europea y la América Latina(1994-2012)[D]. Madrid: Universidad Complutense de Madrid, 2012: 310.

范、认同等内化的过程，[①]而这里所提到的规范和认同则是第六章将要提到的成效和集体认同。制度建设使拉欧高等教育合作具有集体行为，规定拉欧高等教育合作的行为标准，而集体制度的形成又进一步推动了制度建设的合理化以及集体认同。区域间制度化过程有助于增强国际合作的制度化，[②]因此，拉欧区域间高等教育制度建设过程不仅可以增强国际合作的制度建设，还可以为拉欧各国尤其是拉美国家融入全球教育治理提供帮助。

---

① Alexander Wendt. Anarchy is What Make of It: The Social Construction of Power Politics[J]. International Organization, 1994(88):384-396.

② 郑先武. 区域间主义治理模式[M]. 北京:社会科学文献出版社, 2014:88.

第五章
拉欧区域间高等教育合作路径：议程设置与合理化

上一章对拉欧区域间高等教育制度建设进行了分析，拉欧区域间高等教育制度不仅进一步平衡了拉欧区域间的权力关系，并且强化了拉欧区域间高等教育合作的规范性，以及对彼此的认同感。议程设置就是在制度建设的基础上，通过相关行为体将其关注或重视的议题列入国际或全球议程并获得优先关注的过程。[①]也就是说，议程设置是实现拉欧行为体高等教育利益诉求的路径。在区域间主义中，议程设置与合理化这两项功能时常被研究者们同时提起，这两个功能关注的都是全球治理的多边层次，具有并行的功能，强调的是区域间主义产生的规则、规范和决策程序对全球层面的沟通和合作具有的便利作用。[②]就本书来说，哪些是拉欧区域间高等教育合作中被关注的议题并提升为拉欧之间优先合作的教育议程？这些议程主要对拉欧区域间合作产生了哪些方面的影响？这些将是本章着重解决的问题。

第一节　拉欧高等教育优先合作领域

对拉欧领导人峰会行动计划、拉欧学术峰会宣言等合作文件分析，拉欧对高等教育合作寄予厚望，拉欧希望通过高等教育合作，促进拉欧区域科学、技术、创新和技术领域水平的提升，推动教育、就业、社会

① 郑先武．区域间主义治理模式[M]．北京：社会科学文献出版社，2014：89.

② 郑先武．国际关系研究新层次：区域间主义理论与实证[J]．世界经济与政治，2008(8):61-68,5.

一体化以及融入性的发展，改善高等教育质量，提高高等教育机构水平等，涉及高等教育领域的方方面面。但是由于教育与文化、社会、意识形态等因素息息相关，任何一个国家和教育机构都不允许超国家力量对其教育领域的干涉。因此拉欧在高等教育合作中慎之又慎，一再强调双方在尊重高等教育机构自治的前提下寻求合作。拉欧主要围绕“能力建设”“学术流动”以及“科研人员培养”三个领域开展合作，推动拉欧高等教育区的建立。

一、能力建设

欧盟对能力建设（Capacity Building）的定义为：个人和组织对就业所需要的实际知识和技能的获得、提升和保持。[①]欧洲高等教育机构策划并在特殊国家和地区推动实施的国际合作项目，就包括拉美地区以及非洲—加勒比—太平洋区域国家。2014年前，欧盟特别针对拉美开设了三期专项计划ALFA计划，通过该项目推动拉美各国的能力建设；加勒比区域与非洲和太平洋区域捆绑在一起，欧盟通过面向非洲—加勒比—太平洋区域的Edulink计划推动加勒比区域的能力建设。2014年后，ALFA计划停止，并入“伊拉斯谟+”计划，Edulink计划继续实施。

（一）能力建设的目标与愿景

欧盟希望与合作伙伴国通过能力建设项目实现以下目标：①提高高等教育质量，增加教育与劳动力市场和社会需求的相关性；②提高高等教育机构竞争力，开展实施具有创新性的教育项目；③提高高等教育机构的管理、创新和国际化能力等；④提高国家对高等教育体系的管理能力，提升教育改革的颁布、实施以及监督能力；⑤通过合作和经验分享，促进世界各区域高等教育一体化发展。[②]

具体就ALFA计划以及Edulink计划而言，拉欧通过不同层面的合作，对社会、教育机构以及个人都将产生不同程度的影响。ALFA计划成立于1994年，旨在提高高等教育质量，高等教育人才培养满足社会发

---

① 欧阳丽，编译．“伊拉斯谟+”启动高等教育能力建设项目[J]. 世界教育信息，2017(23):78.

② European Commission. Erasmus+ Capacity Building in Higher Education. EU Support to Higher Education Institutions Around the World[R].Belgium，2016:5.

展需求；为低收入人群以及弱势群体提供更多入学机会；提高拉美地区高等教育现代化水平，促进教育改革和发展。Edulink计划成立于2006年，该计划希望通过对非洲—加勒比—太平洋区域高等教育网络建设，提高该地区的高等教育水平，加快一体化进程，减少地区贫困。拉欧希望通过这两个项目的合作实现以下具体目标：①在拉美国家间搭建高等教育合作网络，实现知识和经验互享，促进知识的交流与更新；②提高高等教育机构的管理水平，确保高等教育的可持续发展；③通过合作，促进双方课程改革，丰富课程内容，提升教育现代化水平；④提高偏远地区学生的入学比例；⑤加速提升拉美区域的高等教育水平，推动拉欧区域间高等教育的一体化进程；⑥促进政府和高等教育机构的联系，加强公共政策对高等教育发展的促进作用；⑦促进大学与地方企业的合作，为地方劳动力市场培养合适人才。[①]

（二）能力建设的策略与措施

ALFA计划共有来自拉欧两个区域45个国家参与，欧盟27个国家，拉美18个国家。ALFA计划共有三期，欧盟是该计划的主要资助方。计划第一期（1994—1999年）投入总金额3240万欧元，计划第二期（2000—2006年）投入总金额5500万欧元，计划第三期（2007—2013年）投入总金额7500万欧元。[②]计划一期主要合作领域集中在高等教育机构之间的合作、本科生和研究生交流计划。计划二期的合作领域在一期的基础上增加了科学技术领域的培训计划。计划三期在前两期的基础上对计划分类进行结构性调整，从原有的以合作对象分类方式改为以合作类别为主导的分类方式，并进一步将合作计划分为三类，分别是共同项目、结构项目和附属措施项目。共同项目是指拉美和欧盟院校共同申请的项目，通过项目合作、经验交流等，增强双方院校的行政管理、学术管理、科学和技术管理以及促进社会融入等方面的能力。结构项目主要是宏观性项目合作，旨在促进拉美高等教育改革，促进教育体系的现

① Comisión Europea Dirección General de Desarrollo y Cooperación- EuropeAid. Alfa III. Una Apuesta a la Equidad Social y la Integración entre América Latina y la Unión Europea[R].Bélgica, 2014:48.

② Comisión Europea Dirección General de Desarrollo y Cooperación- EuropeAid. Alfa III. Una Apuesta a la Equidad Social y la Integración entre América Latina y la Unión Europea[R].Bélgica, 2014:3.

代化发展。附属措施项目是建立拉美和欧盟的协同创新机制，加强项目和机构之间的合作与联系，进而提高拉欧区域高等教育的知名度以及扩大影响力。

ALFA计划第三期共实施了51个合作项目，494个学术机构参与了该计划，其中341个来自拉美，153个来自欧盟，多数项目的执行时间为3—4年，欧盟投入占总资金投入的80%，其中14个项目（占项目总数量的27%）由欧洲和拉美的高等教育机构共同资助。[①]蒙特维迪亚大学协会执行秘书长阿尔瓦罗·马格利亚（Álvaro Maglia）指出："ALFA计划促进了拉美和欧盟区域间的高等教育合作，这不仅仅是一项利于拉美社会发展的事业，对欧洲的全球事务发展也是有利而无一害的。"[②]

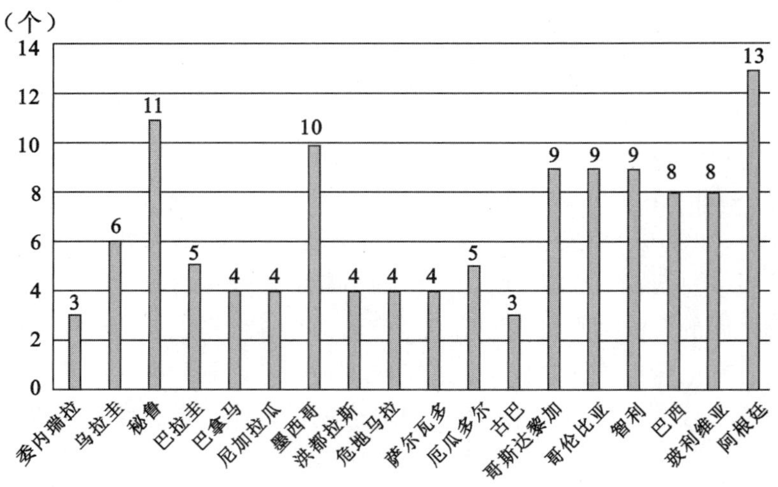

图5-1　拉美各国参与ALFA计划三期计划的数量

资料来源：European Commision. Programa de Cooperación Regional en Educación Superior entre la Unión Europea y América Latina. ALFA III （2007—2013）[EB/OL]. http://cooperacion.udelar.edu.uy/es/wp- content/uploads/2012/09/overview_alfaiii_es.pdf, 2018-02-21.（根据上述资料整理而成）

① European Commision. Programa de Cooperación Regional en Educación Superior entre la Unión Europea y América Latina. ALFA III (2007-2013)[EB/OL]. http://cooperacion.udelar.edu.uy/es/wp-content/uploads/2012/09/overview_alfaiii_es.pdf, 2018-02-21.

② Comisión Europea Dirección General de Desarrollo y Cooperación- EuropeAid. Alfa III.Una Apuesta a la Equidad Social y la Integración entre América Latina y la Unión Europea[R].Bélgica,2014:7.

（三）能力建设的成效与挑战

ALFA计划第三期项目主要涉及以下七方面内容，即提高高等教育入学率、高等教育学科现代化、知识转化、千年发展计划、合作联盟的建立、加强和完善网络服务建设工作以及知识和信息传播。

表5-1　ALFA计划第三期内容的主要分类

	内　容	目　标
1	提高高等教育入学率	通过对公民社会责任的培养，促进社会融入，促进平等社会的建立。
2	高等教育学科现代化	提高高等教育质量，提高高等教育普及率，促进社会平等可持续发展。
3	知识转化	确保知识有效且平等的传播，并在不同阶层得到良好运用。
4	千年发展计划	以联合国《千年发展目标》为总指导目标，提高女性权力和独立性。
5	合作联盟的建立	加强ALFA计划教育机构以外的影响力，建立公私部门的联系。
6	加强和完善网络服务建设工作	推动国家、区域内和区域间的一体化建设，促进知识、人员和经验的交流活动。
7	知识和信息传播	加大该计划成果的宣传力度，惠及更多拉美和欧盟大学和相关教育机构。

资料来源：Comisión Europea Dirección General de Desarrollo y Cooperación- EuropeAid. Alfa III. Una Apuesta a la Equidad Social y la Integración entre América Latina y la Unión Europea[R].Bélgica，2014:5.（根据上述资料整理而成）

内容一：提高高等教育入学率。其中，比较成功的是拉美社会公平和社会融入大学间框架项目（Programa Marco Interuniversitario para la Equidad y la Cohesión Social de las Instituciones de Educación Superior en América Latina，以下简称RIAIPE 3）。RIAIPE 3资助家庭经济情况困难的学生，帮助他们实现了自己的大学梦想，共有来自拉美13个国家（阿根廷、巴拉圭、巴西、玻利维亚、哥伦比亚、哥斯达黎加、古巴、洪都拉斯、秘鲁、墨西哥、萨尔瓦多、危地马拉、智利）和当时欧盟6个国家（法国、荷兰、葡萄牙、西班牙、意大利、英国）的30所院校参与了该项目。该项目由葡萄牙人文和技术大学（Universidad Lusófona de Humanidades y Tecnología）的教育培训研究和干预中心（Centro de Investigación e Intervención en Educación y Formación , CeiEF）主持，主要是为了改善拉美欠发达国家的高等教育资源匮乏、高等教育入学机会有限所带来的社会不公平问题。通过RIAIPE 3，拉美教育基础设施薄弱的地区情况得到了改善，项目主办方在这些区域架设了远程教育设备，为学生们的远程学习提供了便利。如洪都拉斯国立自治大学（Universidad Nacional Autónoma de Honduras, UNAH）利用自身教育资源，在欧盟的资助下建立了洪都拉斯远程教育课程，成立了电信中心大学（Telecnetros Universitarios），为居住在偏远山区的学生提供学习机会。目前，洪都拉斯已经拥有三所电信中心大学，其中一所建立在印第安人聚集区。在项目实施过程中，也在一些方面遇到了问题，如拉美高等教育的入学平等性；高等教育机构学生辍学率；学生和研究人员的流动性；学校领导力和积极性；促进知识社会发展的教育政策有效性；地区发展、政策不平等现象；高等教育机构推动社会融入解决社会问题的效率等。[①]

内容二：提升高等教育现代化水平，针对拉美现实需求帮助其开设相关专业，“靶向性”提高相关领域水平。以CapWEM计划为例，该计划针对拉美污水处理技术落后、缺乏水资源合理利用的意识等现实问题，开设了水资源和环境管理的硕士专业课程。共有来自8所拉美和欧盟大学的学者参与该计划，共同培养水资源领域人才，共同研发课程，并将该课程在拉美推广，以提高拉美在污水处理领域的技术水平。这个项目共培养了200多名拉美学生，并获得了水资源管理和环境领域的硕士学位，培养了一批在水资源使用、废水净化方面的人才。[②]同时该计划还对环境资源保护起到了辅助作用，如城市洪水治理、农业用水管理等。

内容三：知识转化领域合作促进拉欧与拉美政府间、大学间、公司间以及社会间的合作，建立成果转化机制。KickStart项目是一个旨在推进拉欧高等教育机构合作与经验交流而搭建的网络平台，通过该平台培

---

① CIE. CIE- ALFA- RIAIPE［EB/OL］.http://www.cie- ucinf.cl/2011/09/cie-% E2%80%93-alfa-%E2%80%93-riaipe/, 2017-08-12.

② Sistema de Información. Gestión de Riesgos Tranfronterizos en los Ríos Paraguay y Pilcomayo［EB/OL］.https://capwem.uc.edu.py/acerca-de, 2018-07-08.

养具有创新能力的专业人才，通过创新累积社会财富进而提高生活质量，打造“创新社会”的理念。该项目共有拉美区域和当时欧盟的九所大学参加，分别来自哥伦比亚、墨西哥、秘鲁、智利、阿根廷、西班牙、德国和英国，这些大学共同研发创业课程，培养学生的创新力、问题解决能力、领导力等；同时与当地商会、政府和公司等建立合作平台，实现创新技术的真正应用，促进大学生的创业发展。该项目已经在哥伦比亚、玻利维亚、秘鲁的大学成立了创新研究中心，定期开设工作坊、论坛、讲座等不同形式的创新教育和实践交流。同时，由墨西哥蒙特雷技术学院（Instituto Tecnológico de Monterrey）开发设计出一套创新能力自测工具，其中包括创新力、人才、合作能力、决断力、问题解决能力等维度的测评，为各学校的自我评估提供便利。

内容四：千年发展计划，贯彻联合国教科文组织提出的《千年发展目标》，提高拉美高等教育机构的女性入学率以及教育质量。该计划在拉美的18个国家举办工作坊和会议，鼓励和提高女性在学术领域的参与度和话语权。比如，该项目在厄瓜多尔和阿根廷的高等教育机构开设女性平等办公室，先后对100多名女性进行培训，使其成为“培训者的培训者”，目前已有拉美和欧盟地区的120多所大学参与该项目。

内容五：合作联盟的建立，是为了推动拉美高等教育机构和社会公私立部门之间的产学研的相互合作，改变拉美知识产权知识匮乏、科技转化能力差、创新机制和相关配套政策缺失的现状。PILA网络平台由拉美和欧盟各国大学、世界知识产权组织（Organización Mundial de la Propiedad Intelectual）、欧洲专利办公室（European Patent Office）和大学网络（Red Universia）共同组成，旨在推动校企间国际合作计划。该平台拥有网络学习、专家平台、论坛等资源，为来自拉美18个国家的学生开设网络课程和工作坊，并且组织国内和国际圆桌会议与论坛。以智利大学（Universidad de Chile）为例，2006年每年平均申请专利0.7个，参加这个项目之后平均每年申请专利10个，增长了13倍多。[①]

内容六：加强和完善网络服务建设工作。Alfa Puente项目成立，Puente西班牙语意为“桥梁”，该项目意为建立拉美和欧盟高等教育机构之

① Comisión Europea Dirección General de Desarrollo y Cooperación- EuropeAid. Alfa III. Una Apuesta a la Equidad Social y la Integración entre América Latina y la Unión Europea[R].Bélgica,2014:10.

间的有效联系，该项目不仅建立起了区域间校际合作与联系，更重要的是整合了国家、区域内以及区域间资源，被誉为大学与政府间的“对话者”。[①]该项目通过拉美子区域的现有资源，同安第斯共同体、南方共同市场、中美洲联盟（Comunidad de América Central）等进行合作，促进拉美区域高等教育一体化的建设。通过该项目，来自拉美和欧盟的20个国家级和区域级大学联盟联手合作共同建立了一个国际网络合作平台，该平台共包括拉欧区域的150所大学。参与该项目的拉美大学学到了其他大学，尤其是欧洲大学的先进教学和研究方法，学生流动、国际化、质量保障以及大学管理等成熟经验，对拉美高等教育机构的发展起到了积极的促进作用。

内容七：知识和信息传播。ALFA计划在促进拉欧高等教育合作的同时，也同样重视区域间合作成果的宣传工作。51个项目纷纷出版了项目成果报告书。如中美洲高等教育国际化项目（Promoción de la Internacionalización en Centroamérica, INCA）出版了《中美洲大学国际合作办公室手册》（*Gestión de Oficinas de Relaciones Internacionales en Universidades de la Región Centroamericana*），并发放给中美洲各高等教育机构，对国际合作办公室工作人员进行国际合作领域的技能培训，提高高等教育机构的国际交流与合作的效率。另一个项目USO+I（Universidad, Sociedad e Innovación）是提高拉美工程师教育质量的有关计划，该项目共出版了50多本科学手册等，收录该项目的经验和成果，为拉欧高等教育机构工程师教育培养工作提供了参考依据。

表5-2　ALFA计划第三期主要涉及的拉欧教育领域及学科、项目数量

教育领域及学科	项目数量
新技术及创新	5
公共健康 / 气候和环境变化	8
教育方法 / 网络或数字化学习（e-learning）	9
高等教育体系现代化	8

① European Commission. National and Institutional Strategies. European Higher Education Institutions' Collaboration with Latin America[R]. Belgium, 2014:3.

续表

教育领域及学科	项目数量
劳动力市场 / 中小微企业	4
完善制度	8
社会经济发展	4
高等教育包容性	5

资料来源：Comisión Europea Dirección General de Desarrollo y Cooperación- EuropeAid. Alfa III Una Apuesta a la Equidad Social y la Integración entre América Latina y la Unión Europea[R].Bélgica，2014:47.

针对加勒比区域，欧盟主要实施的是Edulink计划。该计划第一期投资3000万欧元，资助了3个方向66个项目的实施和运行，8个项目为加勒比区域专属项目。第一阶段侧重发展的方向是：①机构能力建设。主要包括各国高等教育机构的政策制定、行政管理、发展规划等。②教育质量提升。主要通过联合课程开发、研究生培养、教师培训等合作推动区域内各国高等院校间的交流，推动教育质量的提升以及提高知名度。③科研能力建设。主要通过交流与合作提高教师教学和科研能力。这些项目帮助加勒比区域现有教学课程的更新，内容上更加新颖，形式上加强实践活动，网络或数字化学习（e-learning）教学活动。在研究方面，帮助加勒比区域的高等教育机构增设了实验室和基础设备，通过合作，国际合作项目明显增加，为教师和学生提供了更加多元的合作机会。

2012年Edulink计划二期启动，第二期投资金额4200万欧元，在第一期任务的基础上，着重加强了在农业、食品安全以及能源领域的合作。第二阶段共有47个项目，加勒比国家参与了其中的9个项目。第二阶段的项目主要内容是：①加强国家及地区政策发展，促进并加强国家间的高等教育合作；②加强高等教育机构间的网络建设，提供教师培训，改善区域内的教师短缺状况；③加强加勒比地区高等教育财政及行政管理能力；④进行高等教育体制改革，提高加勒比地区的高等教育质量及打造重点学科。

二、学术流动

拉欧高等教育学术流动主要依托2014年欧盟推出的“伊拉斯谟+”计划，该计划在伊拉斯谟计划的基础上将教育、培训和青年事业等领域进行整合，整合后的计划更加重视高等教育机构间的发展与合作。2014年以前，欧盟国际合作主要依托伊拉斯谟计划旗下的伊拉斯谟世界计划。伊拉斯谟世界计划是欧盟一项“世界维度”的高等教育计划，旨在促进欧盟与欧盟成员国以外国家的高等教育机构的人员流动，其中包括了本科生、硕士生、博士生、博士后人员、行政人员及教师。该计划中的人员流动分为两类，即项目国家[①]和伙伴国家[②]，拉美各国属于伙伴国家。伊拉斯谟世界计划实施的10年时间里共建立了6000个合作项目，合作机构超过300个，帮助4.5万名人员实现了学术交流活动。2014—2020年期间，欧盟持续关注拉美的发展，向该区域投入35亿欧元，促进拉欧区域间的人员流动。[③]

（一）学术流动的目标与策略

拉欧希望通过伊拉斯谟世界计划实现区域间人员的学术流动，并实现以下目标：首先，增加拉欧区域间人员学习流动机会，增强项目参与者的综合能力并提高技能水平，尤其是与就业市场相适应的能力，促进社会公平发展。其次，通过合作提高高等教育机构教学质量以及国际化管理水平。

伊拉斯谟世界计划分为联合培养项目、合作伙伴项目以及吸引力项目。联合培养项目是拉欧共同运营的硕士和博士联合培养项目，欧盟为参加联合培养项目的硕士、博士以及博士后提供奖学金资助。奖学金包括在读期间的学费、生活费、旅行费用以及保险费。合作伙伴项目强调拉欧区域间多边合作伙伴关系的构建。吸引力项目旨在提高欧盟高等教育机构对拉美的吸引力，在特定领域开展合作。

---

① 项目国家(Programme Country)包括当时28个欧盟成员国以及冰岛、挪威在内的6个非欧盟的欧洲国家。

② 伙伴国家(Partner Country)包括13个区域的非欧盟国家。

③ UE-CELAC Cumbre 2015 Bruselas. Datos y Cifras sobre las Relaciones entre la Unión Europea y la Comunidad de Estados Latinoamericanos y Caribeños [R].Bruselas, 2015:10.

（二）学术流动的成效与挑战

2007—2013年，欧盟通过伊拉斯谟世界计划向拉美[①]投资9560万欧元，建立了53个合作伙伴关系，签署了550项合作协议，220所拉美高等院校参与了该计划，大约6650名学生及研究人员得到了资助，其中硕士研究生占总人数的21%，博士研究生23%，博士后人员6%，本科生39%，教职工11%。[②]

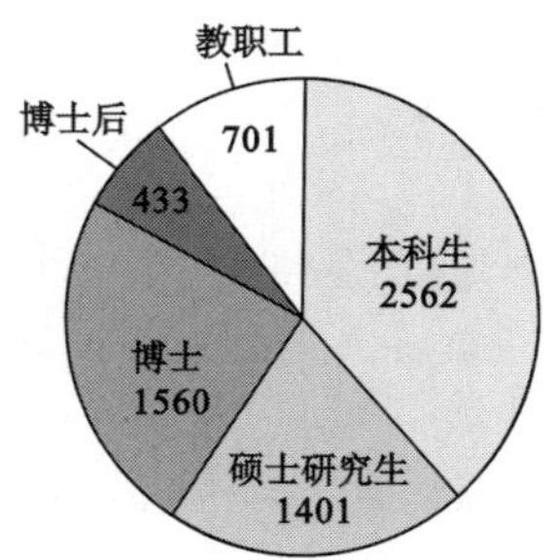

图5-2　2007—2013年伊拉斯谟世界计划拉美（不含加勒比区域）人员流动情况

资料来源：European Commission. Higher Education Cooperation Between the European Union, Latin America and the Caribbean. Academic Cooperation and Mobility: Bringing the Two Regions Closer[R].Luxembourg，2015:18.（根据上述资料整理而成）

欧盟和加勒比区域的高等教育主要依托伊拉斯谟世界计划和非洲—加勒比—环太平洋区域（African, Caribbean and Pacific，以下简称ACP）合作框架开展项目合作。2010—2013年，欧洲发展基金会（European Development Fund, EDF）[③]在加勒比区域共投资3000万欧元成立了7个合作伙伴关系，13个加勒比国家高等教育机构参加了该项目，超过130名学生和科研工作者获得了奖学金到欧洲交换学习，其中硕士研究生为主

① 此处的拉丁美洲不包括加勒比区域，因为伊拉斯谟世界计划与加勒比区域国家合作的形式与拉丁美洲其他国家略有不同。

② European Commission. Higher Education Cooperation Between the European Union, Latin America and the Caribbean. Academic Cooperation and Mobility: Bringing the Two Regions Closer[R].Luxembourg，2015:18.

③ 1957年罗马条约批准成立欧洲发展基金会，1959年正式成立。该基金会主要的目的是欧盟为非洲、加勒比区域和环太平洋区域的国家（ACP）以及海外国家及领土提供资金帮助。

要交换人群。2008—2013年，来自加勒比区域的134名学生参加了该项目，其中硕士研究生115人、博士研究生5人、教职工14人。①

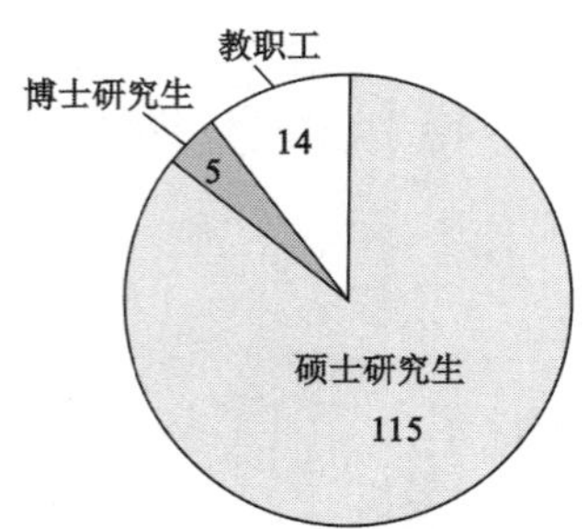

图5-3　2008—2013年加勒比区域伊拉斯谟世界计划人员流动情况

资料来源：European Commission. Higher Education Cooperation Between the European Union, Latin America and the Caribbean. Academic Cooperation and Mobility: Bringing the Two Regions Closer[R].Luxembourg，2015:28.（根据上述资料整理而成）

巴西和阿根廷是参与伊拉斯谟世界计划人数最多的拉美国家，参与人数占总人数的30%和13%，其他拉美国家的交换人数也在不断增加，其中萨尔瓦多、洪都拉斯、危地马拉、尼加拉瓜、玻利维亚和巴拉圭增长速度最快，说明这些国家越来越重视与欧盟的合作，高等教育国际化水平也在不断提升。拉欧的学术交流主要集中在五个领域：工程技术、经济、医学、社会学、心理行为学等五个学科。参加交流人员的男女比例基本持平，阿根廷、洪都拉斯、墨西哥、巴拿马、巴拉圭、乌拉圭、委内瑞拉等国女性人数略高于男性，拉美女性受教育的机会在不断增多。

① European Commission. Higher Education Cooperation Between the European Union, Latin America and the Caribbean. Academic Cooperation and Mobility: Bringing the Two Regions Closer[R].Luxembourg，2015:28.

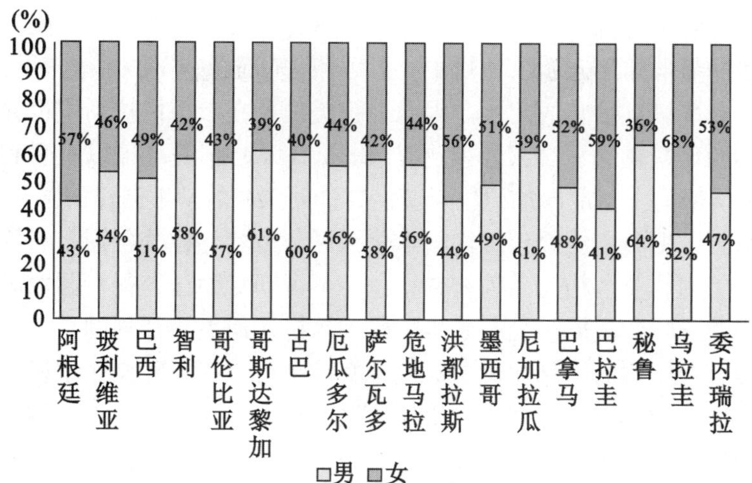

图5-4　2008—2013年伊拉斯谟世界计划拉美各国学生男女流动比例

资料来源：European Commission. Higher Education Cooperation Between the European Union, Latin America and the Caribbean. Academic Cooperation and Mobility: Bringing the Two Regions Closer[R].Luxembourg，2015:20.

第一，拉欧学术流动项目促进了国家教育体制改革。为了保障学术流动的有效性和可持续性，这就需要每个合作伙伴国采取必要措施，以保障学生和研究人员在学习和研究期间的学历得到本国认可，建立合作机构间共同授予学位的合作政策。伊拉斯谟世界计划合作过程中，首先需要解决的是学历认证问题。拉美各国教育体制差异较大，不论是入学条件、学分设置、毕业资格还是课程设置情况都较为复杂，在合作中很多拉美的高等教育机构已经意识到，自身的教育体制已经不能适应现代化高等教育发展步伐。在学生交流过程中经常出现学历不匹配现象，尤其是硕士阶段。国外学习的专业与国内所学专业内容不一致，给学生的交流增加了难度。为了解决这一问题，拉美各国和各高等教育机构都在努力通过自身改革，积极寻求与合作国建立学分、学历以及学位互认协议。与此同时，伊拉斯谟世界计划合作伙伴签署了学分和学历承认共识（Common Agreement on Grade and Credit Conversion Procedures），同样为拉欧国际交流合作打下了基础。

第二，学术流动促进社会公平发展。伊拉斯谟世界计划一直关注将拉美弱势群体吸纳到国际合作项目中，创造条件提高教育公平发展，实现公平的学术流动。因此，奖学金的颁布不仅要考虑到学校和学生的竞争力，还要考虑拉美的社会发展急需领域、男女比例和区域等问题，帮助更多弱势群体加入到该项目中。人才流失问题也是双方合作过程中遇到的一个严峻且敏感的问题。因此，拉美国家在参与伊拉斯谟世界计划时，不约而同颁布了“人才引进”（Brain Gain）相关政策以吸引和鼓励留学人员回国，目前参加伊拉斯谟世界计划92%的学生已经回国。

第三，提高高等教育机构国际化水平。虽然，拉美各国与高等教育强国如美国、英国相比高等教育竞争力不可同日而语，很多国家高等教育机构的国际化发展仍处在起步阶段，伊拉斯谟世界计划的合作伙伴为各高等教育机构的国际化发展提供了实践平台，在实际操作中积累合作经验。伊拉斯谟世界计划合作伙伴关系的建立，吸引了拉美区域更多高等教育机构参与到拉欧高等教育合作中来，并且通过合作，在不同程度上提高了高等教育机构的行政管理能力。拉美很多高等教育机构，尤其是加勒比区域的高等教育机构都是第一次经历国际合作交流。通过合作交流，学校成立了国际交流办公室，培训专门人员负责国际事务的相关工作。比如特立尼达和多巴哥的西印度群岛大学（University of the West Indies），通过与欧盟国际项目的合作，成立了国际合作关系办公室，培养了一批具有国际合作经验的办事人员，并将与欧盟的合作经验应用到与非洲、加勒比、太平洋等其他区域的大学合作中，从传统的“南北合作”扩展到“南南合作”。

第四，参与该项目的人员获得了更加优质的教育资源。拉欧区域间的高等教育合作，通过整合拉欧乃至全世界优质的教育资源，为学生、科研工作者以及教职人员提供世界一流专业技能指导；通过跨文化交流，培养学生、科研工作者及教职人员等具有国际视野的交流、思考等软技能。欧洲是现代高等教育的诞生地，博洛尼亚进程又整合了欧洲乃至世界的优质教育资源，使得欧洲高等教育机构在世界领域拥有较强的竞争力，2018年QS大学排名前100的大学中，欧洲大学占有33个席位，而拉美只有1所大学入选。[①]

第五，拉欧高等教育合作培养了学生和科研人员的国际视野以及跨文化交流能力。在异国他乡留学生活和工作，扩宽了学生和科研人员的

① QS World University Rankings. QS World University Rankings [EB/OL]. https://www.topuniversities.com/university- rankings/world- university- rankings/2018, 2018- 07- 01.

文化视野并增强了外语语言能力，增强了在文化冲突和融合的环境下培养其独立思考和解决问题的能力。而这些与知识技能相对应的软技能正是拉美雇主所看重的重要素养，它有助于提高人们的适应性，以及有效地寻求在变化的环境中的竞争机会。[①]因此，对于拉美的学生来说，具有海外留学经验拥有较强的受雇能力。欧盟对参与过伊拉斯谟世界计划的900名拉美学生进行问卷调查，学生们普遍认为通过留学，个人在专业知识水平、社会关系能力、职业规划、对欧洲的认识等方面都有了提升，近三分之一的学生认为留学经历对他们的职业规划和知识技能方面最有帮助。[②]对教职工来说，与海外院校的交流和参加国际研讨会，为了解新的教学方法以及掌握先进的科研技术提供了便利条件。同时，与国际学术机构的频繁交流，有助于学术共同体的建立，对国际期刊的发表和学术成果被认可均有帮助。

> 在意大利留学期间所学到的知识是我在我国不可能学到的，整个过程是不断克服困难不断提高自己的过程，这段经历弥足珍贵。首先是克服语言障碍，西班牙语和意大利语虽然有很多相像之处，但是日常使用中还是存在很多困难。但正是在学习意大利语的过程中，我对意大利的风土人情有了了解，扩宽了我的视野。其次是学习上的困难。在意大利学习的过程中，由于欧洲的教育体系、方法和理念与我们国家完全不一样，因此我需要抛弃已经跟随我20多年的固有模式而接受新的思维模式，对我来说是比学习意大利语还要大的挑战。但这些经历都是我在秘鲁所不可能经历的。【ES-PER-Nicolas】[③]

2013年1月，在智利圣地亚哥举办的拉欧领导人峰会上颁布的《圣

---

① 经济合作与发展组织中心,联合国拉丁美洲和加勒比经济委员会,CAF-拉丁美洲开发银行主编．拉丁美洲经济展望(2015)——面向发展的教育、技术和创新[M].北京:社会文献出版社，2015:6.

② European Commission. Higher Education Cooperation Between the European Union, Latin America and the Caribbean. Academic Cooperation and Mobility: Bringing the Two Regions Closer[R].Luxembourg，2015:24.

③ 访谈资料。访谈情况见附录11。

地亚哥宣言》中肯定了拉欧区域间开展的高等教育学术合作，再次强调了学生、教师及研究人员流动的重要性，以及高等教育领域的投入对促进社会经济增长且可持续发展的重要性。拉美和欧盟的区域间高等教育合作成为区域间高等教育合作范本，“伊拉斯谟+”计划作为“催化剂”将进一步促进这两个区域在该领域更深远的合作。

三、科研人员培养

欧盟的科研和创新实力名列前茅，2018年欧盟官方数据表明，拥有世界7%人口的欧盟，其科研经费投入占世界科研经费投入的20%，高水平最具有影响力的文章占世界的三分之一，专利数量占世界专利总数的32%。[①]欧盟已经成为当今世界主要的知识生产中心，承担了全球将近三分之一的科技研发工作。欧盟自1984年的第一个科技框架计划启动到第七个科技框架，再到“地平线2020”计划，不断推出新的科技计划保证欧盟的科研活力。欧盟注重与国际科研组织合作，注重人才引进，这也是欧盟科技成为“常青藤”的主要原因。拉欧一直重视区域间的科学技术领域合作，双方希望通过合作，促进彼此间的科技交流，提升拉美的科研能力，也为欧盟的人才储备和引进做出贡献。在众多合作项目中，最重要的一项科研人员交流项目是第七科技框架下的玛丽·居里计划，该计划2007年正式启动，2013年年底结束。2014年欧盟启动了全新的科研项目“地平线2020”计划，取代了之前的第七科技框架，玛丽·居里计划也由玛丽·斯克沃多夫斯卡·居里计划（Program Marie Skłodowska-Curie）取代。

（一）科研人员培养的目标与愿景

研究人员的素养和能力是国家科研创新和发展的重要保证，也是企业吸引投资和可持续发展的重要因素。玛丽·居里计划（2007—2013年）执行7年时间，共投入资金47.5亿欧元，为研究人员提供了培训机会，增加了研究人员的流动性，并且促进了研究人员的职业发展。该计

① Comisión Europea-Comunicado de Prensa. Presupuesto de la UE para el Período 2021-2027: la Comisión Acoge con Satisfacción el Acuerdo Provisional sobre Horizonte Europa, el Futuro Programa de Investigación e Innovación de la UE[EB/OL]. http://europa.eu/rapid/press-release_IP-19-1676_es.htm, 2019-03-21.

划是欧盟第七科技框架计划（FP7）[①]下的特殊人才项目（People Specific Programme），从博士阶段到后期的终身学习阶段的科研人员全方位培训项目。玛丽·居里计划是精英学者的摇篮，从研究培训、学者流动到职业发展的全方位培训。该计划面向全世界各个国家、各个年龄段、各种职业人群，包括失业后希望继续深造的人群。计划的宗旨是加强国际合作，建立并完善国际科研网络，所以不管是国家还是私有部门的研究机构及科研工作者都可参与到该计划中。研究人员的跨国流动以及国家内部流动是该计划的核心任务，通过与先进科学团队的交流，提高科研工作者的研究能力及研究质量，提高在国际激烈竞争环境中的竞争力。该计划基金可以用于除欧盟原子能共同体条约之外的任何科研项目，具有跨领域、跨学科以及国际化的特点，高度关注社会热点问题所涉及的科研领域，如气候变化、健康、食品安全等。申请人研究题目内容不受限制，具有“自下而上”的科研灵活性。

玛丽·居里计划的另一个目标是加强学术界和企业之间的联系，促进科研成果转换，并且该计划基金中的一部分专门帮助研究人员与企业之间的合作，从而帮助研究人员的职业发展。与此同时，该计划还为非学术领域的人员提供博士课程项目，如为小微、小型以及中型企业雇员提供博士课程，帮助申请者掌握跨领域创新技能以及创业技能。该计划还将制定研究人员的技能标准，标准出台后将会促进公开招聘流程的实施，为符合标准的研究人员提供工作岗位。并且，该项目还将大力促进女性教育的发展，提高社会公平性，计划招收女性研究人员的比例占总招收人员的40%以上。

（二）科研人员培养的策略与措施

自2007年成立至今，玛丽·居里计划以及玛丽·斯克沃多夫斯卡·居里计划已经成为欧盟最重要的培养科研人员的洲际项目。初期阶段的行动措施主要围绕人才网络建设、终身培训、产学研培训、奖学金发放等四方面展开。[②]

措施一为研究人员初步培训计划。该计划通过初步培训网络（Ini-

① 第七届欧盟框架项目中的科研发展计划是欧洲最主要的研究项目。2007—2013年的预算约500亿欧元。

② 胡昳昀.欧盟和拉美及加勒比地区高等教育合作之科研人员流动现状分析[J].郑州师范教育，2016(6)：37-42.

tial Training Networks，ITN）的搭建帮助处在初级阶段的研究员，提供职业规划服务，根据国家科学技术发展需求培训与之相适应的人才，推荐研究者到相应的学术机构、私营部门或者其他社会经济相关部门工作。该计划具有三种最重要的培养模式，分别是多元伙伴创新网络（Multi-partner ITNs）、欧洲工业博士学位（European Industrial Doctorates，EID）和博士创新计划（Innovative Doctoral Programme，IDP）。该计划面向全世界研究人员开放，研究人员可以通过该网络平台寻找工作机会，并且可以参与开办在任何国家的公私部门的活动。该计划鼓励在研究培训方面具有世界竞争力的组织和机构参与到该计划中。

措施二为终身培训和职业发展计划。该项计划由跨欧洲职业发展奖学金（Intra-European Fellowships for Career Development, IEF），职业整合资助（Career Integration Grants, CIG）以及区域、国家、国际联合资助（Co-funding of Regional, National and International Programme, COFUND）三部分组成。跨欧洲职业发展奖学金大力支持研究人员的职业发展，帮助研究员重新寻找职业岗位，对较深资历的研究员进行跨领域培训以增加个人竞争力。该计划支持任何国籍的研究人员申请，并且在欧洲境内完成跨国研究。职业整合资助项目为全世界具有研究经验和能力的研究人员提供在欧盟成员国或者合作国家进行研究工作的资助。区域、国家、国际联合资助项目是将现有的或者新的跨地区、国家以及国际奖学金项目，推荐给具有研究能力的各个阶段的研究人员。

措施三是建立产学途径和合作伙伴关系（Industry-Academia Pathways and Partnerships, IAPP）。该项目主要为研究人员（初级研究员以及高级研究员）与来自欧洲和第三世界国家的公共研究机构提供交流平台，共同推动研发项目而建立的，特别关注中小微企业创新能力的发展。

措施四是世界范围内的奖学金发放。该项目的奖学金分为三类，国际研究人员输出奖学金（International Outgoing Fellowships, IOF）资助欧盟境内的研究学者到非欧盟的研究中心、大学或者公司进行研究。来自第三世界国家的研究学者必须在欧盟成员国或者合作国居住过5年，或者从事过5年以上的研究者也可以申请该项目。国际研究人员引进奖学

金（International Incoming Fellowships, IIF）[①]资助欧盟之外其他国家的研究人员到欧盟或者欧盟合作国家进行研究交流。国际研究人员交换项目（International Research Staff Exchange Scheme, IRSES）为欧盟和第三世界国家的研究工作者提供短期交换资助，以促进双方长期合作关系的建立。

（三）科研人员培养的成效与挑战

国际交流合作是玛丽·居里项目的重要组成部分，通过国际研究人员引进项目、国际研究人员输出项目以及国际研究人员交换项目，增进欧洲与世界各国研究者之间的交流与合作。根据欧盟第七科技框架计划，拉丁美洲研究人员可以参加玛丽·居里项目下的所有项目，除了安提瓜和巴布达以及巴哈马不在合作国家范围内，其他国家均为玛丽·居里项目国际合作国，享有与欧盟成员国以及合作国家的平等权利，享受欧盟第七科技框架计划下的权利，并且得到欧盟的资助。阿根廷、巴西、智利和墨西哥还与欧盟签署了科学技术双边合作协议，进行研究人员的短期互访交流活动。

1. 对拉美高等教育机构的影响

从2007年到2013年的7年时间内，欧盟在拉丁美洲共开展了205个项目，超过150个拉丁美洲机构参与了玛丽·居里项目。这个时期欧盟共向拉丁美洲提供了834个奖学金名额（初步培训网络计划386个，区域、国家以及国际联合资助项目185个，产学途径和合作项目计划82个，国际研究人员引进项目76个，跨欧洲职业发展计划61个，职业联合资助项目25个，人员引进回国阶段项目15个，国际研究院输出项目4个）。共有2866名拉丁美洲研究员被借调到欧盟下属的机构工作，2526名欧洲学者被借调到拉丁美洲工作。[②]在拉美国家中，参与玛丽·居里计划最活跃的国家是巴西，其次是阿根廷和墨西哥，国家研究人员交换项目占项目参与总数的90%。

① 在2007—2008年只招收来自第三世界国家的研究人员，从2009年开始该项目面向全世界研究人员开放。

② European Commission. Higher Education Cooperation Between the European Union, Latin America and the Caribbean. Academic Cooperation and Mobility: Bringing the Two Regions Closer[R].Luxembourg, 2015:58.

表5-3　拉美各国参与玛丽·居里计划统计①

国家	IAPP	IIFR	IOF	IRSES	ITN	总计
阿根廷		10	3	77	2	92
玻利维亚		1				1
巴西		2	4	178	3	187
智利	2		3	46	1	52
墨西哥		2	3	66		71
乌拉圭		1	1		1	3
总计	2	16	14	367	7	406

资料来源：European Commission. Higher Education Cooperation Between the European Union, Latin America and the Caribbean. Academic Cooperation and Mobility: Bringing the Two Regions Closer[R].Luxembourg，2015:59.

欧盟共计资助拉丁美洲约2500万欧元，得到资助最多的项目是研究人员短期交换项目，在该项目中参与程度最高的国家是阿根廷，其次是巴西、智利和墨西哥。

表5-4　欧盟对拉美各国研究人员项目资助情况

国家	IAPP（欧元）	IIFR（欧元）	IRSES（欧元）	ITN（欧元）	资助总金额（欧元）
阿根廷		150 000	4 626 900	285 788	5 062 688
玻利维亚		15 000			15 000
巴西		22 500	10 450 000	691 541	11 164 041
智利	484 716		3 031 200	168 824	3 684 740
墨西哥		22 500	4 789 200		4 811 700

① IAPP—产学途径和合作伙伴项目计划，IIFR—国际研究人员引进回国奖，IOF—国际研究员输出奖学金，IRSES—国际研究人员交换项目，ITN—初步培训网络项目。

续表

国家	IAPP（欧元）	IIFR（欧元）	IRSES（欧元）	ITN（欧元）	资助总金额（欧元）
乌拉圭		15 000		415 929	430 929
总计	484 716	225 000	22 897 300	1 562 082	25 169 098

资料来源：European Commission. Higher Education Cooperation Between the European Union, Latin America and the Caribbean. Academic Cooperation and Mobility: Bringing the Two Regions Closer[R].Luxembourg，2015:59.

其中，拉欧在信息科学领域合作最为密切，合作项目数量占合作项目总数的22%，其次是生命科学16%和地理环境14%。得到资助最多的项目是研究人员短期交换项目，在该项目中参与人数最多的国家是阿根廷，其次是巴西、智利和墨西哥。

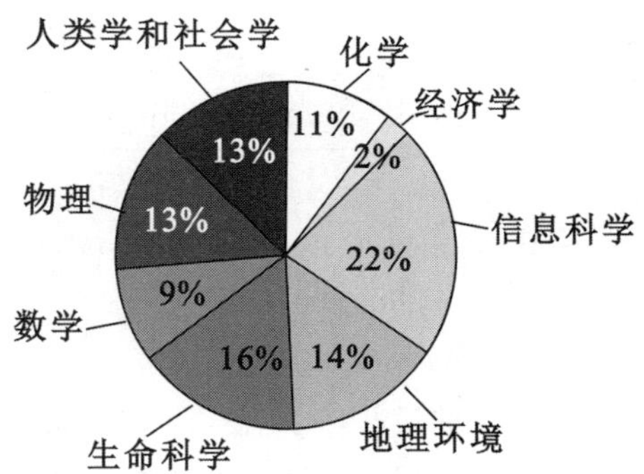

图5-5　拉美参与玛丽·居里计划的学科领域分布情况

资料来源：European Commission. Higher Education Cooperation Between the European Union, Latin America and the Caribbean. Academic Cooperation and Mobility: Bringing the Two Regions Closer[R].Luxembourg, 2015:59.

在拉美各国高等教育机构中获得欧盟资助最多的是墨西哥国立自治大学，其次是巴西圣保罗大学和阿根廷国家科学技术研究委员会，获得资助前十名的高等教育机构接受的资助金额占欧盟对拉美资助总金额的三分之一。

表5-5　获得欧盟资助最多的10所拉美教育机构和研究中心

	机构和研究中心名称	国别	项目数量	获得金额（欧元）
1	墨西哥国立自治大学	墨西哥	21	1 308 000
2	圣保罗大学	巴西	24	1 304 000
3	国家科学技术研究委员会	阿根廷	20	1 161 000
4	里约热内卢联邦大学	巴西	17	1 028 000
5	科技部	巴西	3	884 000
6	智利天主教大学	智利	13	843 000
7	联邦南里奥兰德大学	巴西	10	839 000
8	布宜诺斯艾利斯大学	阿根廷	11	708 000
9	普埃布拉自治大学	墨西哥	2	679 000
10	原子能国家委员会	阿根廷	5	504 000
总计：9 258 000				

资料来源：European Commission. Higher Education Cooperation Between the European Union, Latin America and the Caribbean. Academic Cooperation and Mobility: Bringing the Two Regions Closer[R].Luxembourg, 2015:60.

在欧盟和拉美研究合作的过程中，拉美的高等教育和中等教育及研究机构参与程度较高，但是需要注意的是拉美的中小微企业在该项目中的参与程度很低，虽然玛丽·居里计划一直鼓励中小微企业在科研领域的参与。有关项目申请成功率方面，成功率最高的国家是巴西，为41.3%；其次是智利，为39.7%。[①]申请成功率从侧面反映了该国的研究能力水平和国际竞争力。

2. 对拉美研究人员的影响

研究者参加玛丽·居里项目实现了海外访学，增强了国际合作和交

① European Commission. Higher Education Cooperation Between the European Union, Latin America and the Caribbean. Academic Cooperation and Mobility: Bringing the Two Regions Closer[R].Luxembourg, 2015:60.

流的能力，加强了国际合作关系网络的建立。共计有834名来自拉美和欧盟的研究人员获得了奖学金或者被借调到欧盟进行研究工作，其中阿根廷研究员最多，其次是墨西哥、巴西和哥伦比亚。通过下表可以看出，玛丽·居里项目的国家多元化发展特点，对拉丁美洲和欧盟之间的知识成果转换，以及高质量研究起到了积极的作用。

表5-6 拉美地区玛丽·居里计划奖学金获得者各国分布情况

国家	CIG	COFUND	IAPP	IEF	IIF	IIFR	IOF	ITN	总计
阿根廷	12	47	13	15	28	9		44	168
巴巴多斯			2					2	4
玻利维亚		2	1	1	1	1		2	8
巴西	3	32	12	11	16	1		80	155
智利	1	14	11	6	5			28	65
哥伦比亚	2	21	8	1	3	1		71	107
哥斯达黎加	1			1				4	6
古巴		10	4	5	4			22	45
多米尼加		1						1	2
厄瓜多尔		4	1	1			1	6	13
萨尔瓦多								3	3
洪都拉斯		1						3	4
牙买加								1	1
圣卢西亚								2	2
墨西哥	2	37	19	11	15	1	1	73	159
尼加拉瓜								1	1
秘鲁		9	4	6			1	11	31
巴拉圭								1	1
特立尼达和多巴哥					1			1	2

续表

国家	CIG	COFUND	IAPP	IEF	IIF	IIFR	IOF	ITN	总计
乌拉圭	3	3	2	1	3	2	1	5	20
圣文森特和格林纳丁斯								1	1
委内瑞拉		4	5	2				24	35
总计	24	185	82	61	76	15	4	386	833

资料来源：European Commission. Higher Education Cooperation Between the European Union, Latin America and the Caribbean. Academic Cooperation and Mobility: Bringing the Two Regions Closer[R].Luxembourg，2015：60.

在双方研究人员互换项目中，共有2866名来自拉美研究机构的科研人员到欧洲进行访学活动，有2526名欧洲学者到拉美，西班牙是接收拉美学者最多的欧盟国家。在拉美国家中，巴西参与该项目的程度最高。巴西参与了114个双方学者互换项目，1200多名欧洲访问学者来到巴西，1300多名巴西学者访学欧洲。①

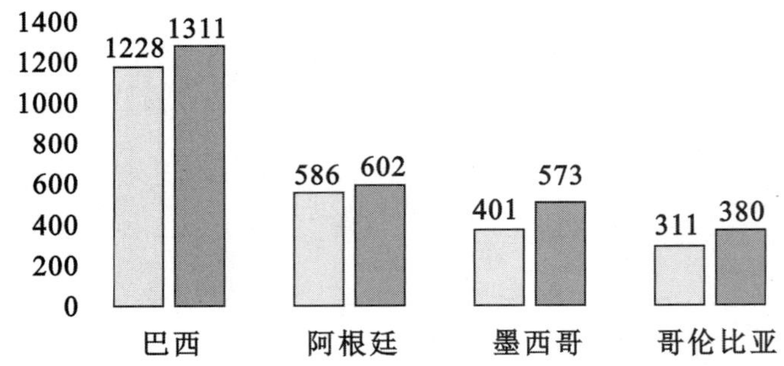

图5-6　欧盟与拉美双方学者互访项目中参与度最高的拉美4个国家情况

资料来源：European Commission. Higher Education Cooperation Between the European Union, Latin America and the Caribbean. Academic Cooperation and Mobility: Bringing the Two Regions Closer[R].Luxembourg，2015：62.（根据上述资料整理而成）

① European Commission. Higher Education Cooperation Between the European Union, Latin America and the Caribbean. Academic Cooperation and Mobility: Bringing the Two Regions Closer[R].Luxembourg，2015:62.

玛丽·居里计划另一个目标是推动女性教育的发展，提高女性研究人员在科研工作中的参与度。玛丽·居里计划提供的数据表明，参与双方学者互换的项目中，女性研究人员占63%，其余项目女性的参与度也达到50%。女性参与度较高的学科为生命科学、化学、社会学和人类学，数学和经济学参与程度较低。①

（四）拉欧科研人员培养的新模式

随着第七科技框架计划的结束，欧盟于2014年颁布了“地平线2020”计划。作为玛丽·居里计划的延续，欧盟推出了玛丽·斯克沃多夫斯卡·居里计划。新的计划更加强调科研开放性以及世界参与性，以更开放的姿态，为非欧盟国家的研究学者及研究机构提供更多的研究机会，并且加强了对科研工作者创新能力的培养，在世界范围内实现学科以及跨学科间的交流互动。

玛丽·斯克沃多夫斯卡·居里计划当时预计在2014年到2020年投资61.6亿欧元，资助6.5万名学者进行访学交换，其中包括2.5万名博士生，预计到2020年年底为1.5万名非欧盟的研究者提供在欧盟的就业机会。新计划仍然采用“自下而上”的选拔方式，对研究人员的国籍、学科背景没有任何限制。玛丽·斯克沃多夫斯卡·居里计划一直以来秉持全球拓展策略，因而该计划对拉美的所有研究人员持有开放态度。另外，欧盟还在拉美成立了办事处，拉美国家可以直接跟办事处申请资助项目，但是经济相对发达的新兴经济体国家，如墨西哥、巴西在申请项目时，不能再单方面享受欧盟科研经费的资助，必须自带资金，资金形式可以为研究设备、科研技术、数据资料等。在玛丽·居里计划的经验基础上，新的计划简化成了四大类别。（见表5-7）

表5-7　玛丽·居里计划与玛丽·斯克沃多夫斯卡·居里计划内容对比分析

玛丽·居里计划	玛丽·斯克沃多夫斯卡·居里计划	
创新培训网络（ITN）	行动1 创新培训网络（ITN）	创新培训网络 博士及初级研究人员欧洲培训网络，欧洲工业博士学位，欧洲联合培养博士学位

① European Commission. Higher Education Cooperation Between the European Union, Latin America and the Caribbean. Academic Cooperation and Mobility: Bringing the Two Regions Closer[R].Luxembourg, 2015:62.

续表

玛丽·居里计划	玛丽·斯克沃多夫斯卡·居里计划	
跨欧洲职业发展奖学金（IEF） 国际研究员输出奖学金（IOF） 国际研究员引进奖学金（IIF） 职业联合资助项目（CIG）	行动2 个人奖学金（IF）	个人奖学金 高级研究员国际或跨专业流动培养项目，提供欧洲范围和世界范围奖学金，帮助高级研究人员的重新职业选择
产学途径和合作伙伴关系（IAPP） 国际研究人员交换项目（IRSES）	行动3 研究人员研究和创新交换项目	研究人员研究和创新交换项目 通过合作推动研究人员国际和跨领域的研究合作
区域、国家和国际联合资助项目（COFUND）	行动4 区域、国家和国际联合资助项目	区域、国家和国际间联合资助项目 高级研究员博士和奖学金项目

资料来源：European Commission. Higher Education Cooperation Between the European Union, Latin America and the Caribbean. Academic Cooperation and Mobility: Bringing the Two Regions Closer[R].Luxembourg，2015：62.（根据上述资料整理而成）

创新培训网络项目（Innovative Training Networks）属于博士联合培养和联合研究项目，该项目为科研人员提供学术交流活动，增加研究人员的创新能力和职场竞争力。该项目还培养工业博士，非学术机构与学术机构在培养博士的时间和考核标准上一样，联合颁发学位。非欧盟研究机构也可以作为合作伙伴加入该项目，为博士生提供非欧盟国家的培训机会。该项目面向所有国家的青年科研工作者开放。

个人奖学金项目（Individual Fellowships）促进高级研究员在欧洲内部和跨欧洲流动，资助非欧盟国家的研究员在欧盟成员国的研究机构或者欧盟合作伙伴国家进行2年的研究学习。该项目还为研究学者提供全球奖学金，帮助他们在欧洲之外的一流研究机构进行交换学习，学成之后必须回到欧洲工作。资金主要涵盖了两年的工资薪水、流动补贴、接收研究机构的研究和管理经费等。

国际和部门间合作与创新人员交流项目（International and Inter-sectoral Cooperation through the Research and Innovation Staff Exchanges，RISE）属于短期项目研究和创新交流活动，资助来自世界各地欧盟合作伙伴院校的学生及教职员工进行科研交流活动。

促进学生流动的区域、国家及国际联合资助项目（Co-funding of Regional, National and International Programmes that Finance Fellowships Involving Mobility to or from Another Country，COFUND）为新项目或现有区域项目、国家项目和国际项目提供额外奖学金，帮助学生完成国际或跨区域的合作研究，资助对象为博士生和短期访问学者。

拉美和欧洲的科研交流工作从16世纪就已经开始。一直以来，欧盟对于拉美是个具有巨大吸引力的“磁力场”，拉美科研工作者通过到欧洲或者与欧盟科研团队的合作，增强了自己的科研能力以及竞争力，带动了拉美科学技术的发展。欧盟通过与拉美的合作，不断扩大欧盟在拉美的影响力，并为欧盟自身发展储备大量人才，拉美和欧盟的教育合作纽带变得更加牢固。

第二节　拉欧高等教育合作的合理化

区域间主义研究学者经常将区域间主义五大功能中的“议程设置”与“合理化”一并提及，他们认为“议程设置”与“合理化”是互为作用的两个要素。拉欧基于现实条件以及发展需求，将能力建设、学术流动以及科研人员培养设定为区域间高等教育合作的优先领域。拉欧高等教育议程的设置与实施，具有针对性地解决了这两个区域教育以及与教育相关的重要且棘手问题，并且有助于区域间合作这个介于全球与国家民族之间的新合作层次变得合理。区域间合作的合理化则是强调解决区域间层次棘手问题的重要性、必要性以及可行性，借助议程的实施，推动区域间合作向更加合理的方向发展。本节将着重就拉欧区域间合作的重要性以及可行性进行分析，即拉欧高等教育合作的主要实施依据以及保障措施。

一、议程设置的实施依据

（一）国际维度

拉欧高等教育合作议程的设定主要与联合国、世贸组织等世界主要国际规则保持一致，在国际规则基础上进行突破，在全球多边机制的规范框架内寻求合作。[1]2005年欧盟理事会、委员会和欧洲议会联合发表《欧洲共识》,该共识的核心目标是在联合国教科文组织发布的《千年发展目标》(Millennium Development Goals)下推进区域可持续发展，为减少世界贫困人口而努力。欧盟发布的这项新政策强调了与发展中国家建立战略联盟关系、帮助其改善政府管理能力、提高人权以及促进民主发展的重要性。在《千年发展目标》中专门针对拉美区域，明确提出对该区域发展的希望和要求：第一，根据各国发展水平，保持平均每年3%—4.4%的经济增长；第二，改善制度体系促进社会公平发展，推进与促进公平发展的相关社会政策；第三，加强针对青少年、妇女和新生儿的健康和饮食社会服务；第四，提高公共管理部门的透明度，为公共资源提供更多的财政保障；第五，寻求更多集团、组织或个人为尼加拉瓜、洪都拉斯、玻利维亚和危地马拉等国家提供资金救助；第六，提高农产品质量和产量，向发达国家出口农产品。[2]《千年发展目标》之后，联合国教科文组织成员国又签署了《2030可持续发展目标》。拉欧继续加强教育、科学、技术和创新等领域的合作，通过合作努力缩小贫富差距、加强社会融入、减少贫困饥饿、改善环境等，共同推动《2030可持续发展目标》的实施。

（二）欧盟维度

《欧洲共同体条约》为欧盟对拉美的对外合作政策奠定了法律基础。欧盟对外合作主要遵循《欧洲共同体条约》中的第177条款、179条款和第181条款（现在的208条款、209条款和210条款），在尊重国家民主和法律、保障人权和自由的基础上，促进各国尤其是欠发达国家的经济和社会的持续发展，帮助欠发达国家更好地适应世界经济环境，尽快摆脱贫困。[3]《欧洲共同体条约》第179条确定了发展合作工具项目(Development Cooperation Instrument, DCI)，该项目主要为发展中国家的建设与发展提供帮助与指导。在上述制度、法律和政策框架下，欧盟针对拉美国家和区域的现实需求，主持制定了阶段性计划方案，以贫困指数作为合作的优先标准，与拉美开展专向性、互补性的区域间合作。

① 郑先武．区域间主义治理模式[M]．北京：社会科学文献出版社，2014:90.

② Naciones Unidas. Objetivos de Desarrollo del Milenio: Una Mirada Desde América Latina y el Caribe[R].Santiago de Chile, 2005: 35.

③ Comisión Europea. América Latina Documento de Programación Regional 2007-2013[R].Bruselas, 2007:3.

2005年欧盟颁布了《拉美和欧盟更强有力的合作伙伴关系》（A Strounger Partnership Between the European Union and Latin America）的文件，在该文件中进一步强调了拉美和欧盟之间建立战略合作伙伴关系的重要性，并且明确了六项行动方针：第一，建立区域间覆盖所有国家的战略合作伙伴关系（包括自由贸易协定），促进区域一体化的发展；第二，建立区域间真正的具有国际影响力的对话机制；第三，推进区域间具体合作项目的落实，缩小区域间贫富差距，减少贫困，促进可持续发展；第四，建立区域间稳定合作框架，帮助拉美吸引更多欧盟的投资，促进拉美经济的发展；第五，根据现实需求开展相应的合作；第六，通过教育和文化建立相互理解机制。①

2006年在奥地利维也纳召开的第四届拉欧领导人峰会上，区域间领导人确定了拉美和欧盟的主要合作内容：多边合作、社会融入和区域一体化。在继续完善区域间合作外，拉欧还需要不断推进国家间、子区域间的政治对话，继续加强国家（巴西、墨西哥、智利）、子区域（中美洲国家、安第斯共同体、南方共同市场）同欧盟之间的合作。自此，欧盟对拉美的对外行动政策确定下来并一直沿用至今。

（三）拉欧领导人峰会维度

自1999年第一届拉欧领导人峰会至今，拉欧领导人峰会共颁布了八部宣言、三部行动计划。在这些拉欧高等教育合作的指导性文件中，均将拉欧高等教育区建设作为拉欧高等教育合作的最终目标。围绕这一终极目标，拉欧领导人先后提出了加强两个高等教育机构的管理能力，建立实体与网络合作平台，建立研究中心；加强区域间学生、研究人员、教师、行政管理人员的流动；建立区域内部与区域间的高等教育学分、学历和学位互认制度；加强高等教育区域一体化的建设与合作；加强拉欧高等教育体系的彼此了解；加强高等教育机构与社会以及生产部门的合作能力；推动科学和创新一体化建设等任务。这些任务不仅与联合国教科文组织的《2030可持续发展目标》、伊比利亚美洲国家组织的《教育目标2021》中的内容相吻合，而且满足拉欧各自高等教育的发展诉求。

① Commission of the European Communities. Communication from the Commission to the Council and the European Parliament. A Stronger Partnership Between the European Union and Latin America[R].Brussels, 2005:4.

国际组织纲领性文件、欧洲对外政策以及拉欧领导人峰会各类文件成为拉欧高等教育合作的重要指导依据，在高等教育机构发展和计划制订方面具有重要的指导意义，拉欧积极借助国际组织这一平台实现区域间高等教育合作无疑是一种降低成本和风险的“理性行为”。这正如美国比较教育学者吉塔·斯塔奈哈姆泽（Gita Steiner- Khamsi）指出的那样，政策制定者们之所以依赖最佳实践或国际标准，不尽然是理性借鉴的结果，而主要是试图为某个备受争议的改革建立政治、经济联盟的策略。[①]拉欧61个国家的高等教育利益需要借助国际规则进行协调，使得拉欧区域整体利益与各国的发展利益保持一致，实现了高等教育服务大局，奠定了区域间互信的基础。

二、议程实施的保障措施

拉美一直是欧盟最重要的合作伙伴，通过发展合作工具项目，拉美成为欧盟最大的受捐者，2002年到2013年期间大约每年接受捐款为3.57亿欧元。拉美的第二捐助国为美国。[②]在款项的使用上欧盟力求效益最大化，根据拉美区域、子区域（主要包括南方共同市场、中美洲一体化体系和安第斯共同体）及国别的现实需求实现“靶向”捐赠。根据拉美和欧盟的战略合作方向，欧盟制定了《2002—2006年阶段计划》《2007—2013年阶段计划》和《2014—2020年阶段计划》，并由欧盟资助和推动阶段计划的实施，这三部计划均将教育作为拉欧的重点合作领域并一以贯之。这三部计划不仅说明了资金具体的投向，而且还说明了具体的实施项目。

（一）拉欧区域间合作议程设定的路径保障

拉欧区域间主要合作议题是通过拉欧领导人峰会商讨，决定优先合作领域；在与子区域和国家的合作过程中，欧盟与各国政府或者子区域负责机构进行进一步商讨以确认优先合作领域。

---

① 吉塔·斯塔奈哈姆泽 . 政策借鉴与传播：构建比较政策学的核心研究领域[J]. 刘骥，译 . 比较教育研究，2015(4)：7–14.

② José E. Durán Lima , Ricardo Herrera, Pierre Lebret, Myriam Echeverría. La Cooperación entre América Latina y la Unión Europea. Una Asociación para el Desarrollo [R]. Santiago de Chile, 2013:23.

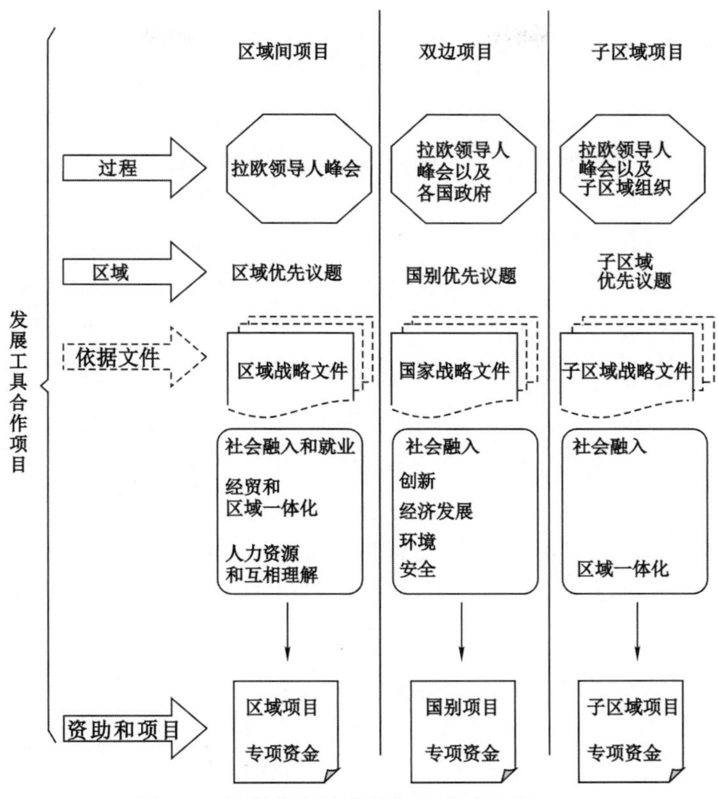

图5-7　欧盟资助拉美发展合作路线图

资料来源：José E. Durán Lima, Ricardo Herrera, Pierre Lebret, Myriam Echeverría. La Cooperación entre América Latina y la Unión Europea. Una Asociación para el Desarrollo [R].Santiago de Chile, 2013:21.

1. 拉欧合作的“史前时期”（公元2000年以前）：促进公民发展的微观层面合作

拉欧从20世纪90年代开始陆续开展了一些高等教育领域的尝试性合作，主要还是依托国家的双边合作和少量的子区域合作，大多数合作多为促进公民发展的微观层面合作，如促进拉欧高等教育机构间人员交流的ALFA计划，促进高等教育机构间高水平人才交流的奖学金ALBAN计划。这些计划的开展得益于拉欧战略性对话机制的建立，拉欧历届领导人峰会推动了计划的设置和开展。[①]2002年的马德里峰会上确定了高等教育和社会信息的议题，欧盟在拉美设立了专项合作计划@lis计划和ALBAN计划，2004年瓜达拉哈拉峰会又推动了国家层面EURO sociAL计划的实施。这些计划都是根据区域优先发展的原则，为了解决拉欧区域间共同面临的最棘手问题，遵循专项转款的执行原则。

2. 拉欧合作的“萌芽期”：《2002—2006年阶段计划》

从1999年里约峰会到2002年，拉欧区域间高等教育合作渡过了三年的磨合期，通过上述计划的实践，拉欧在高等教育合作领域积累了一定的经验，在拉欧制度性对话进入第三年之际，欧盟针对拉美制定了《2002—2006年阶段计划》。在该项计划中，除延续20世纪90年代成立的一些计划外，如ALFA计划和@lis计划外，欧盟针对拉美的发展需求设定了四个优先合作领域并为此开设了专属计划。这四个领域分别是加强公民社会网络的伙伴关系、缩短社会差距、减少自然灾害以及建立战略合作伙伴的辅助计划，其中前两个领域与高等教育合作直接相关，所涉及的计划包括ALFAII计划和ALBAN计划等。[②]除了上述专属计划外，欧盟践行高等级教育国际化的伊拉斯谟世界计划也在2005—2006年期间为拉美颁发了137个奖学金名额。[③]2006年的拉欧领导人峰会上，与会代表对已有计划进行了评估，并一致认为拉欧之间有必要在现有的计划基础上，进一步加大资源配备，深化合作改革，继续支持现有项目如@lis计划、ALFA计划、ALBAN计划等的推进，并且以现有计划为基础努力扩大合作范围，计划惠及更多的受益者和参与者。[④]

---

① Florisbela María Guimarães Nogueira Meyknecht. La Cooperación de la UE a los Países de la CELAC en la Implementación de las Políticas de Acceso a la Educación Superior y en la Internacionalización Académica[A]. Segunda Cumbre Académica Comunidad de Estados Latinoamericanos y Caribeños y la Unión Europea. Construyendo el Espacio Común de Educación Superior, Ciencia, Tecnología e Innovación para la Asociación Estratégica Birregional[C]. Bélgica, 2015:120.

② Comisión Europea. América Latina Documento de Programación Regional 2007–2013[R].Bruselas, 2007:11.

③ Comisión Europea. América Latina Documento de Programación Regional 2007–2013[R].Bruselas, 2007:14.

④ III Cumbre América Latina y el Caribe– Unión Europea. Declaración de Guadalajara[R].Guadalajara, 2004:13.

3. 拉欧合作的“发展期”：《2007—2013年阶段计划》

在2006年欧盟颁布的《2007—2013年阶段计划》中，社会融入、区域一体化和人文交流成为该阶段优先发展领域，[①]其中涉及医疗健康、教育、性别、儿童和青少年保护、就业、社会融入、文化等促进人类和社会发展的相关议题。

2004年和2006年的拉欧领导人峰会为该项阶段计划的颁布做了充分准备工作，在这两届峰会上均将社会融入、减少社会贫困作为主要议题进行讨论，会议督促各国政府加大对公共经费的投入，改善公共政策环境，重新分配公民收入以减小社会贫富差距等。同时，欧盟的发展合作项目的主要理念也是通过与欠发达国家的合作，帮助其减少贫困、缩小社会差距、促进社会融入性增长。[②]不难看出，区域间领导人都十分重视社会融入性的发展。因此，拉欧在该领域的合作继续依托EUROsociAL计划和URB-AL计划，并将过去项目实践中积累的经验应用到其他层面的合作，如尝试与安第斯共同体国家合作，开展社会发展综合计划（Plan Integrado de Desarrollo Social），促进子区域的社会融入性发展。

区域一体化发展是该阶段拉欧区域间合作的第二个主要领域，在加强拉美和欧盟的区域合作过程中，同时也注意加强与南方共同市场国家、安第斯集团国家和中美洲国家的子区域合作。拉欧区域间继续开展如AL-INVEST计划和@lis计划，提高区域的信息技术水平，促进科研、高等教育和能源方面的合作与开发。拉欧学术委员会执行秘书处委员卡洛斯·齐楠强调拉欧的合作需要打破区域间的合作壁垒，建立相互信任关系，帮助拉美迅速增强技术、教育和科研创新能力，与欧盟开展更加平等的对话关系。[③]通过推动区域间人员流动、高等教育机构与企业间的交流，拉欧建立起更加稳固的合作关系，促进区域间长期稳定的发展。

促进人文交流，增加人才储备是拉欧合作的第三个主要领域。随着

---

① Comisión Europea. América Latina Documento de Programación Regional 2007-2013[R].Bruselas, 2007:16.

② Comisión Europea. América Latina Documento de Programación Regional 2007-2013[R].Bruselas, 2007:17.

③ Carlos Quenan. Introducción[A]. Primera Cumbre Académica Comunidad de Estados de América Latina y el Caribe-Unión Europea. Hacia un Espacio Eurolatinoamericano para la Educación Superior, Ciencia, Tecnología e Innovación[C].Chile, 2013:61.

国际竞争日益激烈，人才培养和储备成为拉欧两个区域发展面临的共同问题和挑战。通过高等教育的交流与合作，加强对拉欧区域人才的培养，提高区域竞争力。同时，人才作为交流的桥梁进一步促进和加深区域间的互信和互通。拉欧在已有ALFA计划的基础上，通过欧盟对外高等教育计划伊拉斯谟世界计划，继续开展拉欧之间的高等教育合作。伊拉斯谟世界计划通过奖学金的发放，鼓励拉美就读于硕士和博士阶段的学生到欧盟学习深造。而ALFA计划更倾向于学校能力建设方面，除了鼓励学生的交流和学习外，更加倾向于区域间教师的经验交流。

4. 拉欧合作的"转型期"：《2014—2020年阶段计划》

欧盟的发展合作项目已经成为拉欧开展合作的重要指导纲领。① 2002年到2013年期间，欧盟通过该项目已经向拉美投入了近40亿欧元的支持。在这一时期，由于"南南合作"的兴起以及《巴黎援助有效性宣言》（*Paris Declaration on Aid Effectiveness*）的颁布，越来越多的发展中国家也开始活跃在国际舞台上，成为发展合作的行为体。在此背景下，欧盟的发展与合作项目也出现了较大的变化，采取了协作、互补和一致的合作原则，并且引入了新的投资模式，增加私人资本的注入，增加补贴和贷款的款项份额。在与拉美的合作中，进一步加强同拉美区域的合作，尤其是次区域与国家间的合作。②与此同时，欧盟为了保障合作效益最大化，较之前的计划缩减了项目合作数量，避免了合作领域过多、分散资金的使用效率、合作效果不佳的尴尬局面。该阶段核心合作领域为两类：①人权民主以及治理；②一体化可持续发展及人力资源培养。③（高等）教育合作被视为缩小贫富差距、促进社会融入发展的基石，为青年提供高质量的教育服务，通过学习和交流培养他们必要的技术能力，以便更好地进入劳动力市场，因此被列入第二个核心合作领域，与社会保护、健康和就业划分到同一个议题中。

① Comisión Europea. Instrumento de Cooperación al Desarrollo (ICD) 2014-2020. Programa Indicativo Plurianual Regional para América Latina[R].Bruselas, 2013:1.

② 何塞·安东尼奥·萨纳乌哈 . 欧盟—拉美合作对欧盟政策的挑战[A]. 克敏，牛海彬，主编 . 中国、欧盟与拉丁美洲：当前议题与未来合作[M]. 上海：上海人民出版社，2011：30.

③ Comisión Europea. Instrumento de Cooperación al Desarrollo (ICD) 2014-2020. Programa Indicativo Plurianual Regional para América Latina[R].Bruselas, 2013:5-6.

表5-8　《2014—2020年阶段计划》涉及的核心合作领域

核心领域	主要议题
人权民主以及治理	民主和人权
	男女平等，女性教育
	公共服务管理
	财政管理
	贪污
	社会和地方管理
	自然资源
	发展与安全
一体化可持续发展及人力资源培养	社会保护、健康、教育和就业
	企业氛围、区域一体化和国际市场
	农业和能源可持续发展

资料来源：José E. Durán Lima, Ricardo Herrera, Pierre Lebret, Myriam Echeverría. La Cooperación entre América Latina y la Unión Europea. Una Asociación para el Desarrollo [R].Santiago de Chile, 2013:119-121.（根据上述资料整理而成）

（二）拉欧区域间合作议程实施的资金保障

欧盟的发展与合作项目的议程预算，强调了拉欧区域间议程的合作重点和分配模式的阶段性特点以及发展趋势，是拉欧合作的“风向标”。通过对议程预算的分析，可以更加直观地了解欧盟对拉美的合作发展战略以及核心领域。

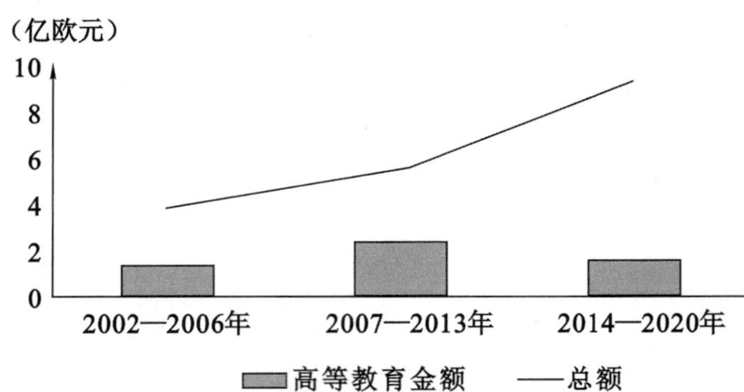

图5-8　2002—2020年欧盟在拉欧区域间合作投入总金额以及在高等教育领域的投入

资料来源：根据《2002—2006年阶段计划》《2007—2013年阶段计划》《2014—2020年阶段计划》中的数据绘制而成。

欧盟是支持拉美区域一体化发展为数不多的国际机构。从2002年到2020年近20年的时间里，欧盟颁布了三个阶段性计划，第一阶段预算总额为3.87亿欧元，第二阶段为5.56亿欧元，第三阶段为8.05亿欧元，欧盟对拉美的合作投入逐步增加，高等教育合作投入分别为1.4亿欧元、2.23亿欧元和1.63亿欧元。第一、二阶段欧盟开设了拉美专项高等教育合作项目，在2014—2020年阶段欧盟进行了高等教育领域的改革，将过去的教育、体育、文化、对外合作等项目整合成“伊拉斯谟+”计划，进行统一管理和运营。随之，拉美专项高等教育合作项目结束，拉欧高等教育合作依托欧盟面向全世界的“伊拉斯谟+”计划继续开展合作。在这个阶段，欧盟对拉美在高等教育领域的投入第一次下降，虽然该阶段预算比上一阶段增长了，但是高等教育的投入金额却下降了，说明高等教育领域在拉欧区域间合作中的重要性在下降。

2000年，在法国巴黎召开的拉美及加勒比和欧盟教育部部长会议提出了建立拉美及加勒比和欧盟高等教育区的设想，欧盟在已有的拉美高等教育专项计划ALFA计划基础上，进一步扩大合作，2002年启动了促进拉美高端人才流动的又一个专项计划——ALBAN计划。欧盟希望通过这两个拉美的专设计划，进一步夯实拉欧在高等教育领域的合作，尽快使拉欧高等教育区这一设想得以实现。在《2002—2006年阶段计划》预算中，这两个计划总预算为1.4亿欧元，约占该阶段总预算的36%。

表 5-9　《2002—2006 年阶段计划》预算

主要议题	主要计划	金额（百万欧元）
社会和区域融入	EUROsociAL/URBAL /Euro-Sola/自然灾害	136
区域一体化	AL-INVEST/@LIS	109.5
人文交流/高等教育	ALFA/ALBAN	140.5
智库	Observatorio	1.5
总计		387.5

资料来源：Comisión Europea. América Latina Documento de Programación Regional 2007-2013[R]. Bruselas,2007:11.（根据上述资料整理而成）

《2007—2013 年阶段计划》高等教育合作项目内容主要包括：①加强高等教育机构管理能力建设；②加快拉欧区域间高等教育学位、学历和文凭互认制度的建立，促进科研人员与学生的流动；③加强高等教育机构之间的信息共享，协同创新发展；④促进高等教育机构、科研机构和企业之间的合作，促进成果转换；⑤提高高等教育的公平发展，提高女性入学率，加大对欠发达国家的高等教育支持力度。[①]本阶段欧盟继续推动拉欧区域间高等教育人才的流动，将人员流动视为促进拉欧区域间互信互通、提高教育质量、促进社会公平发展的重要途径。此外，该阶段计划还特别关注中低收入人群受教育问题，特别增加了对低收入人群的奖学金名额。[②]

表 5-10　《2007—2013 年阶段计划》预算

主要议题	主要计划	金额（百万欧元）
社会和区域融入	EUROsociAL/URBAL /禁毒/环境保护	194
区域一体化	AL-INVEST/@LIS	139
人文交流/高等教育	ALFA/伊拉斯谟世界计划	223
总计		556

① Comisión Europea. América Latina Documento de Programación Regional 2007-2013[R].Bruselas, 2007:26.

② Comisión Europea. América Latina Documento de Programación Regional 2007-2013[R].Bruselas, 2007:26.

资料来源：Comisión Europea. América Latina Documento de Programación Regional 2007–2013[R]. Bruselas, 2007:29.（根据上述资料整理而成）

ALFA计划和ALBAN计划结束之后，欧盟对拉美设置专项高等教育议程终止。2014年，欧盟为了满足高等教育国际化发展需求，对高等教育管理体系进行资源整合，将原有的对内“终生学习计划”、对外的五个子项目以及非教育类的青年行动计划和新体育行动计划统一合并成为“伊拉斯谟+”计划。“伊拉斯谟+”计划实施的前一年即2013年，拉欧学术峰会提出了将原有的拉欧高等教育区的设想升级为拉欧高等教育、科学、技术和创新区。升级版的拉欧高等教育区的建设依托“伊拉斯谟+”计划，继续促进高等教育机构的人员流动，加强创新领域的合作以及经验交流，提高高等教育质量以及增强人才竞争力。

表5–11　《2014—2020年阶段计划》预算

区域	主要议题	金额（百万欧元）
拉丁美洲	安全与发展	70
	管理、问责制和社会公平	42
	人类综合和持续发展	215
	可持续环境保护和环境变化	300
	高等教育（“伊拉斯谟+”计划）	163
	支持措施	15
总计		805

资料来源：Comisión Europea. Instrumento de Cooperación al Desarrollo （ICD） 2014–2020. Programa Indicativo Plurianual Regional para América Latina[R]. Bruselas, 2013:19.

欧盟除了通过自身的金融体系向拉美给予资金支持外，同时与一些国际金融组织合作，如拉丁美洲和加勒比经济委员会（Comisión

Económica para América Latina y el Caribe, CEPAL）[①]、欧洲投资银行（European Investment Bank，EIB）[②]等。相比前者，欧洲投资银行涉及的领域较为广泛，包括高等教育、基础设施建设、城市通信等，并且早在1993年欧洲投资银行就开始与欧盟开展合作。接受欧洲投资银行帮助较多的国家是巴西、阿根廷、墨西哥、巴拿马和秘鲁。[③]

---

① 拉丁美洲和加勒比经济委员会(Comisión Económica para América Latina y el Caribe, CEPAL),成立于 1948 年,当时称拉丁美洲经济委员会,1984 年改为现名。拉美经委会是联合国经社理事会下属五个区域性分支机构之一,其主要职能是促进拉美国家经济与社会的发展,推动本区域各国之间的经济合作。总部设在智利首都圣地亚哥。

② 欧洲投资银行(European Investment Bank,EIB),是欧洲经济共同体成员国合资经营的金融机构。根据 1957 年《建立欧洲经济共同体条约》(《罗马条约》)的规定,于 1958 年 1 月 1 日成立,1959 年正式开业。总行设在卢森堡。该行的宗旨是利用国际资本市场和共同体内部资金,促进共同体的平衡和稳定发展。为此,该行的主要贷款对象是成员国不发达区域的经济开发项目。从 1964 年起,贷款对象扩大到与欧共体有较密切联系或有合作协定的共同体外的国家。

③ Comisión Europea. América Latina Documento de Programación Regional 2007-2013[R].Bruselas, 2007:16.

第六章 拉欧区域间高等教育合作成效与集体认同

拉欧行为体“身份”、利益分配、合作重点、制度建设等互动进程均影响到拉欧区域对“自我”以及对“他者”的认知。因此，拉欧在互动进程中的集体认同程度可谓区域间合作的效果体现。尽管区域间主义的进程并不必然促进集体认同的形成，但作为一种区域间日益紧密的制度化结构和重要的认知进程，区域间的合作和交往至少可以强化原有的区域认同。[①]

2013年，拉欧领导人峰会进入新的合作期，拉美及加勒比和欧盟领导人峰会更名为“拉美及加勒比国家共同体和欧盟领导人峰会”，自此，拉欧区域间的合作关系从“组织对区域”较为松散的合作变为“组织对组织”更加紧密的合作模式。高等教育合作也随着拉欧关系的升级而升级。在拉欧合作的官方文件、学者文章中存在一个共识，即拉欧高等教育合作是建立在一系列共有文明、历史和文化价值观基础之上的。新的拉欧高等教育合作关系的建立，从总体上来看不管是对拉美还是对欧盟，都有助于扩大各自在国际高等教育领域的影响力以及增强竞争力。但是，2005年拉欧各国教育部部长提出的2015年建成拉欧高等教育区的时间节点距本书写作时已经过去了4年，拉欧高等教育区仍在建设中。因此在合作过程中，两极分化的声音逐渐出现，产生了“乐观说”和“悲观论”。持有乐观态度的一派认为拉欧属于天然的盟友关系，在很多方面拥有相同的价值观和理念，这为拉欧高等教育合作的道

① 王翠文．地区间主义视角下欧盟与南方共同市场的合作[J]．南开学报(哲学社会科学版)，2016(6)：48-59.

路扫清了障碍。但是，悲观论的一方却认为，尽管拉欧双方拥有很多共同点，但是拉欧之间在高等教育发展水平、机构能力、社会发展等方面具有较大差异性，拉欧高等教育区是一项“不可能完成”的任务。[①]

笔者认为，任何一种极端的观点都是不可取的，在探讨拉欧高等教育合作所取得的成效时，就必须超越时间和空间的限制，对拉美和欧盟的合作从更加久远的时间和维度，以及影响拉欧集体认同的内部和外部关系的变化进行分析。本章将以希尔提出的用以分析欧盟对外合作关系效果的“能力—期望差距”理论[②]，采用能力维度下的三个要素即凝聚力、手段和资源，编制了访谈提纲，对拉欧高等教育区建设的决策者、管理者和参与者等18人进行了访谈，整理访谈资料，并结合文献分析哪些重要的“传导机制”加强了拉欧区域间的高等教育合作效果，强化了拉欧区域的集体认同；又存在哪些挑战，削弱了区域间的集体认同。

第一节　拉欧区域间高等教育合作成效及其对集体认同的促进

拉欧领导人峰会通过《里约宣言》宣布了拉欧新型战略伙伴关系的建立，同时为拉欧高等教育合作建立了内部系统的保障机制。拉欧高等教育合作近20年，对社会、高等教育机构以及个人的发展都产生了不同程度的促进作用。

一、建立制度性对话机制：保障“非对称性”关系长期稳定发展

制度对拉欧区域间高等教育的推进起到至关重要的作用。拉欧领导人峰会和拉欧学术峰会作为最重要的制度，为拉欧高等教育合作建构起常规化的对话方式。

---

① Carlos Malamud. Las Relaciones entre la Unión Europea y América Latina en el Siglo XXI: entre el Voluntarismo y la Realidad[J]. Plataforma Democrática, 2010(7):1-34.

② Christoper Hill. The Capability-Expectation Gap, or Conceptualizing Europe's International Role[J]. Journal of common Market Studies, 1993(31):315.

（一）建立稳定的制度性对话机制

1999年的第一届拉欧领导人峰会，开启了拉美和欧盟区域间正式的对话制度，但这并不是拉欧的第一次合作对话，早在20世纪70年代，拉欧之间就已经以不同形式陆续开展了对话合作，这些都为现在的拉欧合作奠定了基础。

1.“史前时期”的对话奠定了拉欧合作基础

所谓“史前时期”，就是指1999年拉欧领导人峰会制度建立之前，这并非笔者创造的词汇，而是一位受访者在接受笔者访谈时经常使用的词汇，笔者认为这个比喻十分形象，便借以使用。1999年拉欧领导人峰会制度的建立，改变了拉欧区域间的合作模式，是历史性的飞跃，因此1999年之前的拉欧合作时期被称作“史前时期”。

“史前”时代的拉欧对话开始于20世纪70年代，通过经济贸易合作开启了拉欧的合作之路。1974年，拉美议会和欧洲议会启动了拉欧之间第一次对话进程。1984年的“圣何塞对话”使拉欧区域间对话更加制度化，该对话不仅解决了中美洲的武装冲突危机，而且帮助拉欧建立起了更加信任的合作关系，为随后的欧盟与里约集团的合作铺平了道路。拉欧“史前时期”的合作一直倡导“长期互赢”的合作理念，这一理念为拉欧日后合作起到了重要的指导作用。

> 从20世纪70年代起，欧盟就开始与拉美开始了子区域的合作，20世纪80年代，欧盟很好地协助拉美解决了中美洲的冲突问题，20世纪90年代巩固了与拉美的外交关系，丰富了合作内容。这一系列的合作，我称之为“史前合作”，为1999年的拉欧峰会制度的建立奠定了基础。【CAB/GP-ESP-Aldecoa】①

如果说20世纪70年代到80年代拉欧之间的合作处于“试水阶段”，那么到了90年代就进入了“深度试水阶段”，拉欧合作领域更加广泛，制度也更加完善。在这一时期，西班牙和葡萄牙成为推动拉欧合作的两台重要“发动机”。1990年，拉欧区域间首次尝试制度性对话，并且签署了《罗马宣言》，借此，拉欧之间的合作已经从一般的商业合作发展

① 访谈资料。访谈情况见附录11。

成为政治性对话。1995年，欧盟向议会提交了一份题为《欧盟与拉美：现状和加强合作的愿景（1996—2000）》的报告，这是欧盟撰写的第一份专门针对拉美的政治合作报告。报告中强调，经过多年尝试性合作，拉欧是时候在政治和经济领域建立战略性合作关系了。[①]

> 从20世纪90年代中期开始，拉欧合作开始呈现出区域间主义的雏形，这个雏形是在拉美的区域主义和欧盟的新区域主义"图景"基础上形成的。在过去的十多年的时间里，区域主义一直是拉美和欧洲各自发展的理论依据，在此基础上双方力求寻找突破，建立一个更具有创新性的合作模式，试图建立更加长期且稳定的区域间战略合作模式，建立拉欧的高层对话机制，建立南北合作的"典范"。【GP-BRA-Pires】[②]

2. 制度性对话使拉欧区域间高等教育长期合作变成可能

"史前时期"对话模式为拉欧合作奠定了基础，1999年在巴西里约热内卢召开了拉美和欧盟的第一届领导人峰会，这是拉美和欧盟历史上第一次凝聚大西洋两岸的61个国家、超过全球10亿人口的全球大型合作联盟。在第一届拉欧领导人峰会上，与会领导人共同颁布了《里约宣言》，自此，拉欧区域间建立起了制度性战略合作伙伴关系，在传统的"三大合作支柱"政治、经济和贸易的基础上，加强了文化、教育和社会方面的平等性对话与合作。

> 峰会制度的优势就在于合作关系的共建能力以及合作领域的高度，使得拉美与欧盟的合作变成可能。在峰会制度的框架下，拉美和欧盟各国在合作中寻求共赢。【CAB-BEL-Ghymers】[③]

正如本书第三章所分析的，拉欧区域间高等教育合作基础是区域间的权力平衡，在权力相互制衡和利益共享的基础上才可以实现稳定长远

① Dearrollando Ideas Llorente, Cuanca. ¿Hacia Dónde Debería Caminar la Relación Estratégica entre la UE y América Latina y el Caribe?[R]. Madrid, 2015:9.

② 访谈资料。访谈情况见附录11。

③ 访谈资料。访谈情况见附录11。

的合作。区域间制度的建设是权力平衡的一种既有形式，[①]反之制度的建设就成为促进权力进一步平衡的有效机制。同时，拉欧区域间高等教育制度建设过程是将拉欧合作规范化的过程。因此，合作一旦制度化，就势必对行为体的行为进行规范，行为体不可以根据个人的偏好和价值观自由行事，因为制度化是集体行为，一定要根据集体共同协商达成一致的制度内容而行事，它在一定程度上反映了集体的集体认同，以保障合作制度的顺利进行。也就是说，拉欧区域间高等教育合作的制度化建设保障了高等教育合作的稳定性、一致性以及可持续性。

> 拉欧高等教育合作的区域间制度建设工作，保障了拉欧高等教育合作中的平衡关系，通过双方共同对高等教育合作议题的协商，进一步巩固了拉欧高等教育的合作意愿。从2000年拉欧教育部部长会议到2013年的拉欧学术峰会，不难看出随着拉欧制度性对话的深入，双方的合作领域也在不断扩宽，根据双方发展的现实需求，将原有的拉欧高等教育区的职能范围从单纯的高等教育合作扩展到了高等教育、科学、技术和创新领域的协同合作，可见制度性对话的有效性。【GP-ARG-Conejeros】[②]

（二）多层级合作模式满足多方利益诉求

美国著名国际关系学者亚历山大·温特（Alexander Wendt）认为，制度效应有助于重塑和催生共同体利益。[③]拉欧高等教育通过制度性合作建设形成了多层级的合作模式，在最大程度上满足了利益相关者的诉求。

1. 多边会议制度

拉欧在高等教育合作过程中，建立起共同商讨以求解决问题的方式，即多边会议制度。拉欧区域间合作的最高级别会议拉欧领导人峰会每两年举办一次，该会议对拉欧关系起到了全局统领性作用。在教育领

① 郑先武．区域间主义治理模式[M]．北京：社会科学文献出版社，2014：87.

② 访谈资料。访谈情况见附录 11。

③ Alexander Wendt. Anarchy is What Make of it: The Social Construction of Power Politics[J].International Organization，1994(2): 384-396.

域，下设每两年一次的拉欧学术峰会（2013年以前为教育部部长会议，每五年一次）、学术峰会准备会议、永久学术论坛等执行拉欧领导人峰会教育议题的最高指令。同时，学术峰会负责合作计划、宣言、对话协定等制度性文件的颁布，这些文件明确了拉欧区域间合作的具体目标以及任务，文件内容的筹备和执行则由学术峰会准备会议、永久学术论坛等补充会议来完成。随着每两年一次的拉欧学术峰会的召开，拉欧高等教育领域的合作不断制度化和细化，在2013年成立了学术委员会、咨询委员会、执行秘书处等行政机构。每届拉欧学术峰会后，学术委员会、咨询委员会和执行秘书处负责对上一届学术峰会进行总结，并准备下一届学术峰会以及学术峰会准备会议的相关工作。这种多边会议制度形式，最大程度照顾到多方利益攸关者，并将这些利益攸关者通过会议制度形式建立起合作伙伴关系，调动起所有人的参与感和积极性。

2. 多层治理模式

拉欧高等教育合作涉及十分复杂的结构关系和多方面的利益诉求，因此拉欧在不断寻找一条最优合作路径，多层次的治理模式成为拉欧高等教育合作的又一大特点。在多层次治理模式中，由于超国家组织的中央权力分散，因此出现了向上到达超国家层面、向下到达次国家层面、横向公共和私人部门转换的网状决策结构。[①]拉欧从教育部部长会议到学术峰会，从《里约宣言》到《布鲁塞尔宣言》，再到拉欧高等教育区的构建，都是一个政策“自上至下”和“自下至上”相结合的实施过程。

拉欧学术峰会颁布的各类宣言、行动计划等是政策“自上至下”制定和实施的过程。拉欧领导人峰会确定教育领域的合作方向，拉欧学术峰会层面解读领导人峰会意图并根据其要求制订相关的教育行动计划并制定宣言，拉欧高等教育合作最高机构学术委员会负责行动计划的颁布，执行秘书处负责后续的监督和指导工作，而各国政府主要负责各项政策的执行工作。随着拉欧高等教育合作的不断深入，拉欧峰会的与会人员也从最初的教育界政府人员逐步向各国高等教育机构的校长、行政人员以及相关领域的研究人员开放，并且邀请政府间组织、非政府组织、高等教育机构、教育组织以及相关利益群体共同参与高等教育区的

① 张惠. 博洛尼亚进程中的欧洲学生流动与社会变革研究[D]. 华中师范大学，2014:83.

监理工作。在学术峰会上，就拉欧高等教育合作过程中存在的问题和遇到的阻力进行探讨，借鉴各国成功经验，发掘进一步合作的可能性，进而推动了拉欧高等教育合作政策的制定，同时形成了“自下至上”的治理模式。

二、确定持续性议程：确保区域间合作的合理性

（一）参与拉欧高等教育区建设的机构和人员保障

拟建成的拉欧高等教育区的规模超过了世界上任何一个高等教育组织联盟，它涵盖了拉美的33个国家和当时欧盟的28个国家，人口超过了世界总人口的六分之一。在2013年智利圣地亚哥举办的第一届拉欧学术峰会上，共有来自两个区域的220多个高等教育和行政机构的650多名官员、专家和学者参加。[①]从2000年第一届拉欧教育部部长会议到2017年的第三届学术峰会，每一届都颁布了宣言以及阶段性计划。尤其是自2013年拉欧学术峰会建立以来，每届峰会举办前都会举办两到三次的准备会议，以确保正式会议的顺利进行。参与会议的机构除了拉欧负责高等教育事务的高等教育部或教育司、各高等教育机构外，还会得到主办方和国际组织、区域组织的支持。如第一届在智利圣地亚哥举办的拉欧学术峰会，主办国智利全权将该次会议授权智利中央大学（Universidad Central de Chile）举办，该大学的校长也担任了学术峰会的名誉主席，同时第一届学术峰会还得到了拉美和欧洲国际关系研究中心（Centro Latinoamericano para las Relaciones con Europa）和拉丁美洲研究中心（Instituto de las Américas）的支持。第一届学术峰会的第一次准备会议在巴黎举办，由美洲研究中心主办。第二次准备会议在秘鲁利马举办，由秘鲁工程师学院（Colegio de Ingenieros del Perú）和秘鲁大学战略联合会（Asociación Estratégica de Universidades）共同主办。每一次准备会议都有近百人参加，参与者为各自代表机构发声，就正式会议的双边、区域和区域间的合作议题进行充分讨论并且交换意见。在学术峰会主会场外，各永久反思小组还会召开分会场会议。多机构参与的形式形成了多

---

① Patricio Leiva. Introducción[A].Primera Cumbre Académica Comunidad de Estados de América Latina y el Caribe- Unión Europea. Hacia un Espacio Eurolatinoamericano para la Educación Superior, Ciencia, Tecnología e Innovación[C].Chile, 2013:18.

边会议制度，这种形式可以使利益相关者协作以寻求利益最大化，充分调动参与者的主人翁意识。

（二）欧盟对外高等教育合作项目以及为拉美设置的专项项目

历经七届拉欧最高级别领导人会议，无一例外，各国领导人均将教育、职业培训、科学、技术和创新视为促进拉欧区域发展的重要支柱，并且高度认可教育行为对人类发展、经济进步、社会融合、区域一体化以及国家行为体参与国际事务的重要意义。[①]拉欧的学术活动一直依托欧盟颁布并推动实施的ALFA计划、伊拉斯谟世界计划（2014年以后的“伊拉斯谟+”计划）、第七框架计划（2014年以后“地平线2020”计划）来实现高等教育、科学、技术和创新领域的合作，共同推进高等教育区的建立。早在1994年，拉欧就通过ALFA计划寻求区域间的高等教育合作。以ALFA计划三期为例，四年间共实施了51个项目，涵盖了拉欧的494个学术机构，涉及提高高等教育入学率、高等教育现代化、知识转化、合作联盟的监理等领域，这些合作均为拉欧高等教育区的建立奠定了基础，积累了合作经验。再如伊拉斯谟世界计划，在实施的八年间共向拉美的1886名学生发放了奖学金，占伊拉斯谟世界计划奖学金总名额的13.5%。[②]欧盟推动的这些高等教育项目宛如拉欧区域间的一道桥梁，使拉欧区域间的交流变成可能。

（三）欧盟对拉美长期的资金支持

拉美一直通过欧盟的发展合作工具项目、ACP计划以及“地平线2020”计划获得项目合作经费，也正是这些经费才使得拉欧的高等教育合作得以开展。在过去近十年的时间内，欧盟通过发展合作工具项目向拉美资助近9.43亿欧元，用于高等教育合作领域的有3.63亿欧元。拉欧高等教育合作过程中，欧盟是主要的出资方，拉美在合作过程中处于较为被动的角色，因此欧盟的资助成为拉欧高等教育合作的重要“原动力”。

① Patricio Leiva. Introducción［A］.Primera Cumbre Académica Comunidad de Estados de América Latina y el Caribe- Unión Europea. Hacia un Espacio Eurolatinoamericano para la Educación Superior, Ciencia, Tecnología e Innovación［C］.Chile，2013:15.

② David Miranda. La Construcción del Espacio Común de Educación Superior ALCUE. Propuestas para un Proceso de Institucionalización［EB/OL］.https://dialnet.unirioja.es/descarga/articulo/4588217.pdf, 2018-07-11.

我们和欧盟的合作项目多为两种形式，一种是参与式项目，另一种是合作式项目。参与式项目就是欧盟全权资助项目，并对项目的进度有绝对的控制权；另一种是合作式项目，双方共同出资完成项目，但通常情况下拉美出资比例较小。项目经费对项目的实施至关重要。【CAB-PRY-Ibáñez】①

三、增加入学机会：促进社会包容性发展

教育是经济增长的助推器，更是促进社会包容和公平发展的重要手段。②拉美是世界上发展最不平等的区域之一，因此，在拉欧高等教育区建设过程中，拉欧一直将教育视为社会更具凝聚力和更具包容性发展的“引路者”。③拉欧高等教育区实施了拉美社会公平和社会包容大学间框架项目（RIAIPE 3），该项目改善了拉美欠发达国家的高等教育资源匮乏状况，弱化了因为社会经济背景而造成的入学机会不平等问题。RIAIPE 3项目资助家庭经济情况困难的学生，共有来自拉美13个国家和欧盟6个国家的30多所院校加入该项目。欧盟为参与该项目的拉美国家架设了远程教育设备，为学生远程学习提供了可能性。如洪都拉斯国立自治大学（Universidad Nacional Autónoma de Honduras）利用自身教育资源，在欧盟的资助下建立了洪都拉斯远程教育课程，成立了电信中心大学（Telecnetros Universitarios），为居住在偏远山区的学生提供学习机会。目前，洪都拉斯已经拥有三所电信中心大学，其中一所建立在印第安人聚集区。④

另一个促进拉美融入性发展的CID项目（Proyecto de Conocimiento,

① 访谈资料。访谈情况见附录11。

② 经济合作与发展组织中心,联合国拉丁美洲和加勒比经济委员会, CAF—拉丁美洲开发银行主编 . 拉丁美洲经济展望(2015)——面向发展的教育、技术和创新[M]. 北京:社会文献出版社, 2015:2.

③ Norberto Fernández Lamarra. La Convergencia de la Educación Superior en América Latina y su Articulación con los Espacios Europeo e Iberoamericano. Posibilidades y Límites[J]. Avaliação, Campinas, 2010(15): 9-44.

④ CIE. CIE- ALFA- RIAIPE [EB/OL].http://www.cie- ucinf.cl/2011/09/cie-% E2%80%93-alfa-%E2%80%93-riaipe/, 2017-08-12.

Inclusión, Desarrollo）培训职业技术工人，帮助失业人员获得新的职业技能，重新回归工作岗位。参与该项目的地区，必须拥有一所大学，具有专业人员培训能力。该项目在各地区具体执行时制定地区协议，根据该地区的经济发展特点制定实施方案，每个项目建立一个地区委员会，该委员会兼顾失业人员和当地雇主的实际需求，开设职业技能培训项目。委员会一般由当地政府机构、工会组织、工人代表、社会组织人员以及保护弱势群体、妇女和儿童的非政府组织工作人员组成。CID项目在巴拉圭实施时与亚松森国立大学（Universidad Nacional de Asunción）合作，在距离巴拉圭首都亚松森100千米、拥有3.3万人口的卡拉佩瓜（Carapeguá）进行鞋制造业服务培训。该地区拥有初级的皮革和鞋制造业工艺，但是长期以来缺少合格的技术工人，因此在销售和制造方面都不具有竞争优势。鉴于此，根据当地的鞋业发展需求，该项目首先聘请专业人员对当地销售人员进行培训，其次对当地工人进行技术培训，需要特别指出的是该培训尤其面向弱势群体，为他们提供更多的培训机会，增加弱势群体的就业机会，帮助他们增加自信，改善生活。①

> CID项目培训方案设计从当地实际情况出发，方案设计实现了“自下至上”的需求满足。该项目不仅增加了在职劳动力的竞争力，同时给失业人员提供再培训机会。卡拉佩瓜的培训模式已经在巴拉圭的其他省份和拉美的其他国家进行推广。CID项目已经对8000多名女性进行了培训，其中一半以上年龄在40岁以上，延长了当地的劳动力年限。120个公共机构加入CID委员会，共同参与培训方案的制定和实施。180个社会组织参与保护女性和弱势人群权益，为未能进入学校接受教育的人群提供了继续教育的途径。【IN-CUB-Taquchel】②

四、搭建产学研平台：提高创新驱动力

随着生产的碎片化和全球价值链的发展，各国间的相互依赖程度不

① Comisión Europea. ALFAIII. Una Apuesta a la Equidad Social y la Integración entre América Latina y la Unión Europea[R].2014:18.

② 访谈资料。访谈情况见附录11。

断提升，创新成为发展竞争力的重要因素。[①]拉欧高等教育区长期致力于增强教育与创新之间的互补性关系，不断更新科学、技术和创新方面的合作议程。ALFA计划中的KickStart子项目就是一个旨在为培养具有创新力的人才而搭建的经验交流平台，希望通过创新累积社会财富进而提高生活质量，打造拉欧区域的“创新社会”。来自拉美和欧盟的九所大学得到该项目的资助，共同研发以培养学生创新力、问题解决能力、领导力为导向的创业课程。同时，该项目还在参与国中的哥伦比亚、玻利维亚和秘鲁等研发水平相对落后的国家成立了创新研究中心，定期举办不同形式的创新教育和实践交流活动，培养来自这三个国家以及周边国家人员的科研创新理念。此外，拉欧高等教育区通过创新成果转化合作联盟的建立，推动了高等教育机构和社会公、私立部门的产学研间的相互合作。拉欧高等教育机构通过ALFA计划经费资助，与世界知识产权组织（Organización Mundial de la Propiedad Intelectual）、欧洲专利办公室（European Patent Office）和大学网络合作，建立了PILA网络平台。该平台依靠丰富的教学、专家和技术资源，为拉美各国开设了网络课程和工作坊，组织国内和国际圆桌会议和论坛。以智利大学（Universidad de Chile）为例，2006年每年平均申请专利0.7个，参加这个项目之后平均每年申请专利10个，增长了约13倍。[②]截至2013年，共有来自140多个国家的5万名研究员参加了玛丽·居里计划，其中24%的研究员来自第三世界国家，38%为女性研究员；2.22万名得到资助的研究员来自小微、中小企业，占总人数的一半；有1万名博士生拿到了奖学金在欧洲进行研究工作，项目总经费的一半投入到了最亟待解决的社会问题上。

一直以来，由于民族性格的原因，你要是问我们以后想做的职业是什么，你很少会听到物理学家、化学家、数学家之类的回答，一般会是画家、作家之类的回答。这说明我们对科学

① 经济合作与发展组织中心，联合国拉丁美洲和加勒比经济委员会，CAF—拉丁美洲开发银行主编．拉丁美洲经济展望(2015)——面向发展的教育、技术和创新[M].北京:社会文献出版社，2015:12.

② Comisión Europea Dirección General de Desarrollo y Cooperación- EuropeAid. Alfa III. Una Apuesta a la Equidad Social y la Integración entre América Latina y la Unión Europea[R].Bélgica，2014:10.

兴趣不足。另外，从经合组织的PISA测评中也可以看出来，拉美学生参加科学测评的成绩都不尽如人意，这也说明我们对学生科学教育不足。【CAB-MEX-Padilla】

通过与欧盟的合作，拉美各国从事科学研究工作的人数都有不同程度的提升。我这里有一组数字，从2006年到2015年，如阿根廷每千人从事科研工作的人数从2.1人增至3人，智利0.7人增至1人，委内瑞拉从0.3人增至0.5人，这说明与欧盟的合作在一定程度上帮助了拉美科研水平的提升。【CAB/SE-FRA-Quenan】[①]

五、提升优质教育资源：全面提高就业竞争力

随着新兴经济体的兴起，财富已经从传统发达国家向新兴国家进行转移，为了更好地融入财富转移的过程，拉美各国就需要培养具有更好技能包括软技能的人才。[②]拉欧高等教育区根据拉美的发展需求推出了“靶向性”的学术流动项目，一方面通过合作培养青少年的技能以满足国家和企业发展需求，目前拉美区域可用人才技能池与企业需求之间的差距为世界之最；[③]另一方面，培养青少年技能可以提高青少年的竞争力和就业率，为企业创造更大的利润与价值，成为国家内生性增长的重要引擎。通过对青少年的创业培养教育，帮助青少年更加适应新时代环境下的经济、政治和社会的发展，为国家的智慧型发展注入活力。

拉欧通过整合拉欧乃至全世界优质的教育资源，为学生、科研工作者以及教职人员提供高水平的教学和科研指导。欧洲高等教育机构在世界上拥有较强的竞争力，2018年QS大学排名前100的大学中，欧洲大学

① 访谈资料。访谈情况见附录11。

② 经济合作与发展组织中心，联合国拉丁美洲和加勒比经济委员会，CAF—拉丁美洲开发银行主编．拉丁美洲经济展望(2015)——面向发展的教育、技术和创新[M]．北京：社会文献出版社，2015:6.

③ 经济合作与发展组织中心，联合国拉丁美洲和加勒比经济委员会，CAF—拉丁美洲开发银行主编．拉丁美洲经济展望(2017)——青年、技能和创业[M]．北京：社会文献出版社，2017: 内容概要 002.

占有33个席位，而拉美仅有1所大学入选。[①]因此，获得奖学金资助游学欧洲的拉美学生和科研人员获得了接受优质且高水平教育服务的机会。其次，通过海外的留学和生活，留学人员的国际视野得到扩展，跨文化交流等软技能得到提升，在文化冲突和融合的环境下锻炼了独立思考和解决问题的能力。而这些与知识技能相对应的软技能正是拉美雇主所看重的重要素养，这些知识有助于提高人们的适应性、提高在变化环境中的竞争力。[②]2015年，伊拉斯谟世界计划组织对参与过该计划的900名拉美学生和教职人员进行了问卷调查，被调查者普遍认为留学经历对个人的专业知识水平、社会关系能力、职业规划、对欧洲的认知等方面有所帮助。学生认为留学经历对就业有帮助，教职人员认为通过与海外院校的交流和参加国际研讨会，为了解新的教学方法以及掌握先进的科研技术提供了便利条件，有助于学术共同体的建立，对在国际期刊发表文章和学术成果被认可均有帮助，对个人科研事业发展起到了重要的作用。[③]

> 我曾经在2010—2015年在意大利留学，这次留学给我个人甚至是我的国家（秘鲁）带来新的机会。2010年，我申请到硕士奖学金，在意大利学习地震灾害学，硕士毕业后我又得到了意大利政府的资助继续在意大利攻读博士学位，毕业后回到秘鲁，在秘鲁天主教大学任教。根据政府需要，我主持了若干地震灾害领域的课题，如“地震环境下的医院保护性工作”，这个课题的成果直接应用到了我们国家的一次地震中。【ES-PER-Nicolas】
>
> 我和我的同学参加了伊拉斯谟世界计划，得到了资助，到

---

① QS World University Rankings. QS World University Rankings [EB/OL]. https://www.topuniversities.com/university-rankings/world-university-rankings/2018, 2018-07-01.

② 经济合作与发展组织中心，联合国拉丁美洲和加勒比经济委员会，CAF—拉丁美洲开发银行主编．拉丁美洲经济展望（2015）——面向发展的教育、技术和创新[M]. 北京：社会文献出版社，2015:6.

③ European Commission. Higher Education Cooperation Between the European Union, Latin America and the Caribbean. Academic Cooperation and Mobility: Bringing the Two Regions Closer[R].Luxembourg, 2015:24.

西班牙学习了一年。在西班牙读书期间，参与了“推动青年就业发展”的课题，该课题主要研究欧洲青年的就业情况，从经济发展、社会进步以及可持续发展等角度探讨青年未来的核心技能。通过这一年的学习和实践，我和我的同学回国后一起创办了我们自己的旅游公司，通过服务业创造更大附加值，来改变我个人以及周边人的生活水平。【ES-COL-José】①

第二节　拉欧区域间高等教育合作面临的挑战及其对集体认同的影响

纵观拉欧战略性对话的发展，从1999年到2015年的八届拉欧领导人峰会，从2000年到2017年的六届拉欧学术峰会，均将高等教育合作看成是拉欧双边和多边合作的一个主要支柱，是实现拉欧区域民主和共识的一个重要保障。历届《宣言》中，无不将拉欧高等教育区建设作为拉欧高等教育合作的首要任务，通过学生、教师和科研工作者的流动，促进拉欧高等教育一体化的发展。

在1999年的拉欧领导人峰会之前，拉欧各国之间就开始签署一些双边以及校际的高等教育合作项目，开展了尝试性合作。1994年ALFA计划成立，这是第一个真正意义上推动拉欧区域间高等教育合作的项目，并为日后的拉欧区域间的高等教育合作奠定了基础。1999年拉欧领导人峰会制度正式成立，高等教育这一议题成为拉欧领导人战略联盟中的重要内容。随着时间的推移，教育议题涉及的领域越来越广泛，从1999年的高等教育合作，到2013年提出的高等教育、科学、技术和创新领域的合作，可以看出，拉欧各国领导人的合作意愿与日俱增，对彼此寄予的希望也越来越高，各国首脑和教育领域负责人几乎从未缺席过历届领导人峰会以及教育部部长会议。但是，在实际操作中，拉欧区域间的高等教育合作愿景与现实还存在较大差距，不论是学分、学历和学位认证制度的建立，还是拉欧研究机构的建立，抑或是拉欧高等教育区的建立，这些目标都仍停留在各种政策性文件和行动计划中，可以说这些诉求都

① 访谈资料。访谈情况见附录11。

未能得到实质性的进展。经过20多年的努力，为何这个区域间高等教育合作的典范成果有限？甚至有学者指出，如果继续按照现有的模式发展下去，不寻求新的模式和机制的突破，拉欧的高等教育合作很难再有新的突破。[①]那么，是什么导致了“期望”与“能力”存在差异，使得这些美好的愿景在现实的道路上步履维艰？这将是本节重点研究的问题。

一、国际关系的多变性：区域间集体认同的路径挣扎

拉美和欧盟的合作在最近十年里进入了疲惫期。拉欧现任领导人面临的挑战是如何在现有模式中寻求突破，以恢复大西洋两岸区域的合作活力。实现这一目标，拉欧领导人需要重新审视那些帮助拉欧关系成长的历史共识。但是毫无疑问的是，实现这一目标任务艰巨，因为世界格局已经发生了变化，各国之间的利益关系变得越来越复杂且变幻不定。在新的世界版图上，地缘政治、地缘战略、地缘经济、地缘科技等多重因素的共同作用，以及新兴国家如中国、印度等国在世界的影响力不断增加，这些因素都打乱了拉欧维持了约500年的平衡关系，这自然成为拉欧高等教育合作过程中不可回避的问题。

（一）新兴国家的兴起减弱了拉欧区域间高等教育合作的兴趣

1999年以前为拉欧关系发展的“史前时期”，为建立拉欧领导人峰会奠定了基础；1999年到2005年则为拉欧关系的“黄金时期”，在这一时期内，拉欧确定了合作制度，明确了合作方式，扩宽了合作领域；但是，2006年以后，拉欧关系的发展出现了转折，很多学者都认为拉欧合作关系开始走下坡路，主要因为外部国际关系和拉欧内部发展需求发生了变化。[②]

> 目前世界格局发生的变化主要表现在三个方面：第一，世界的发展重心开始从西方向东方转移；第二，国际组织提出的很多议程都未能实现；第三，世界各地出现了较多的区域性组

① Günther Maihold. La Cumbre de Viena entre América Latina/Caribe y la UE: el Éxito Relativo de un Encuentro de Bajas Expectivas[J].Real Instituto Eclano, 2006(5):1-7.

② Desarrollando Ideas Llorente, Cuenca. ¿Hacia Dónde Debería Caminar la Relación Estratégica entre la UE y América Latina y el Caribe?[R]. Madrid, 2015:12.

织，尤其是在拉美区域。【CAB/GP-ESP-Aldecoa】[①]

新兴经济体的兴起打破了世界传统格局的平衡，同时也影响到了拉欧关系的发展。中国作为新兴经济体逐渐成为最具影响力的国家之一，并且对拉美区域各国给予高度的重视。近年来，中国高层领导人高密度访问发展中地区的拉美，在中国外交史上极为罕见，凸显拉美在中国新外交格局中的重要地位。党的十八大以来，中国同拉美的政治和经济关系加速发展。这一方面源于中拉在经济结构上存在较强的互补性，双方互为需求；另一方面源于中拉双方领导人积极主动的接触意愿，尤其是中国领导人的外交主动性。[②]

表6-1　中国和拉美各国合作关系一览表

国家	关系定位	缔结年份	关系定位	缔结年份
阿根廷	战略伙伴关系	2004年	全面战略伙伴关系	2014年
巴西	战略伙伴关系	1993年	全面战略伙伴关系	2012年
智利	战略伙伴关系	2012年	全面战略伙伴关系	2016年
厄瓜多尔	战略伙伴关系	2015年	全面战略伙伴关系	2016年
墨西哥	战略伙伴关系	2003年	全面战略伙伴关系	2013年
秘鲁	战略伙伴关系	2008年	全面战略伙伴关系	2013年
委内瑞拉	共同发展的战略伙伴关系	2001年	全面战略伙伴关系	2014年
乌拉圭	战略伙伴关系	2016年		
哥斯达黎加	战略伙伴关系	2015年		

资料来源：郭存海.中共十八大以来中国对拉美的政策与实践 [J].拉丁美洲研究，2017(4)：1-17.

中国对拉美国家给予高度的重视，同样也得到了该区域诸多国家的

① 访谈资料。访谈情况见附录11。

② 郭存海.中共十八大以来中国对拉美的政策与实践[J].拉丁美洲研究，2017(4)：1-17.

反馈，如巴西、智利、委内瑞拉等。中国已经成为拉美很多国家的第一大贸易伙伴，2016年的贸易总额是2000年的17倍。[①]尤其是在2008年世界金融危机之后，欧盟与拉美的合作乏力，反之，中国与诸多拉美国家合作呈明显增长态势，尤其是在经贸合作领域。但是需要注意的是，欧盟仍然是拉美最主要的投资伙伴，拉欧的多年合作积累下的经验和对彼此的信任在短时间内是无法改变的。

> 对于拉美来说，世界格局的变化、亚洲的崛起、美国和欧盟影响力的减弱等，给拉美的国际合作带来了一个新的可能性。拉美可以继续保持与欧美国家的合作，并且尝试与中国这样的新兴亚洲国家进行合作。而且，事实已经证明了这一点，中国在这片区域（拉美）表现得十分活跃，已经超过欧盟成为该区域的第二大贸易伙伴，并且在贸易现行的基础上，逐步开展教育人文类合作，加深中国和拉美区域的了解。并且，中国与拉美区域的合作，平衡了拉美与欧盟以及美国等强国之间的关系。【CAB/SE-FRA-Quenan】[②]

中国除了在经贸合作领域与拉美开展了全面的合作关系，还将文化教育交流视为中拉关系的重要组成部分。[③]以教育为载体建立文化共识，使得政治经贸交往合作更加水到渠成。自2006年第一所孔子学院在墨西哥落成，到2017年为止，中国已经在拉美建立了39所孔子学院和11个独立课堂。[④]与此同时，中国政府还在不断加大对拉美学生、科研工作者的奖学金发放力度。2015年启动了为期10年的“未来之桥”中拉领导人的千人培训计划。到目前为止，中国已经向拉美的30个国家的学生发放了奖学

---

① 中国—拉共体论坛．中国市场成为拉美对外贸易“稳定器”[EB/OL]. http://www.chinacelacforum.org/chn/zgtlgtgx/t1439722.htm, 2018-02-24.

② 访谈资料。访谈情况见附录11。

③ 吴洪英．教育交流：促进中拉相互了解[EB/OL]. http://ilas.cass.cn/xslt/gnlmyj/201302/t20130201_2244619.shtml, 2018-03-03.

④ 中国—拉共体论坛.2017年拉丁美洲孔子学院联席会议在秘鲁举行[EB/OL]. http://www.chinacelacforum.org/chn/zgtlmjlbgjgx/t1486677.htm, 2018-03-03.

金。[①]

> 教育是最有效的“民间外交”手段，可以帮助彼此缩小因为不了解而产生的鸿沟。我当时作为访问学者去过中国，在没有去中国之前，我对中国的印象都是来自我国的中国移民。但是，来到中国之后才发现认知与事实相差甚远。现在中国政府在促进中拉交流方面做出了巨大的工作，并且慢慢在拉美民众中产生吸引力，很多有意愿出国的学生不再将美国、欧洲作为首选目的地，而是也开始考虑中国，当然跟美国和欧洲比起来，中国的吸引力仍然不足。【CAB-MEX-Padilla】[②]

（二）欧盟内部分歧削弱其对拉美高等教育合作意向

欧盟新老成员国对拉美高等教育合作态度不一致。在拉欧高等教育合作过程中，欧盟起到了主要的推动作用，尤其是西班牙和葡萄牙两个国家的作用尤其重要，区域组织伊比利亚美洲教科文组织也参与到了拉欧高等教育区的建设工作中，英国、法国、意大利、德国等欧洲国家也是拉美高等教育合作的主要国家。但是，随着欧盟逐步向东扩张，成员国从原有的12个扩充到了现在的27个，这对拉欧合作关系的发展产生了负面影响。新加入欧盟的成员国并未将拉美视为首要合作伙伴，这使得欧盟内部对拉美的合作态度产生了分歧。[③]在谈到欧盟如何应对内部的变化这一问题时，德国总理安格拉·默克尔（Angela Merkel）强调，欧盟应该一直保持着具有一个统一行为体的特征。[④]通过默克尔的讲话不难看出，欧盟首先关注的是内部问题，然后才是外部问题，因此欧盟的内部分歧削弱了其对外一体化行动的效力。

---

① People Daily. Desarrollo de la Educación en China e Intercambio Educativo con Latinoamérica[EB/OL]. http://spanish.peopledaily.com.cn/32001/311251/index.html, 2018-03-03.

② 访谈资料。访谈情况见附录 11。

③ Carlos Malamud. Las Relaciones entre la Unión Europea y América Latina en el Siglo XXI: entre el Voluntarismo y la Realidad[J]. Plataforma Democrática, 2010(7):1-34.

④ El Mundo. Merkel defiende que la UE Negocie Acuerdos a Dos Velocidades con Latinoamérica[EB/OL]. http://www.elmundo.es/mundodinero/2008/05/16/economia/1210920888.html, 2018-02-23.

从拉欧高等教育现有的双边合作项目中不难看出，新加入的欧盟成员国并未对拉美产生浓厚的兴趣，与拉美比起来，这些国家更倾向于同亚洲的合作。但是传统的欧洲老牌国家如西班牙、葡萄牙、德国、法国等国家依旧将拉美视为最密切的合作伙伴之一。【CAB-ESP-Galván】

新成员国的加入使得欧盟内部产生了严重的分歧，在高等教育合作领域，东欧国家更希望与高等教育水平较强的西欧、美国以及有较密切经贸往来的新兴经济体国家展开合作，而传统的欧盟老牌国家仍然希望保持原有的计划理念，与具有传统合作基础的发展中国家如拉美各国开展高等教育合作。【CC-ROM-Barbulescu】①

（三）拉美内部“分散交叉型”的多边合作导致缺乏与欧盟一体化合作的凝聚力

与欧盟较为成熟的一体化建设相比，拉美区域在寻求一体化的过程中，内部合作呈现出“分散交叉型”特点，在33个国家之间形成了近20个组织，其形式、目标、原则、成员数量不尽相同，并且很多国家横跨两个及以上合作组织。②总体来说，综合实力越强大的国家在区域组织中的活跃度越高。如巴西为五个区域组织的成员国，分别是南方共同市场、南美洲国家联盟、拉美一体化协会、拉美议会、拉美和加勒比国家共同体。墨西哥同样加入了五个区域组织，分别是北美自由贸易区、太平洋联盟、拉美一体化协会、拉美议会、拉美及加勒比共同体国家。

这些区域组织间交叉现象严重，每个组织的运行逻辑和利益诉求不尽相同，南方共同市场与欧盟关系较好，但是中美洲一体化体系则与美国走得相对较近，许多国家“游走”于不同利益诉求的区域组织间，这种局面直接导致了拉美一体化发展缓慢，政府层面的合作意愿不强烈，因此区域高等教育一体化自然阻力重重。

① 访谈资料。访谈情况见附录11。

② Carlos Malamud. Las Relaciones entre la Unión Europea y América Latina en el Siglo XXI: entre el Voluntarismo y la Realidad[J]. Plataforma Democrática, 2010(7):1-34.

表6-2　拉美主要的区域组织

级别	组织名称	成立时间	总部	成员国
子区域组织	安第斯共同体（CAN）	1996年	秘鲁	秘鲁、玻利维亚、厄瓜多尔和哥伦比亚
	南方共同市场（MERCOSUR）	1991年	乌拉圭	阿根廷、巴西、巴拉圭、乌拉圭
	亚马逊合作条约组织（ACTO）	1978年	巴西	巴西、秘鲁、玻利维亚、厄瓜多尔、哥伦比亚、圭亚那、苏里南、委内瑞拉
	东加勒比国家组织（OECS）	1981年	圣卢西亚	安提瓜和巴布达、多米尼克、格林纳达、蒙特塞拉特（英属）、圣基茨和尼维斯联邦、圣卢西亚、圣文森特和格林纳丁斯
	美洲玻利瓦尔联盟（ALBA）	2009年	委内瑞拉	安提瓜和巴布达、古巴、多米尼克、尼加拉瓜、圣文森特和格林纳丁斯、委内瑞拉等
	太平洋联盟（PA）	2011年	无	智利、哥伦比亚、墨西哥、秘鲁
	中美洲一体化体系（SICA）	1991年	萨尔瓦多	伯利兹、哥斯达黎加、多米尼加、危地马拉、洪都拉斯、尼加拉瓜、巴拿马、萨尔瓦多
	加勒比共同体（CARICOM）	1973年	圭亚那	安提瓜和巴布达、巴哈马、巴巴多斯、伯利兹、多米尼克、格林纳达、圭亚那、海地、牙买加、蒙特塞拉特（英属）、圣基茨和尼维斯、圣卢西亚、圣文森特和格林纳丁斯、苏里南、特立尼达和多巴哥
	南美国家联盟（UNASUR）	2004年	厄瓜多尔	阿根廷、玻利维亚、巴西、智利、哥伦比亚、圭亚那、巴拉圭、秘鲁、苏里南、乌拉圭、委内瑞拉

续表

级别	组织名称	成立时间	总部	成员国
区域组织	拉美和加勒比国家共同体（CELAC）	2010年	无	拉美33个国家
	拉美议会（PARLATINO）	1964年	巴拿马	阿根廷、玻利维亚、巴西、智利、哥伦比亚、哥斯达黎加、古巴、多米尼加、厄瓜多尔、萨尔瓦多、危地马拉、洪都拉斯、墨西哥、荷属阿鲁巴、荷属库拉索、荷属圣马丁、尼加拉瓜、巴拿马、巴拉圭、秘鲁、苏里南、乌拉圭、委内瑞拉
	拉美及加勒比经济委员会（ECLAC）	1948年	智利	43个成员国（除拉美33个国家外，德国、加拿大、法国、意大利、荷兰、葡萄牙、西班牙、英国、美国、日本）
	拉美经济体系（LAES）	1975年	委内瑞拉	阿根廷、巴巴多斯、巴哈马、巴拉圭、巴拿马、伯利兹、巴西、秘鲁、玻利维亚、多米尼加、厄瓜多尔、哥伦比亚、哥斯达黎加、古巴、圭亚那、海地、洪都拉斯、墨西哥、尼加拉瓜、萨尔瓦多、苏里南、特立尼达和多巴哥、危地马拉、委内瑞拉、乌拉圭、牙买加、智利
	拉美一体化协会（ALADI）	1960年	乌拉圭	阿根廷、玻利维亚、巴西、哥伦比亚、智利、厄瓜多尔、墨西哥、巴拉圭、秘鲁、乌拉圭、委内瑞拉、古巴和巴拿马
	拉美及加勒比地区国际高等教育研究所（IESALC）	1997年	委内瑞拉	拉美33个国家

续表

级别	组织名称	成立时间	总部	成员国
区域间组织	北美自由贸易协定（NAFTA），更新为“美墨加协定”（USMCA）	1994年	无	美国、加拿大、墨西哥
	伊比利亚美洲国家组织（OEI）	1949年	西班牙	西班牙、葡萄牙、安道尔、阿根廷、玻利维亚、巴西、哥伦比亚、哥斯达黎加、古巴、智利、多米尼加、厄瓜多尔、萨尔瓦多、危地马拉、洪都拉斯、墨西哥、尼加拉瓜、巴拿马、巴拉圭、秘鲁、乌拉圭、委内瑞拉

资料来源：根据各国资料整理而成。

拉美高等教育区域一体化的目标实现困难重重，但是以子区域组织为单位的小规模高等教育一体化已经初见成效。如南方共同市场、中美洲一体化体系、北美自由贸易协定、伊比利亚美洲国家组织等在高等教育合作领域都建立了各自相对独立的体系。如南方共同市场2008年启动大学学位区域认证体系，得益于学分、学历的互认，区域内各国间学术人员的流动不断增加，促进了该区域高等教育、科学、技术和创新的协同创新发展。北美自由贸易协定对高等教育合作的理念与其他区域组织稍有不同，该组织并不强调区域的一体化发展，而是通过校际或国家间的质量标准的建立，促进该区域内三个国家的学生自由流动，由于美国在三个国家中高等教育实力最为雄厚，因此其他国家尤其是墨西哥在合作中的议价能力较弱。

拉美区域的个别国家如阿根廷、巴西、墨西哥、智利等已经与欧盟部分国家签署了学分、学位和学历互认协议，但是两个区域整体性的互认协议的签订仍存在诸多的不确定因素。拉美各国并非不想跟欧盟进行合作，而是建立统一的教育体系不符合各国以及各高等教育机构的利益诉求。从拉美各国分散交叉型的多边合作来看，就可以看出拉美很难在区域层面达成共识，因此国家之间的合作或者学校之间的“自下至上”的合作

模式更有效果。【CAB/SE-FRA-Quenan】①

二、经济危机导致的不确定性：拉欧高等教育合作的变数

第一，经济危机分散了欧盟决策者对教育政策关注的重心，欧盟决策者和成员国领导人的关注点完全被捆绑在处理欧盟的经济危机上，高等教育合作的行政资源和空间被挤占，导致欧盟与拉美高等教育合作的优先级被大大降低。第二，外交资源受到影响，欧盟财政紧缩，财政预算中用于高等教育对外合作的份额下降。第三，欧盟内部各国分歧严重，影响高等教育一体化进程，这给视欧洲高等教育一体化为“楷模”的拉美造成了消极影响，动摇了拉欧高等教育区建设的决心。

（一）欧盟减少对拉美的高等教育财政支出

虽然欧盟传统国家一直呼吁要继续保持与拉美高等教育的密切合作，但通过欧盟对拉美的合作预算变动不难发现，2002—2006年为1.4亿欧元，2007—2013年为2.23亿欧元，2014—2020年为1.63亿欧元，从2014年开始，欧盟对拉美的高等教育合作预算非升反降。另外，在2013年之前欧盟开设了对拉美的高等教育专项项目，但是2014年之后，因为欧盟高等教育内部的结构调整，这些专项项目戛然而止，这样的变化从侧面也表现出了欧盟对拉美高等教育合作的战略调整。

> 欧盟与拉美的合作过程中，欧盟对拉美的主动性远强于拉美对欧盟的主动性，欧盟一直在高等教育合作过程中扮演着“出资者”“谋略者”的角色。一旦欧盟的主动性有所减弱，自然对拉欧高等教育合作关系产生负面影响。【CAB-BEL-Ghymers】②

欧盟对外合作关系开始将合作重心向美国、中国等国家转移；在对外援助项目中，随着拉美经济实力的不断增强，欧盟已经视拉美多国为中等收入国家，大多数拉美国家也已经不再是欧盟对外援助的对象国。此外，欧盟对内一方面是受到伦敦、马德里的恐怖袭击，难民移民危机

① 访谈资料。访谈情况见附录11。

② 访谈资料。访谈情况见附录11。

以及英国脱欧等事件的接连影响，另一方面由于受到希腊、意大利等国金融危机的影响，欧盟频于解决外部最棘手的问题以及内部家事，对拉美的关注度逐渐降低。

> 由于欧洲金融危机的蔓延，以及欧盟内部还需要将一部分资源分给新的成员国，因此欧盟对拉美的教育投资额逐渐减少。此外，对于欧盟来说，拉美的吸引力不及亚洲国家，欧盟的合作重心逐渐向亚洲、非洲等大洲国家转移。【IN-MEX-Avila】[①]

合作的另一方拉美，在与欧盟的合作过程中，对合作资金的投入甚微，大多数的项目是由欧盟的国家或高等教育机构发起和推动，拉美则选择被动地参与及接受。在欧盟对拉美高等教育经费投入不断减少，而拉美又鲜有经费投入的情况下，合作成了“无米之炊”，势必会成为一句空话。

（二）拉欧高等教育资金来源方式有限

拉美与欧盟高等教育融资途径有限，这也是导致在拉欧合作过程中出现资金短缺的重要原因之一。目前，拉欧高等教育合作大多依靠欧盟的官方资助，私人部门参与的项目较少，应该鼓励私有部门参与到拉欧合作项目中，加强公私部门的合作，增设校级或者国家级别的合作项目。这样，一方面是私人部门的介入增加了资助来源的多样性，更多学生或研究人员从中受益；另一方面，私人部门一般都具有较为明确的科学研发需求，通过与高等教育机构强大科学研发能力的有效结合，可以加快成果转化速度，提高企业生产力以及促进发展。

> 每年我们学校都有很多学生申请伊拉斯谟计划，竞争比较激烈，每年申请人数和奖学金名额比例约为10:1，这就让很多优秀的学生失去了出国留学的机会。我们特别希望我们学校可以增加这方面的经费，为更多学生提供出国留学的机会。【CAB-PRY-Ibáñez】[②]

① 访谈资料。访谈情况见附录 11。

② 访谈资料。访谈情况见附录 11。

三、国家敏感性：拉欧高等教育制度建设的困境

（一）“软制度”的非强制性，约束力欠缺

拉欧区域间高等教育合作是拉欧领导人出于良好合作意愿共同协商的结果，在“软制度”合作进程中表现出“低法律化”特征。拉欧区域间合作并未像欧盟一样具有“强法律”制度，尚未形成如《欧洲联盟条约》的基础性法律及条例、指令、决定等的派生性法律，拉欧高等教育合作仍是一种自愿性的国际道德义务，而非强制性的国际法律义务。[①]因此当意愿付诸行动时，各国和机构为了维护各自的利益，分歧自然也就凸显出来。

1. 国家层面的阻力

首先，国家层面对高等教育合作重视不足。拉欧各国政府对高等教育区的建设表现出口号响亮、行动迟缓的态度。拉欧区域间合作从政治和经济领域开始，许多国家加入拉欧领导人峰会是为了在经济领域寻求合作与发展，但是几乎各国领导人都从“实用主义”的角度出发，青睐对本国现阶段发展有利的合作领域如经济，而像高等教育这类收效较慢的合作则重视程度不足。此外，教育作为现代国家的“规范产品”[②]，一直被视为传递社会价值观的载体，因此教育被视为国家的敏感领域，国家层面对于合作持有观望并且谨慎的态度自然可以理解。

其次，国家层面缺乏国际化交流政策。欧洲内部已经形成了相对比较完整的国际化交流政策，高等教育层面出台了学分转换、资格认证以及质量保障等机制，在社会层面出台了签证和居留相关配套措施，这些都为欧盟区域内的人员交流提供了支持。然而，区域间合作的另一个伙伴拉美尽管非常重视高等教育的国际化发展，但是，由于很多国家国际化发展起步较晚，水平较低，因此相关的国际化政策不健全。拉美首要解决的应是学分学历互认问题，保证学生和教师在与别国合作过程中其学历被认可，并且简化海外留学和工作经历认证手续。

① 王在亮，高英彤．区域间主义：逻辑起点与研究对象——以东亚拉美合作论坛为例[J]．当代亚太，2014(2):118-151.

② 丁纯．欧洲一体化——在困惑与挑战中前行[EB/OL].http://www.xinhuanet.com/world/2015-03/18/c_127591909.htm，2019-04-03.

因为拉美高等教育的培养模式与我们（欧洲）存在很大不同，因此我们在接收拉美学生的时候，遇到了很多问题。许多拉美学生已学的知识与我们的知识衔接度和匹配度不高，这给教学过程增加了不小的难度，也对教学效果有影响。我们在申请项目的时候，更愿意与智利、墨西哥、巴西这类国家的比较好的学校进行合作，这些国家学校的国际化程度相对较高，对学生的培养模式也与国际接轨。【CAB-ESP-Galván】

拉美各国学历、学分认证体系差异较大。如智利和阿根廷这两个国家，智利拥有国家统一的认证制度，而阿根廷则没有，但是这两个国家在对海外学历、学位和文凭认证中采取了统一的模式。在已经与这两个国家签署认证协议的国家拿到的学位，回国后可以直接到这两个国家的教育部进行认证；在尚未与这两个国家签署认证协议的国家拿到的学位，则由代表这两个国家的公立大学进行认证。【CAB/SE-CHI-Lavalle】

在已建立认证制度的国家中，各国对学位、学历和文凭认证的流程也不同。大多数国家在认证时需要学生提交的材料包括学习计划和在海外获得的证书等。有些国家还需要参加考试，确保在海外学习的技能与国内的匹配程度。但是可以肯定的是，在已经签订认证协议的国家拿到的文凭证书在认证过程中会比在尚未签订认证协议的国家攻读学位获得的证书的认证手续要简单。【CAB-ESP-Galván】[①]

2. 机构层面的阻力

首先，拉欧高等教育政策运行层次不一。虽然拉欧高等教育区建设的设想是由各国政府发起并推动实施的，但是高等教育区真正的践行主体则是各高等教育机构。欧洲各国教育政策的形成保留在各成员国的层面，各国警惕守卫着国家的教育主权。[②]拉美多数国家的高等教育机构拥有较为悠久的“自治”传统，各机构在政策制定方面具有较强的话语

① 访谈资料。访谈情况见附录 11。

② 阚阅．多样与统一——欧洲高等教育一体化研究［M］．杭州：浙江大学出版社，2016:258.

权。拉欧教育政策运行层次的不一致性，以及各国高等教育机构间存在较大质量差异，因此在区域间建立一套形式趋于统一的教育体制可谓阻力重重。

> 拉美各国高等教育机构内部缺少相互协调的统一机制，其中主要原因是拉美高等教育机构规模、教育模式、教育质量等存在较大差异。拉美的大学有的规模庞大，被称为“巨型大学”，如墨西哥国立自治大学在校师生人数三四万人；但在拉美也存在一些规模较小的大学，在校师生人数几百人，被称为“车库大学”。在教育模式上，由于受到“自治”传统的影响，每个国家甚至学校的教学组织方式不尽相同，本科生、研究生教学模式不统一，尚未像欧盟已经形成了三级学制。自然，教学质量上更是难以做到相差不多或者有可对比性。【CC-ROM-Barbulescu】[①]

其次，高等教育机构内部管理体系繁冗，现代化管理水平不足。目前，除了巴西、阿根廷、智利、墨西哥等国高等教育国际化水平相对较高，拉美各国高等教育的国际化发展仍处于起步阶段，专门负责国际化事务的行政制度尚不健全。21世纪初，汉斯·德维特（Hans de Wit）和简·奈特（Jane Knight）等人合著的《拉丁美洲的高等教育：国际化维度》（*Higher Education in Latin America：the International Dimension*）一书中，就提到拉美高等教育机构负责国际事务的人员专业素养较低，不具备国际化合作运营的相关知识和实践经验，并且这些人员流动性较大。而且，国际事务合作办公室在学校的层级较低，不具备实际开发、设计和进行国际化合作的权力和能力。[②]十年过后，因为本书需求，笔者对拉美高等教育机构国际事务相关负责人进行访谈时发现，类似情况依然存在。学校内部管理体系繁冗，缺少专业化人才队伍，造成了合作效率

---

① 访谈资料。访谈情况见附录 11。

② Jocelyne Gacel-Ávila, Isabel Cristina Jaramillo, Jane Knight and Hans de Wit. The Latin American Way: Trends, Issues, and Directions［A］.Hans de Wit, Isabel Cristina Jaramillo, Jocelyne Gacel-Ávila, Jane Knight. Higher Education in Latin America. The International Dimension.［M］.Washington, D.C.:The World Bank，2005:352.

低下，阻碍了拉美高等教育机构国际化的发展步伐。

> 我们在合作中遇到的问题是效率低下。一般项目周期时间太短，大多项目持续一年到两年时间，除去立项、中期考核到结项所需要的时间，真正的项目运营时间所剩无几。最让人头疼的问题就是双方存在时差、节假日等不一致的休息时间，而且拉美的假期又特别多，经常为了解决一个问题就需要来回数天时间，效率极低。有时候遇到紧急事情，找不到相关负责人。另外，拉美很多国际事务办公室没有独立运行项目的权力，需要层级审批，又需要耽搁很久，真正有效合作时间很少。【CAB-BEL-Ghymers】①

不论是欧盟，还是联合国教科文组织，抑或是伊比利亚美洲教科文组织都在一直推进拉美高等教育一体化的发展，并且在人力、物力以及财力等全方面给予拉美支持，但是收效甚微。这就说明，拉欧区域间高等教育合作所希望的结构性改革并未真正深入到拉美各高等教育机构层面，诸如在倡导的保护自治与体制改革之间缺乏有效连接。

（二）制度建设求大求全，合作重点分散

拉欧领导人峰会以及拉欧教育部部长会议在不断追求规模的时候，实质性成果却有限，主要是因为拉欧区域间的合作关系形式、行为体数量、行为体之间的差异导致了执行结果不尽如人意。峰会上的议题未能抓住拉欧合作的重点，求全求大，出现了正式峰会和平行峰会相互竞争的情况，各国政府很难对峰会制度和议程进行严肃认真的改良，②造成了议题“消化不良”以及合作内容难以深化的局面。

2000年第一次拉欧区域间教育部部长会议开始，便提出了建立拉欧高等教育区的设想，在这一届会议上对拉欧高等教育区建设提出了3个目标，在第二届教育部部长会议上细化拉欧高等教育合作的工作内容，并在第一届会议提出的3个目标基础上又提出了11个目标，就此拉欧高

---

① 访谈资料。访谈情况见附录11。

② 甘瑟·麦霍尔德．一种寻求实质的框架——从欧洲视角看欧盟和拉丁美洲的关系[A]．克敏，牛海彬，主编．中国、欧盟与拉丁美洲：当前议题与未来合作[M]．上海：上海人民出版社，2011:9.

等教育区建设的目标增加至14个。同样是在本届会议上，拉欧领导人又大胆提出规划，2015年建成拉欧高等教育区。如此迅速地开展工作，可见拉欧领导人对区域间高等教育合作的雄心壮志。但是通过与访谈者的交流，笔者听到了另外一种声音，在拉欧区域间高等教育合作过程中，有一派专家认为拉欧合作制度建设不扎实，议程发展过快，不利于拉欧高等教育合作的发展。

> 不管是从拉欧内部的政治环境还是外部国际局势来看，2000年可以说是拉欧高等教育合作的黄金时期。更重要的是，1999年欧洲博洛尼亚进程正式启动，这一消息给正在寻求高等教育国际化发展的拉美各国带来了希望，它们将欧盟视为模仿对象。2000年拉欧教育相关负责人齐聚巴黎，提出了建立拉欧高等教育区的提议，并根据当时的现实需求提出了加强学历互认、教育与科学技术结合、终身教育以及智库建设的目标。这些目标从表面上看，确实符合拉欧区域高等教育发展的切实需求，但是拉欧领导人却忽略了这些目标背后最本质的东西，并未对上述三个目标进行相应的工作规划和部署。【IN-CUB-Taquchel】[①]

2013年为拉欧区域间合作的关键年，拉美及加勒比国家共同体这一更加紧密的组织与欧盟开展制度性对话。同年，拉欧教育部部长会议更名为拉欧学术峰会，拉欧高等教育区的合作领域也从原有高等教育合作领域延伸到了高等教育、科学研究和创新领域，合作内容从原有单一的高等教育领域，增加了科学技术和创新领域，学术与社会生产力的联系领域，以及学术和公共政策领域的合作。拉欧高等教育合作领域的不断扩大，被部分拉欧学者认为是“不得已”的举措。

> 在我看来，拉欧高等教育区的职能扩充这一举动实属冒险行为，或者说是一项“迫不得已”的举措。经过巴黎、墨西哥城和马德里这三届教育部部长会议，可以说是拉欧高等教育合作形式最好的几年，但是也只是限于校际层面和国家之间的合

① 访谈资料。访谈情况见附录11。

作，离建立真正的拉欧高等教育区的目标还有相当长的路要走。主要的原因是拉欧高等教育合作的目标设定不聚焦，也就是说比较空洞，导致了拉欧高等教育合作缺少合作“抓手”。另一个原因是，拉美不存在一个像欧洲高等教育区一样的“拉美高等教育区”，拉美内部高等教育一体化合作的意愿不够强烈。因此在合作过程中，出现了“一头冷一头热”的局面，就是欧盟按照自身一体化的模式与拉美展开合作，拉美各国政府口号响亮，但是却得不到高等教育机构切实可行的支持，导致行动力差。但是，距离2015年拉欧高等教育区建成还有不到两年的时间，拉欧领导人不愿意放弃这一目标，另外，随着知识经济时代对各国高等教育发展的要求越来越高，借此时机，拉欧领导人“冒险”地扩充了拉欧高等教育区的职能。表面上看，合作的领域越来越广，但实际上是不得已而为之的举措。【CAB-PRY-Ibáñez】[①]

（三）组织架构权力分配不均衡，权责不清晰

拉欧学术峰会的早期组织架构完全按照欧洲高等教育区的模式而建立，成立了监督委员会和执行秘书处。由于这两个机构无固定办公场所，经费来源也不稳定，因此组织机构的会议为非常规性会议，并且会议纪要或相关记录都没有保存下来。两个组织机构的成员大多数来自拉美和欧盟合作相对活跃的国家，那些活跃程度不高的国家由于缺少在拉欧高等教育合作中的发声机制，因此对拉欧合作逐渐丧失了兴趣。

成为监督委员会的成员不需要任何竞聘流程，当时是被委任的。可以参与到拉欧高等教育区的建设工作，见证世界上最大规模的高等教育区的成立，这确实是份荣耀的工作。但是，拉欧峰会的组织架构的象征意义大于其实际作用，工作效率低下。我认为导致这种现象产生主要有以下几个原因：第一，我们都不是全职的工作人员，而且整个机构组织也没有全职的工作人员，在这种情况下，主要工作和这项工作很难兼顾；第二，我们这些成员来自拉美以及欧洲的不同国家，这些国家间

① 访谈资料。访谈情况见附录11。

> 存在时差，这给沟通工作带来了不小的难度；第三，职责不明确，没有人告诉我们具体要做什么工作，如何推进拉欧高等教育区的建设，大多数情况下我们是听拉欧领导人峰会的宗旨办事，但是由于更高一个级别的领导人在合作过程中意见分歧较大，这也使得我们的工作困难重重；第四，就是经费不到位，因为经费短缺，监督委员会的常规会议被迫停止，执行秘书处没有固定的办公地点。【CAB/SE-CHI-Lavalle】[①]

2013年拉欧学术峰会新的组织架构出台，在拉欧领导人峰会的建议指导下，由拉欧学术委员会牵头组织举办永久学术论坛，该论坛下设区域间学术委员会、咨询委员会、执行秘书处以及永久反思小组等机构，这四个组织机构共有46个职位，由来自19个国家的29名成员负责，其中有不少人身兼数职。这29名成员主要是来自拉美高等教育实力较强的国家，以及欧盟与拉美合作意向较为强烈的国家，如法国、西班牙、智利、墨西哥等国。改组后的拉欧学术峰会组织架构仍未能解决区域间制度建设权力失衡、权责不清等问题。

> 拉欧之间逐步建立了机构组织框架，但是并未能明确指定相关负责人的实际执行权力和责任。对已经设置的议程缺乏监督和推进，议程设置和对话内容重复。【CC-ROM-Barbulescu】
>
> 我代表加勒比区域的国家，我希望可以为拉欧合作过程中不被重视的国家发声，因为在拉欧多年的高等教育合作中，我们这些小国家更加需要高等教育资源的帮助，但是我个人的声音太过渺小，在议程商讨过程中，我的建议很快就被“强国”的利益所湮灭。【CAB-BOL-Sánchez】[②]

四、高等教育一体化的壁垒：拉欧高等教育议程设置的局限性

拉欧高等教育的合作目标是建立区域间一体化的高等教育体系，以

① 访谈资料。访谈情况见附录11。

② 访谈资料。访谈情况见附录11。

促进区域间的人员流动、经验交流，以共同促进拉欧高等教育的发展。因此，在拉欧高等教育的议程设置方面，如ALFA计划、ALBAN计划、伊拉斯谟世界计划、玛丽·居里计划等都是围绕着“流动”这一核心内容开展的。但是实际上，经过几十年的合作，拉欧区域间连最基础的学分、学历互认问题尚未能解决，这说明了拉欧高等教育合作议程的设置存在其局限性。

> 实际上，除了开展ALFA计划、ALBAN计划、伊拉斯谟世界计划、“伊拉斯谟+”等计划外，拉欧之间的高等教育合作并未得到什么实质性的进展，虽然在历届《宣言》和《行动计划》中，对拉欧高等教育合作提出了美好的愿景，但是真正推动其发展的制度建设和议程设置不够清晰，或者更确切地说，不能聚焦在真正推动拉欧高等教育合作发展的“关键点”上。【GP-MEX-Garrido】[①]

（一）过高评估了拉美高等教育一体化水平

作为高等教育一体化“鼻祖”的欧盟，在提出建立欧洲高等教育区的同时，“发明”和制定了学分转换机制，使其高等教育一体化的愿景、目标与理念得以实现。[②]因此，建立统一的学位、学历和文凭认证制度，同样成为拉欧高等教育合作的主要议程。为了实现拉欧高等教育一体化，就必须先从推进拉美高等教育一体化发展着手，帮助拉美建立区域内的学位、学历和文凭认证制度。

> 建立可转换的学位、学历和文凭认证体系是促进学生、科研工作者流动的第一步，但是，目前在拉美存在的普遍现象是海外学历认证难、程序复杂等，这些降低了学生到海外留学的兴趣和意愿。拉欧高等教育合作过程中，一直在推进学位、学历和文凭认证制度，但是经过20多年的合作，拉美各国学历认证系统仍未能建立。【CAB-MEX-Padilla】

① 访谈资料。访谈情况见附录11。

② 阚阅.多样与统一——欧洲高等教育一体化研究[M].杭州：浙江大学出版社，2016:175.

> 拉美区域学历认证制度建设之所以这么艰难，主要原因是：其一，拉美各大学自治程度较高，政府对大学的控制权较弱，因此虽然拉欧政府间表示出强烈的合作意愿，但缺乏政府与拉美大学之间的沟通，该议程并未得到太多拉美大学的支持；其二，认证体系未能将学历认证和专业实践作区分；其三，各国之间未能达成对学分、学位和学历认证体系标准的共识，缺少对不同高等教育体系的对比制度，建立相互信任的互认机制；其四就是各国之间高等教育质量相差悬殊，从区域层面很难找到合作共识，在国家层面，高等教育水平是一个国家综合国力的体现，因此没有一个国家为了合作而放弃自己的利益。【CAB-MEX-Padilla】①

（二）议程设置过度依赖欧盟，欠缺专向性与持久性

首先，拉欧高等教育区合作项目在经费投入、管理和执行方面过于依赖欧盟。目前的大多数合作项目由欧盟单边推动，拉美各国虽然享受着合作带来的成果，但缺乏对议程设置的参与权和决定权，尤其是在经费、管理和执行方面参与有限。与此同时，拉美缺少一个同欧盟类似的对外统一机构，如拉美和加勒比国家共同体的建立就是个很好的契机，但是该共同体还需要继续加强制度化建设，以提升拉美区域参与教育合作的主动性和话语权。拉美在合作中也应该肩负起更多的责任和使命，不能只依靠欧盟的“出谋划策”推进区域间的合作。

其次，拉欧高等教育区推动的项目周期过短。目前，拉欧区域间开展的项目多为1—2年的短期项目，从项目的申请、审批到执行的前期准备工作需要消耗大量时间，因此项目真正的执行时间较短。在执行过程中，还需要考虑人员对项目的熟悉过程时间，因此项目步入正轨的运营时间更是紧促。此外，拉欧之间的时差以及人员办事风格的差异问题，进一步降低了办事效率。

（三）忽略了语言因素造成的合作障碍

在拉美33个独立国家中，大多数国家的官方语言为西班牙语和葡萄牙语，还有少数国家为法语、荷兰语和英语。欧盟27个成员国中，官方语言20多种。虽然多元的语言是拉美和欧盟宝贵的文化财富，但是也对

---

① 访谈资料。访谈情况见附录11。

区域间的人员交流造成了阻碍。很难想象，一个不懂外语的人如何在国外进行有效的学习和交流。

因此，语言成为人员交流的关键因素之一。从前面的分析来看，欧洲的西班牙、葡萄牙、法国和英国与拉美高等教育合作较多，成为拉美人员流动的主要接收国，一方面是这些传统的欧洲国家重视与拉美在教育领域的合作，投入了较多的人力和资金；另一方面是语言原因，以ALFA计划为例，西班牙、葡萄牙、法国、意大利是拉美校际合作与学生流动的主要目的地国，西班牙语、葡萄牙语、法语、英语为拉美各国的主要官方语言和沟通语言，意大利语与前两种语言具有同源性，在交流上障碍较小。从另外一个角度分析，拉欧合作的不均衡性在一定程度上与语言有关。

> 拉美的外语普及率不高，很多学者外语沟通能力不足，这种现状堪忧。为了提高高等教育国际化水平，就必须提高学生和教师的外语水平，尤其是英语水平。目前，拉美各高等教育机构的主要合作对象仍是来自西班牙、葡萄牙和法国，这是为什么呢？原因很简单，沟通方便。学生流动也是这样，大多数的（拉美）学生更喜欢选择上面三个欧洲国家进行留学交换，因为在申请奖学金时语言能力考试是他们最大的障碍。【CAB-CHI-Lavalle】
>
> 外语（英语）水平不高严重制约了拉美高等教育国际化的发展。目前，拉美大学的很多教授和科研工作者不能熟练掌握外语（英语），大多数的研究和科研成果仍是由西班牙语撰写完成，因此科研成果的传播率有限，不能进入世界核心的研究群体。因此，各大学开始意识到这一问题，逐渐开始加大对学生外语（英语）的考核力度，尤其是研究生阶段。因为，目前拉美的学生流动层级主要还是集中在这一阶段，各高等教育机构不希望因为语言能力限制了学生交流的机会，这样实在太可惜了。【CC-COS-Pennington】[①]

① 访谈资料。访谈情况见附录11。

五、国家利益还是共同体利益：拉欧高等教育合作的利益纷争

拉欧高等教育区的建设发展离不开拉欧政治合作的大气候，因此拉欧高等教育合作体现了各国之间强烈的政治意愿以及现实利益诉求。分析拉欧高等教育合作参与情况可以发现，欧盟主要集中在与拉美合作意向较为强烈的传统强国，如西班牙、葡萄牙、法国、德国等，拉美区域则是高等教育实力较强的阿根廷、巴拉圭、墨西哥、智利等国家。以ALFA计划三期为例，共有51个合作项目，其中阿根廷参与13个项目、秘鲁11个、墨西哥10个，这三个国家参与项目的总数为34个，[①]超过了整个三期项目的一半，而像古巴和委内瑞拉各为3个。从拉欧高等教育区运行的内部组织架构人员构成来看，拉欧学术峰会的46个职位由来自19个国家的人员担任，不及拉欧高等教育区60个成员国的三分之一，且这19个国家也多数是拉欧高等教育区项目参与度高的国家。主要原因首先是高等教育合作程度与经贸合作相关，拉欧经贸往来密切的国家也是高等教育合作较为密切的国家，ALFA计划中参与度最高的五个拉美国家与欧盟的贸易总额占了拉欧贸易总额的75%以上。[②]其次是与高等教育发展水平相关，拉美高等教育水平较高的国家，国际合作经验也更为丰富，在申请欧盟对拉美的合作项目中具有更大的竞争优势，中标概率更高。因此在拉欧合作过程中，受益最多的是拉美较具影响力且教育资源优质的国家，而教育欠发达、资源匮乏的国家由于竞争力不足，鲜有合作机会。由于这些高等教育“小国”缺少在拉欧高等教育区建设过程中的参与机会以及发声机制，逐渐丧失了对拉欧合作的兴趣。

> 拉美和欧盟的高等教育的合作项目应该惠及更多的拉美学校，不应将大多数的项目放在如巴西、阿根廷、墨西哥等教育相对发达的国家和院校。但是，由于欧盟不是一个像联合国教

① European Commission. Programa de Cooperación Regional en Educación Superior entre la Unión Europea y América Latina. ALFA III（2007–2013）[EB/OL]. http://cooperacion.udelar.edu.uy/es/wp-content/uploads/2012/09/overview_alfaiii_es.pdf, 2018–02–21.

② Desarrollando Ideas Llorente，Cuanca. ¿Hacia Dónde Debería Caminar la Relación Estratégica entre la UE y América Latina y el Caribe?[R]. Madrid，2015:21.

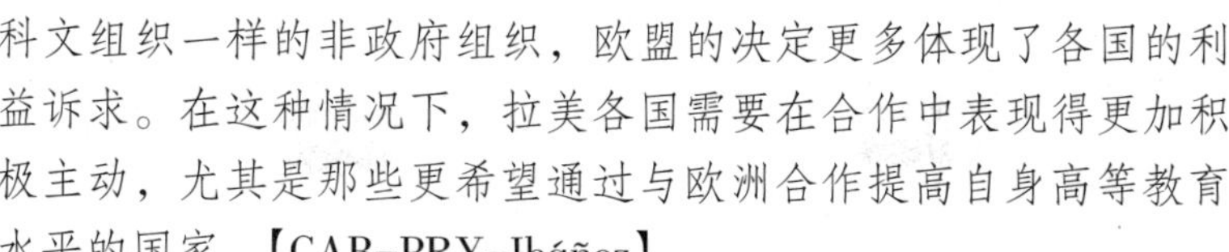

> 科文组织一样的非政府组织，欧盟的决定更多体现了各国的利益诉求。在这种情况下，拉美各国需要在合作中表现得更加积极主动，尤其是那些更希望通过与欧洲合作提高自身高等教育水平的国家。【CAB-PRY-Ibáñez】
>
> 从多年拉欧高等教育合作经验来看，世界排名越靠前的学校在区域间高等教育合作中活跃度越高。在高等教育区建设过程中，通过拉欧区域间高等教育合作，拉美各国的高等教育院校质量普遍得到提升。但是由于拉美各国参与度不一致，拉欧高等教育合作存在加剧拉美区域内各国间、各校间质量差距的隐患。因此，应适当引入协调机制保障拉美区域内高等教育机构质量的共同提升。同时需要注意的是，合作过程中资金流向过于集中，那些经济体量小、高等教育更加需要发展的国家鲜被关注，这些国家的学生们很难获得留学奖学金资助，而这些学生又缺乏支付海外学费的经济能力，这就制约了学生的流动。这种现象加剧了社会的不平等，使具有学术素养的学生由于经济原因无法获得海外留学的机会。【IN-MEX- Avila】[①]

过于集中的资金流向制约了学术的流动性，加剧了社会的不平等现象，与拉欧领导人倡导的社会融入性发展原则背道而驰。拉欧高等教育区的发展需要处理好不同方面的现实利益，寻求区域间合作“最大公约数”，避免因为资源分配不均而导致凝聚力削减的问题。

拉欧两区域通过拉欧领导人峰会这一对外关系平台，通过不断完善制度建设、议程设置等路径机制，对两个区域的个人、研究机构、国家的发展都起到了积极的促进作用；拉欧区域相互学习、相互承认，不断建立自我规范，拉欧区域内部的合作意愿不断加强，并且拉欧区域间合作不断被外界所熟知并得到拉欧之外国家的认可。拉欧区域间合作所取得的成效对拉欧区域间的集体认同起到了积极促进作用。诚然，在拉欧合作过程中也面临国际关系变化、经济危机、各国利益不统一等挑战，对拉欧集体认同的构建无疑是不小的阻碍；但是从世界整体发展趋势分析，拉欧区域间高等教育合作已经成为一种重要的区域间合作模式以及不可逆的发展趋势。

① 访谈资料。访谈情况见附录 11。

第七章 结语

一、对拉美与欧盟高等教育合作的反思

本书以国际关系理论中的区域间主义理论为基础构建了研究框架，借助“能力—期望差距”理论的分析技术，结合文献法和访谈法，从历史维度分析在高等教育领域实力“非对称”的拉欧两个区域如何成为合作伙伴，并解读了保障拉欧区域间高等教育合作的制度建设、议程设置以及合理化的运行机制，归纳了其成效，并批判性地反思了其存在的问题与挑战。最终，本书得出以下核心结论。

（一）拉欧的高等教育合作关系是“非对称性”的，这种合作关系的形成不仅源于拉欧间悠久的历史文化积淀，而且受到了国际、国家以及高等教育机构三个层次发展需求的推动。

拉欧高等教育合作已经有500多年的历史，自1492年西班牙殖民者踏上拉美这片土地以来，教育合作就一直伴随着拉欧关系的发展，可以说，教育合作尤其是高等教育合作是拉欧最为传统且古老的合作领域。这种依靠历史积淀而来的文化共识和身份认同是其他国家和区域所不可比拟的，是拉欧区域间合作的重要基础以及宝贵财富。诚然，拉欧高等教育合作的外部环境既生成拉欧高等教育合作的基本动力，也是推动其健康发展的基本保障。悠久的历史文化是拉欧“非对称”合作关系的充分条件，那么拉欧各国发展的现实需求则是促成其合作的必要条件。

从国际层面分析，无论是对欧盟还是对拉美而言，高等教育合作被视为推进国际关系的重要工具。二战后的欧洲希望通过自身一体化发展

以及规范性权力理念的输出重塑“文明为核心”的欧洲形象，并对世界其他国家和区域产生影响。拉美人民在一体化道路上苦苦探寻200年，但时至今日成果有限，因此与欧盟合作学习并借鉴其成功经验，无疑是一条捷径。同时，拉欧的合作有助于地缘政治关系达到平衡，帮助拉美在国际舞台上拥有更多的话语权，避免国际关系变化过程中的边缘化，拉欧共同巩固多边体系的共同原则和规范，减少对其他行为体的依赖，弥补关系不平衡，并保持各自区域和国家的发展。

从国家层面分析，人才培养和储备是拉欧各国发展高等教育合作的重要战略之一。虽然拉欧各国在社会、经济和高等教育等领域发展水平不一，对人才的需求也不尽相同，但整体来说，欧盟通过区域内和区域间的高等教育资源整合，以提高欧盟高等教育的竞争力，在21世纪的人才争夺战中占有优势地位，与拉美合作正是欧盟全球高等教育人才培养的战略体现；对于拉美来说，拉美约四分之一（约1.63亿）公民的年龄在15—29岁，[①]这一人口红利为拉美包容性发展开启了窗口机遇期，然而，拉美面临着高等教育阶段学生辍学率和复读率双高的现状，缺少可以适应该区域知识经济转型所需的人力资本，因此通过与欧盟合作加速人才培养进而推动经济发展，无疑是拉美各国进入发展“快速道”的捷径。

从高等教育机构层面分析，提升高等教育机构的国际影响力和竞争力，推动其从世界研究和知识传播的“外围”向“中心”靠拢，跻身世界名校行列，是拉美各高等教育机构发展的现实需求。在世界知名大学名单中鲜有拉美大学的身影，拉美大学在学生和教职人员流动、国际化课程设置、机构管理等方面与高等教育发达国家存在明显差距，明显缺少系统性发展策略，相关决策者缺少对国际化创新、质量和变革走向的经验和认知。因此推动国际合作，搭建便于拉美区域与世界其他国家高等教育机构、专家和学者进行信息与经验交流的平台，同时推动学生、教师和科研工作者的流动，扩大知识和文化传播范围，是拉美各国高等教育机构寻求发展的必然选择。

（二）定期的会议制度以及会议所形成的一系列合作章程为拉欧

① 经济合作与发展组织中心，联合国拉丁美洲和加勒比经济委员会，CAF—拉丁美洲开发银行主编．拉丁美洲经济展望（2017）——青年、技能和创业[M]．北京：社会文献出版社，2017:001.

“非对称”的高等教育合作提供了制度保障。

拉美和欧盟充分借助拉欧领导人峰会平台，开展拉欧区域间高等教育合作，推动区域间高等教育一体化的建设。对于拉欧在高等教育发展极不平衡的两个区域来说，无论是合作政策的制定还是议程项目的资助，多数是由欧盟牵头推动，拉美响应参与。拉欧领导人峰会与拉欧学术峰会作为最重要的制度机制，为拉欧高等教育合作搭建起常规化的对话方式，通过制度建设拉欧行为体行为得以规范，拉欧的合作和利益诉求变成了一种集体行为，拉欧根据集体共同协商达成一致的内容而行事，在一定程度上保障了拉欧这对“非对称”行为体合作的顺利进行。

第一，拉欧领导人峰会是拉欧区域间高等教育合作的总“设计师”，其下设的拉欧学术峰会为高等教育合作事务的具体“执行者”。拉欧领导人峰会确定了合作的主基调，提出了建立拉欧高等教育区的核心任务，并确定了区域间高等教育合作的实施机制。在拉欧领导人峰会的统领下，拉欧学术峰会推进拉欧高等教育区的建设工作，以及负责拉欧高等教育区组织机构的搭建、运行和管理工作。该学术峰会已经形成了由决策主体、研究主体和实施主体共同参与的模式，并邀请政府间组织、非政府组织、高等教育机构、教育组织以及相关利益群体共同参与高等教育区的监理工作。最大程度照顾到利益攸关者，并将这些利益攸关者通过会议制度形式建立合作伙伴关系，调动起所有人的参与感和积极性。

第二，拉欧领导人峰会与拉欧学术峰会的多边会议制度以及多层治理模式保障了拉欧“非对称”合作的正常运行。拉欧在高等教育合作过程中，建立起共同商讨以求解决问题的方式，即多边会议制度。从拉欧领导人峰会到下设的拉欧学术峰会、学术峰会准备会议、永久学术论坛等共同推动区域间合作议程的实施，负责合作计划、宣言、对话协定等文件的筹备和执行工作。学术峰会还成立了学术委员会、咨询委员会、执行秘书处，负责对以往学术峰会工作内容进行总结，并筹备下一届学术峰会以及学术峰会准备会议的相关工作。此外，拉欧区域间通过领导人峰会制度制定教育合作总基调，高等教育机构根据自身发展需求搭建合作联盟，这种“自上至下”与“自下至上”相结合的多层治理模式，平衡了复杂的机构关系以及多方面的利益诉求。

第三，在拉欧领导人峰会框架下，拉欧高等教育合作呈现出区域先

行、多边和双边共同推进的多层次合作特点。拉美和欧盟在区域间合作外，欧盟同拉美现有教育一体化程度较高的子区域如南方共同市场、中美洲一体化体系等开展合作，以及同墨西哥、智利等国的双边合作，实现由点及面、重点突破的合作模式。

（三）拉欧启动的旨在促进能力建设、学术流动以及科研人员培养等方面的教育项目议程，推动了拉欧高等教育区的建设，促进了区域间合作的“合理化”发展。

首先，拉欧以自身发展需求、联合国教科文组织和伊比利亚美洲组织等国际组织核心报告内容为依据，确定了拉欧高等教育优先议程，这些议程的经费大部分由欧盟资助，并且多数项目依托欧盟统一对外的高等教育、科学、技术和创新等领域的计划，如“伊拉斯谟+”计划（前身为伊拉斯谟世界计划）、“地平线2020”计划（前身为第七科技框架）。

其次，拉欧高等教育合作项目围绕人员“流动”展开，通过促进学生、教师、科研人员的流动，旨在提升个人竞争力、机构管理能力、国家教育水平；通过合作与交流积累经验，为学分、学历和学位互认制度的建立奠定基础，推动拉欧高等教育区的建设工作，以求拉欧高等教育一体化目标尽早实现。

（四）拉欧通过区域间高等教育合作已经在促进社会包容性发展、推动创新驱动力以及提升就业竞争力等方面初见成效，这对拉欧集体认同的建立起到了积极促进作用。

第一，拉欧合作增加了拉美高等教育的入学率，促进了社会包容性发展。拉欧高等教育区一直视教育为经济增长的助推器，更是促进社会包容和公平发展的重要手段。因此，在合作过程中，针对拉美社会不平等现象严重这一事实，欧盟实施了一系列“靶向”项目，通过资助贫困、偏远地区的学生，为其搭建远程学习设备，研制开发远程教育课程等方式，帮助弱势群体获得教育机会，缩小社会差距。

第二，拉欧合作促进了产学研转换平台的建立，提高了拉美国家的创新驱动力。拉欧高等教育区长期致力于增强教育与创新之间的互补性关系，不断更新科学、技术和创新方面的合作议程。拉欧通过共同研发以培养学生创新力、问题解决能力、领导力为导向的创业课程，搭建经验交流平台，定期举办工作坊、论坛、讲座等不同形式的创新教育和实践交流活动，联合高等教育机构和社会公、私立部门建立创新成果转化合作联盟等，以提升拉欧各国的创新能力。参与合作的国家尤其是拉美国家的专利申请数量、科研人员的数量都有不同程度的提升。

第三，拉欧合作推动了人际交流，帮助学生获得了更加优质的教育资源，提升了其就业竞争力。拉美世界知名大学匮乏，高等教育发展相对落后，拉美学生、科研人员以及教职人员通过欧盟推出的学术流动项目，实现了区域间的流动。通过海外的留学和生活，一方面留学人员获得了更好的教育和科研资源，促进了学术共同体的建立；另一方面也扩宽了其国际视野，增强了跨文化交流的软技能。

拉欧高等教育合作借助拉欧领导人峰会这一对外关系平台，通过自身制度的不断完善、议程设置，对两个区域的个人、研究机构、国家的发展都起到了积极的促进作用，拉欧区域内部建立了自我规范，合作意愿不断加强，并且拉欧区域间合作不断被外界所熟知并得到认可。毫无疑问，拉欧区域间合作所取得的成效对拉欧区域间的集体认同起到了积极促进作用。

（五）拉欧高等教育合作在取得一定成效的基础上，依然存在诸多问题，面临一些挑战。

拉欧领导人峰会框架下的拉欧高等教育合作历经20多年，但是无论是学分、学历和学位认证制度的建立，还是拉欧研究机构的建立，抑或是拉欧高等教育区的建立，这些目标都仍停留在各种政策性文件和行动计划中，理想意境下的应然状态与现实操作中反映出的实然状态间存在一定程度的落差。下面根据“能力—期望差距”理论的凝聚力、手段和资源三要素分析差距产生的原因。

从凝聚力维度分析，拉欧外部的国际环境与20世纪末拉欧领导人对话制度建立时相比发生了变化，如中国这样的新兴国家的兴起打破了传统国际关系的平衡，它们正在成为一股重要力量活跃在国际舞台上。从拉欧内部来看，东欧国家与传统欧盟国家对拉美高等教育合作的态度不一，欧盟统一对外行动体在与拉美合作过程中出现了不一致的声音。拉美内部子区域组织成立目标不同，使得拉美内部很难形成统一的声音，阻碍了拉美区域一体化的形成。

从手段维度分析，制度建设部分流于形式，求全求大，反而分散了合作重点，掉进了为制度建设而建设的“形式主义”陷阱。组织架构权责不清晰，导致效率低下甚至是“空架子”的难堪局面。议程设置方面

过度依赖欧盟，当前多数合作项目无论是在经费投入、管理还是执行方面都由欧盟单边推动，拉美各国虽然享受着合作带来的成果，但缺乏对议程设置的参与权和决定权。高等教育合作议程呈现了欧盟的利益诉求，受益最多的也是与欧盟合作最为密切的几个拉美国家，这些国家的教育资源优质，而教育欠发达、资源匮乏的国家缺少合作机会。未能充分考虑拉美高等教育需求的议程设置制约了学术的流动性，加剧了社会的不平等现象，与拉欧领导人倡导的社会融入性发展原则背道而驰。

从资源维度分析，国家层面对拉欧高等教育合作重视不够，拉欧合作仍是“重商轻文”的发展情况，各国缺少对拉欧合作的长久打算。机构层面，由于高等教育“自治”传统的影响，这种“自上至下”的合作模式严重破坏了高等教育机构的自治传统和自身利益，因此各高等教育机构合作热情不高。此外，拉美高等教育机构处理国际合作与交流能力欠佳，严重制约了拉欧高等教育合作的有效性。此外，欧盟的经济危机分散了欧盟决策者对教育政策关注的重心，欧盟决策者和成员国领导人的关注点完全被捆绑在处理欧盟的经济危机上，高等教育合作的行政资源和空间被挤占，导致欧盟与拉美高等教育合作的优先级被大大降低。欧盟财政紧缩，外交资源受到影响，财政预算中用于高等教育对外合作的份额下降。欧盟内部各国分歧严重，影响高等教育一体化进程，这给视欧洲高等教育一体化为“楷模”的拉美造成了消极影响，动摇了拉欧高等教育区建设的决心。拉欧高等教育合作过程中面临的困难与挑战对拉欧集体认同的构建无疑是不小的阻碍。

二、对中国与拉美高等教育合作的展望

习近平总书记首次出访拉美时用“海内存知己，天涯若比邻”来形容中拉之间的关系，并指出中国和拉美虽然相距遥远，但中拉友谊源远流长。如何进一步深化中拉传统友谊，扩大在教育领域的互利合作，拉欧区域间高等教育合作些许可以给我们一些启示。

（一）完善中拉高等教育合作制度，优化中拉论坛、“一带一路”倡议平台以及各类多边、双边战略对话机制，丰富交流与合作的参与主体。

拉欧高等教育合作是在拉欧领导人峰会制度和其下设的拉欧领导人峰会制度框架下实施的。因此，在中国与拉美教育交流与合作中，也应

当充分利用中拉论坛、“一带一路”倡议平台及各类双边、多边战略对话机制为教育合作制度的构建提供对接平台。目前，中拉论坛是中拉区域间最大的合作平台，其中囊括了与中国建交和未建交的拉美33个国家。该平台自2015年成立以来各项机制运行顺畅，现已成为中拉共同关心的国际和区域间问题保持磋商的重要渠道之一，为落实区域间共识和合作规划提供了有力的制度保障。中拉还应当建立中拉教育部部长、中拉大学校长论坛等定期会晤机制，从高层次促进中拉教育交流与合作。

在此基础上，中拉教育交流与合作的参与主体有待更加多样。目前，中拉教育合作主体多为政府机构，如教育部、外交部、商务部、汉办等，主体较为单一，限制了中拉教育交流与合作规模增长的速度，而高等教育机构、企业等未得到充分利用，与拉美大学联盟、南方共同市场教育组织等国际组织的合作尚待开发。因此，在保障“自上至下”引导教育交流的前提下，中国还应该充分吸纳民间智慧和力量，加强“自下至上”的合作模式。

（二）我国需充分统筹规划在拉美区域的高等教育合作布局，加强与拉美子区域的合作，锚定支点国家。

拉美33个国家教育体系差异较大，质量水平参差不齐，拉欧高等教育合作具有区域先行、多边和双边共同推进的特点。因此，在中拉高等教育合作过程中，我国需要借助中拉论坛机制框架，注重多边合作与双边合作的相互配合以及共同推进。首先，我国应重视开展与拉美子区域的高等教育合作。拉美比较重要的几个子区域组织如南方共同市场、中美洲一体化体系、安第斯集团等均在不同程度上进行了高等教育一体化改革，基本上建立了区域内组织成员国之间的学分、学位互认制度，具有较好的一体化合作基础。因此，我国应该主动加强与这些子区域组织的合作与交流工作，加快与拉美教育发展的战略对接，推动与子区域组织的高等教育议程合作，积累经验、增信释疑。其次，我国应该着重开展与拉美关键国家的高等教育合作。目前，我国已经与7个拉美国家建立全面战略伙伴关系，其中不乏如巴西、阿根廷、墨西哥、智利这些高等教育相对发达且在拉美区域和子区域事务中拥有影响力和号召力的国家。我国和拉美高等教育合作尚处于起步阶段，我国需要侧重加强与我国有合作基础并在拉美有影响力的国家进行高等教育合作，这样可以避免产生教育资源投入过于分散的不利现象。充分利用这些国家的区域效

应，以点带面，形成对周边国家的辐射与影响，进而促进我国与周边国家教育资源的对接。

（三）在议程设置中，我国需充分了解拉美教育、社会发展的现实需求，制定“靶向性”合作方案，促进拉美自主能力发展，丰富合作与交流内容。

在教育发展战略制定过程中，应避免像拉欧领导人峰会主体投入失衡问题的出现，我国在推动中拉教育合作政策制定过程中不仅要关注自身利益，同时充分考虑拉美教育、社会发展的现实需求，了解并尊重拉美各国教育发展的战略及目标，促进拉美自主能力的发展，此举不仅有助于调动中拉区域内各国合作的积极性，同时有助于合作务实发展。中国企业在拉美发展遇到了人才瓶颈问题，熟练技术工人的短缺已经成为中国企业在拉美发展的主要障碍之一。为了解决人才缺失问题，已有中资企业小规模尝试性开展人才培训项目。如华为在拉美成立了两个重要人才培养项目，分别是“ICT学院”和“未来种子项目”。“ICT学院”是华为与当地大学或者职业技术学院合作，为当地培养信息技术人才；“未来种子项目”是在拉美高校遴选优秀通信工程专业学生到华为总部进行培训。随着中拉论坛、中拉基础设施建设专项贷款、中拉合作基金、中拉产能合作专项基金、中拉“1+3+6”合作新框架等一系列良性政策的支持，将会有越来越多的中国企业走进拉美，人才危机将愈发严重，企业自救型的人才培养模式不是长久之计，对应用型人才的迫切需求，为中国与拉美在职业教育领域开展合作提供了重要机遇。中国职业院校需要发挥自身优势，借力“走出去”中资企业的优质资源，结合拉美当地经济社会发展需求，与当地高校、职业院校、企业开展教育培训合作，尤其是在汽车制造、信息通信技术、工程机械、交通运输、商贸物流等中拉重点合作领域。针对中资企业在拉美基础设施建设项目与生产线落户的情况，鼓励中国职业院校赴拉美开展合作办学，或建立“鲁班工坊”，实施规模化人才培养模式。针对像信息技术、物流人才这类高端应用型人才的培养，职业院校可以招收拉美职业教育留学生来华学习，毕业后定向返回中资企业参与项目实施。职业教育的合作不仅有助于解决中资企业本土化人才培养的问题，将“项目投资”与“技术输出”相结合，为中拉的经贸合作提供智力支撑。而且，职业培训实现了从“授之以鱼”向“授之以渔”的转变，可以帮助拉美青年人提升竞争力，帮助失业人员重新回到工作岗位，降低拉美“三无青年”（无学历、无工作、无培训）的数量，进而减少拉美社会不公平现象，促进社会包容性发展。同时，人才素质的提升还有助于拉美产业结构的优化转型，带动新兴产业体系的成长，使拉美更好地融入财富转移的过程。加速中拉在职业教育与培训领域的合作，符合中国共商、共建、共享、共赢原则。

（四）进一步增大与拉美教育合作的政策支持与监管力度，实行“量”与“质”并行发展。

首先，我国需要进一步加大赴拉美留学以及吸引拉美来华留学的政策力度，如增加奖学金、建立学分互认制度和签证制度等，以扩大留学人数。虽然，我国对拉美奖学金数量已经有所增加，承诺在2015—2019年向拉美提供6000个奖学金名额，2019—2021年三年继续提供6000个奖学金名额，但是与对非洲2019—2021年的5万个政府奖学金名额[①]相比，我国向拉美学生提供的奖学金数量仍然有限。中国需要继续加大对拉美的奖学金力度，并向研究生以上层次倾斜，促进高层次人才的交流。与此同时，中拉需要进一步加强学分、学历互认制度的建立。目前，我国已与秘鲁、古巴和墨西哥签署了学历与学位互认协议，理清了学历结构对等问题，有助于我国与这三个国家在协议框架下开展校际合作交流项目。我国需要进一步推动与拉美的合作，与更多的国家签订学历与学位互认协议，为人员交流扫清障碍。

在增进教育交流的同时，我国更需要探索与拉美教育合作质量保障的发展路径。首先就是完善中拉合作的管理制度，增设我国在拉美国家的教育服务和管理机构，如建立下设在各国使馆的教育处或教育组，完善如中拉人员流动信息、中拉高等教育机构合作的基本情况等，目前这方面信息缺失，在无法掌握人员流动、学校合作等基本信息的情况下，很难提及高质量的教育合作。同时，教育处或教育组为我国到拉美留学生提供出国留学、留学回国、招聘就业、文化适应、安全意识等管理与服务工作，为拉美学生拓宽来华留学的信息渠道、提供语言文化培训等工作，为中拉教育交流助力。其次，对现有中拉高校间的合作项目，我国还需要对如何完善项目的执行机制、评价机制、竞争机制和辐射机制等方面进行剖析，实现“量”的外延式和“质”的内涵式并行发展，进

① 外交部．中非合作论坛——北京行动计划（2019—2021年）[R]．北京：2018.

而培养出更多高质量的国际人才。

（五）我国学者应继续加强对拉美的了解，构建中拉高校间实质性的合作伙伴关系。

中国对拉美的研究不断“升温”，但是必须承认中国对拉美的研究速度赶不上迅速发展的中拉关系。而且随着中拉关系的不断深入，中国对拉美的研究需求也将更大、要求也会更高、引领性也会更强。因此，中国需要加强拉美研究人才的培养，从高校的学科建设、师资队伍和人才储备全面推进人才培养的速度与规模。在学科建设方面，应该依托各高校传统优势学科进行规划，如南开大学的历史系、复旦大学的政治学系等，开展拉美历史研究、拉美政治研究等。拉美研究离不开西班牙语和葡萄牙语的语言依托，各高校应该尝试打造“外语+专业”的复合型学科发展模式，考虑到中拉关系的现实需求，着重加强政治、法律、国际关系等复合型人才的培养，此举有利于拉美研究的可持续发展。在师资队伍建设方面，目前从事拉美研究的教师和研究人员大多具有文学、法学、经济学的学科背景，[①]各高校和研究机构应该在整体规划和布局下，择优考虑具有国际关系、法律学、教育、社会学等专业背景，从事拉美研究的教师，优化拉美研究内容的结构。同时引进海外知名拉美学者，提高师资队伍的国际化研究水平。在人才储备方面，各高校要致力于培养西班牙语和葡萄牙语外语功底扎实、专业知识过硬、实践能力丰富的跨学科人才，为我国的拉美研究不断充实研究力量，提升研究质量。中国研究者应该开展对拉美更加深入、细致的实证研究，亲赴拉美进行实证考察，将停留在文献上对拉美的模糊认知转变为确切体验。同时，中国还应该充分利用拉美智库人才“旋转门”机制，邀请具有拉美知识储备的国际组织工作人员、拉美国家专业人士、归国留学人员、拉美华侨等加入智库，尤其是要吸引具有全球视野、熟悉拉美国情、了解外交工作的驻拉美前外交官向智库转流，为拉美研究助力。

---

① 郭存海．中国拉美研究 70 年：机构发展与转型挑战[J]．拉丁美洲研究，2019(41)：1-24，154.

主要参考文献

一、中文文献

(一) 专著、译著

[1] 埃德加·莫兰.反思欧洲 [M].康征，齐小曼，译.北京：生活·读书·新知三联书店，2005.

[2] 陈志敏.欧洲欧盟对外政策一体化——不可能的使命？[M].北京：时事出版社，2003.

[3] 丹尼尔·列维.拉丁美洲国家与高等教育——私立对于公立主导地位的挑战 [M].周保利，何振海，译.北京：北京师范大学出版社，2016.

[4] 汉斯·德维特，等.拉丁美洲的高等教育：国际化的维度 [M].李峰亮，等译.北京：教育科学出版社，2011.

[5] 何霖俐.中国与拉丁美洲留学人员交流与培养：回顾、现状与展望 [M].北京：中国社会科学出版社，2018.

[6] 经济合作与发展组织中心，联合国拉丁美洲和加勒比经济委员会，CAF-拉丁美洲开发银行主编.拉丁美洲经济展望（2015）——面向发展的教育、技术和创新 [M].北京：社会文献出版社，2015.

[7] 经济合作与发展组织中心，联合国拉丁美洲和加勒比经济委员会，CAF-拉丁美洲开发银行主编.拉丁美洲经济展望（2017）——青年、技能和创业 [M].北京：社会文献出版社，2017.

[8] 阚阅.多样与统一——欧洲高等教育一体化研究 [M].杭州：浙江大学出版社，2016.

[9] 克敏，牛海彬，主编.中国、欧盟与拉丁美洲：当前议题与未来合作 [M].上海：上海人民出版社，2011.

[10] 李世安，刘丽云.欧洲一体化史 [M].石家庄：河北人民出版社，2003.

[11] 让·莫内.欧洲第一公民——让·莫内回忆录 [M].孙慧双，译.成都：成都出版社，1993.

[12] 王磊.欧盟对外行动署的制度研究 [M].上海：上海人民出

版社，2015.

［13］吴坚.当代高等教育国际化发展［M］.北京：人民出版社，2009.

［14］伍贻康.多元一体：欧洲区域共治模式探析［M］.上海：上海社会科学院出版社，2009.

［15］徐世澄.绚丽多彩的现代拉丁美洲文化［M］.昆明：云南大学出版社，2017.

［16］曾昭耀，石瑞元，焦震衡.战后拉丁美洲教育研究［M］.南昌：江西教育出版社，1994.

［17］郑先武.区域间主义治理模式［M］.北京：社会科学文献出版社，2014.

［18］中央编译局.马克思恩格斯选集（第二卷）［M］.北京：人民出版社，1995.

［19］周弘，贝娅特·科勒·科赫，主编.欧洲治理模式［M］.北京：社会科学文献出版社，2008.

（二）期刊论文

［1］陈玥，蔡娟.欧盟高等教育国际化发展的主要特征——基于欧盟相关政策文本的分析［J］.比较教育研究，2016（7）：50-57.

［2］陈志敏，杨小舟.地区间主义与全球秩序：北约、亚太经合组织和亚欧会议［J］.复旦国际关系评论，2006（1）：4-23.

［3］付八军.知识经济与高等教育的相关性探析［J］.高等教育研究，2005（3）：12-16.

［4］郭存海.中共十八大以来中国对拉美的政策与实践［J］.拉丁美洲研究，2017（4）：1-17.

［5］郭存海.中国拉美研究70年：机构发展与转型挑战［J］.拉丁美洲研究，2019（41）：1-24，154.

［6］洪国起.玻利瓦尔主义与拉丁美洲一体化［J］.拉丁美洲研究，1999（5）：131-141.

［7］胡昳昀，刘宝存.拉美高等教育一体化建设：目标、路径及困境——联合国教科文组织参与区域治理的视角［J］.比较教育研究，2018（4）：69-76.

［8］胡昳昀.欧盟和拉美及加勒比地区高等教育合作之科研人员流

动现状分析［J］.郑州师范教育，2016（6）：37-42.

［9］吉塔·斯塔奈哈姆泽.政策借鉴与传播：构建比较政策学的核心研究领域［J］.刘骥，译.比较教育研究，2015（4）：7-14.

［10］李兴洲，耿悦.终身学习理念嬗变研究——基于联合国教科文组织的报告［J］.清华大学教育研究，2017（1）：94-100.

［11］马嫚.地区间主义——地区合作的新亮点［J］.东南亚纵横，2009（5）：42-46.

［12］欧阳丽，编译.“伊拉斯谟+”启动高等教育能力建设项目［J］.世界教育信息，2017（23）：78.

［13］若瑟兰·加塞尔·阿维拉.拉美和加勒比海地区高等教育国际化的新方向［J］.国际高等教育，2015，8（1）：21-22.

［14］唐俊.拉美大学自治：《科尔多瓦大学宣言》及其影响［J］.比较教育研究，2014（7）：102-106.

［15］王翠文.地区间主义视角下欧盟与南方共同市场的合作［J］.南开学报（哲学社会科学版），2016（6）：48-59.

［16］王在亮，高英彤.区域间主义：逻辑起点与研究对象——以东亚拉美合作论坛为例［J］.当代亚太，2014（2）：118-151.

［17］徐进.文化与对外关系：欧盟的作法及启示［J］.国际论坛，2010（5）：20-24.

［18］于尔根·施瑞尔.赵雅晶，译.“博洛尼亚进程”：新欧洲的“神话”？［J］.北京大学教育评论，2007（2）：94-95.

（三）学位论文

张惠.博洛尼亚进程中的欧洲学生流动与社会变革研究［D］.华中师范大学，2014.

（四）网络资源

［1］丁纯.欧洲一体化——在困惑与挑战中前行［EB/OL］.http://www.xinhuanet.com/world/2015-03/18/c_127591909.htm，2019-04-03.

［2］联合国教科文组织.达喀尔行动纲领——全民教育：实现我们的集体承诺［EB/OL］.http://www.unescobkk.org/fileadmin/user_upload/efa/DakarFrameworkChinese.pdf，2017-12-19.

［3］联合国教科文组织.关于高等教育变革与发展的政策性文件（1995）［EB/OL］.http://www.zyfb.com/jgsz/2015/0609/437.html，2018-01-24.

［4］裘元伦.金融危机冲击下的欧盟经济［EB/OL］. http://theory.people.com.cn/GB/136457/8972514.html，2019-04-03.

［5］外交部.中美洲一体化体系［EB/OL］. http://www.fmprc.gov.cn/web/wjb_673085/zzjg_673183/ldmzs_673663/dqzz_673667/zmzythtx_690335/gk_690337/， 2018-01-26.

［6］吴洪英.教育交流：促进中拉相互了解［EB/OL］. http://ilas.cass.cn/xslt/gnlmyj/201302/t20130201_2244619.shtml， 2018-03-03.

［8］新华网.中国对拉美和加勒比政策文件（全文）［EB/OL］. http://news.xinhuanet.com/world/2016-11/24/c_1119980472_3.htm， 2016-11-28.

［9］新华网.中国与拉美和加勒比国家合作规划（2015—2019）［EB/OL］.http://news.xinhuanet.com/world/2015-01/09/c_1113944648.htm, 2016-09-15.

［7］新华网.背景资料：中国—拉美关系发展历程［EB/OL］.http://news.xinhuanet.com/world/2015-01/10/c_1113948806.htm， 2016-09-15.

［10］张青敏.中国与拉美国家关系［EB/OL］.http://www.china.com.cn/international/txt/2009-07/28/content_18220131.htm， 2016-09-15.

［11］中国—拉共体论坛.2017年拉丁美洲孔子学院联席会议在秘鲁举行［EB/OL］.http://www.chinacelacforum.org/chn/zgtlmjlbgjgx/t1486677.htm，2018-03-03.

［12］中国—拉共体论坛.中国市场成为拉美对外贸易“稳定器”［EB/OL］.http://www.chinacelacforum.org/chn/zgtlgtgx/t1439722.htm，2018-02-24.

［13］中华人民共和国教育部.国家中长期教育改革和发展规划纲要（2010—2020年）［EB/OL］. http://old.moe.gov.cn/publicfiles/business/htmlfiles/moe/info_list/201407/xxgk_171904.html，2019-03-06.

［14］中华人民共和国外交部.中国对拉丁美洲和加勒比政策文件［EB/OL］.http://www.mfa.gov.cn/chn//gxh/zlb/zcwj/t521016.htm，2018-02-11.

［15］中华人民共和国中央人民政府.中共中央、国务院印发《中国教育现代化2035》［EB/OL］. http://www.gov.cn/zhengce/2019-02/23/content_5367987.htm，2019-03-06.

二、外文文献

(一)专著

[1]Alain Rouquié, Rosa Cusminsky de Cendrero. América Latina. Introducción al Extremo Occidente[M].Madrid: Siglo XXI, 2007.

[2] Buchbinder, Pablo. Historia de las Universidades Argentinas [M]. Buenos Aires: Sudamericana, 2005.

[3]Fredrik Söerbaum, Luk Van Langenhove. The EU as a Global Player: The Politics Interregionalism [M]. London and New York: Routledge, 2006.

[4]Hans de Wit, Isabel Cristina Jaramillo, Jocelyne Gacel-Ávila, Jane Knight. Higher Education in Latin America. The International Dimension. [M]. Washington, D.C.:The World Bank, 2005.

[5]Hwee, Yeo Lay & López i Vidal, Lluc. The Theoretical Contribution of the Study Regionalism and Interregionalism in the ASEM Process[M]. Barcelona: CIDOB, 2008.

[6]José Ángel Sotillo, Irene Rodríguez,Enara Echart, Tahina Ojeda. El espacio Iberoamericano de Educación Superior: Diagnóstico y Propuestas Institucionales[M].Fundación Carolina, 2009.

[7]Matthew Hoffmann and Alice Ba. World Orders and Rule Systems, Contending Perspectives on Global Governance [M]. London: Routledge, 2005.

[8]Paul, T. V.; Wirtz, J. J.; Fortmann, M.. Balance of Power; Theory and Practice in the 21st Century[M]. Sandford: Standford University Press, 2004.

[9]Robert Keohane. International Institutions and State Power: Essays in International Relations Theory[M]. Boulder: Westview Press, 1989.

[10] Silveira Santos, Cintia Díaz. La Estrategia Inter- Regional de la Unión Europea con América Latina : El Camino a La Asociación con el Mercosur, la Comunidad Andina y Centroamérica[M].Madrid: Paza y Valdés, 2009.

[11]Tünnermann Bernheim, Carlos. La Universidad Latinoamericana ante los Retos del Siglo XXI[M].México: UDUAL, 2003.

（二）期刊论文

[1]Acevedo Tarazona, Álvaro. A Cien Años de la Reforma de Córdoba, 1918-2018. La Época, los Acontecimientos, el Legado[J].Historia y Espacio, 2010(7):1-13.

[2]Alejandro Tiana Ferrer. El Espacio Iberoamericano del Conocimiento: Retos y Propuestas[J].Fundación Carolina, 2009:1-6.

[3]Alexander Wendt. Anarchy is What Make of It: The Social Construction of Power Politics[J]. International Organization, 1994(2):384-396.

[4]Aliandra Barlete. La Construcción de Espacio Común ALCUE de Educación Superior[J].México: Universidades,2010(44):3-13.

[5]Carlos Bianco, Fernando Peirano. La Brecha Digital en Argentina, Chile y Uruguay. Resultados de la Aplicación de una Metodología de Evaluación de la E-readiness y del Análisis de las Principales Políticas en Materia de Reducción de la Brecha Digital[J]. Centro de Estudios sobre Ciencia, Desarrollo y Educación Superior, 2005:1-17.

[6]Carlos Malamud. Las Relaciones entre la Unión Europea y América Latina en el Siglo XXI: entre el Voluntarismo y la Realidad[J]. Plataforma Democrática, 2010(7):1-34.

[7]Carlos Tünnermann Beinheim. Los Procesos de Evaluación y Acreditación de la Calidad en Centroamérica[J].Avaliação (Campinas),2008(2):1-20.

[8]David P. Dolowitz, David Marsh. Learning from Abroad: the Role of Policy Transfer in Contemporary Policy-Making[J]. Governance, 2000(1):5-23.

[9]Diane Stone. Transfer Agents and Global Networks in the 'Transnationalization' of Policy[J]. Journal of European Public Policy, 2004(11):545-566.

[10] Gabriela Siufi. Mercosur y Educación Superior [J]. Cuadernos Iberoamericanos de Integración, 2008(9):39-56.

[11]Günther Maihold. La Cumbre de Viena entre América Latina/Caribe y la UE: el Éxito Relativo de un Encuentro de Bajas Expectivas[J].Real Insti-

tuto Eclano, 2006(5):1-7.

[12]Hans de Wit, Fiona Hunter. Europe's 25 Years of Internationalization: The EAIE in a Changing World[J]. International Higher Education,2014(74):14-15.

[13]Hugo Aboites. La Educación Superior Latinoamericana y el Proceso de Bolonia: de la Comercialización a la Adopción del Proyecto Tuning de Competencias[J]. Educación Superior y Sociedad, 2010(1):25-44.

[14]Jocelyne Gacel Ávila. The Process of Internationalization of Latin American Higher Education[J]. Journal of Studies in International Education, 2007, 11(3/4): 400-409.

[15] Luis F. López Calva, Eduardo Ortiz Juárez. A Vulnerability Approach to the Definition of the Middle Class[J]. Journal of Economic Inequality, 2014, 12 (1): 23-47.

[16]María Carracedo Bustamante, Luis Pérez Miguel, Ester Domenech Llorente. Temprano García, Víctor. La Percepción Pública de la Cooperación Internacional para el Desarrollo en Castilla y León[J]. Revista Interuniversitaria de Formación Profesorado, 2012, 15(2):47-57.

[17] Navarro Hoyos, Julián Antonio. La VI Cumbre Unión Europea América Latina y el Caribe ¿Una Cumbre de Resultados? [J]. Revista VIA IURIS, 2010(9):123-128.

[18]Norberto Fernández Lamarra. La Convergencia de la Educación Superior en América Latina y su Articulación con los Espacios Europeo e Iberoamericano. Posibilidades y Límites[J]. Avaliação, Campina, 2010(15): 9-44.

[19]Robert A. Pape. Soft Balancing against the United States[J]. International Security, 2005,7-45.

[20] Tatiana Carence Martins, Aurélio Ferreira da Silva. Processo de Bolonha e Mercosul Educacional: Reflexões acerca das Políticas de Integração e suas Ressonâncias na Educação Superior[J].IV Colóquio Internacional De Gestão Universitária, 2014:1-11.

[21] Williamson, Jeffrey G.. Latin American Inequality: Colonial Origins, Commodity Booms or a Missed Twentieth-Century Leveling? [J]. Jour-

nal of Human Development and Capabilities, 2015, 16 (3): 324-341.

(三)学位论文

[1]David Osvaldo González Miranda. El Espacio Común de Educación Superior y Conocimiento: Una Nueva Dimensión Estratégica en las Relaciones entre la Unión Europea y la América Latina (1994-2012)[D].Madrid: Universidad Complutense de Madrid, 2012.

[2] Jorge Alberto Quevedo Flores. El Espacio Eurolatinoamericano (1992-2007) Una Estrategía Efectiva de la Política Exterior Común hacia América Latina[D]. Madrid: Universidad Complutense de Madrid, 2007.

[3]Úbeda Portugués, José Escribano. La Consolidación del Modelo Europeo en el Marco del Nuevo Regionalismo Internacional: El Proceso de Construcción de los Espacios Eurolatinoamericanos y Euromediterraneo (1995-2010)[D].Madrid: Universidad Complutense de Madrid, 2006.

(四)论文集

[1] Carlos Quenan. Intervenciones Inaugurales [A].Segunda Cumbre Académica Comunidad de Estados Latinoamericanos y Caribeños y la Unión Europea. Construyendo el Espacio Común de Educación Superior, ciencia, Tecnología e Innovación para la Asociación Estratégica Birregional[C].Bélgica, 2016.

[2]Carlos Quenan. Introducción[A]. Primera Cumbre Académica Comunidad de Estados de América Latina y el Caribe-Unión Europea. Hacia un Espacio Eurolatinoamericano para la Educación Superior, Ciencia, Tecnología e Innovación[C].Chile, 2013.

[3]Christian Ghymers, Patricio Leiva. Introducción[A].Segunda Cumbre Académica Comunidad de Estados Latinoamericanos y Caribeños y la Unión Europea[C].Bélgica, 2016.

[4]Florisbela María Guimarães Nogueira Meyknecht. La Cooperación de la UE a los Países de la CELAC en la Implementación de las Políticas de Acceso a la Educación Superior y en la Internacionalización Académica[A]. Segunda Cumbre Académica Comunidad de Estados Latinoamericanos y Cari-

beños y la Unión Europea. Construyendo el Espacio Común de Educación Superior, Ciencia, Tecnología e Innovación para la Asociación Estratégica Birregional[C].Bélgica, 2015.

[5]Glaucia Bernardo Ludmila Culpi. La Difusión de Políticas Educacionales de la Unión Europea por el Proceso de Bolonia para el Mercosur Educativo[A].Segunda Cumbre Académica Comunidad de Estados Latinoamericanos y Caribeños y la Unión Europea. Construyendo el Espacio Común de Educación Superior, Ciencia, Tecnología e Innovación para la Asociación Estratégica Birregional[C].Bélgica, 2016.

[6]Heiner Hänggi. Interregionalism as a Multilateralism Phenomenon: In Search of a Typology[A]. Heiner Hänggi, Jürgen Rüland. Interregionalism and International Relations[C]. New York: Routledge, 2006.

[7]Jürgen Rüland. Interregionalism: An Unfinished Agenda[A]. Heiner Hänggi, Jürgen Rüland. Interregionalism and International Relations[C]. New York: Routledge, 2006.

[8]Patricio Leiva. Introducción[A].Primera Cumbre Académica Comunidad de Estados de América Latina y el Caribe–Unión Europea. Hacia un Espacio Eurolatinoamericano para la Educación Superior, Ciencia, Tecnología e Innovación[C].Chile, 2013.

(五)政府文件、报告

[1]América Latina Documento de Programación Regional 2007–2013[R].Comisión Europea, 2007.

[2]Comisión Europea. América Latina Documento de Programación Regional 2007–2013[R].Bruselas, 2007.

[3]Comisión Europea Dirección General de Desarrollo y Cooperación–EuropeAid. Alfa III Una Apuesta a la Equidad Social y la Integración entre América Latina y la Unión Europea[R].Bélgica, 2014.

[4]Comisión Europea. Instrumento de Cooperación al Desarrollo (ICD) 2014–2020. Programa Indicativo Plurianual Regional para América Latina[R]. Bruselas, 2013.

[5]Commission of the European Communities. Communication from the

Commission to the Council and the European Parliament. A Stronger Partnership Between the European Union and Latin America[R]. Brussels, 2005.

[6]Conferencia Ministerial de los Países de la Unión Europea, de América Latina y el Caribe sobre la Enseñanza Superior. Declaración de París [R]. París, 2000.

[7] Council of the European Communities. Conclusions of the Council and the Ministers of Education Meeting within the Council of 25 November 1991 on Quality Assessment in Higher Education[R]. Denmark, 1991.

[8]Cuarta Cumbre Unión Europea-América Latina y Caribe. Declaración de Viena[R].Viena, 2006.

[9]Cumbre Académica y del Conocimiento. Declaración de San Salvador [R].San Salvador, 2017.

[10]Cumbre UE-ALC. Plan de Acción de Madrid 2010-2012[R].Madrid, 2012.

[11]Cumbre Unión Europea- América Latina y Caribe. Declaración de Madrid[R].Madrid, 2002.

[12]Declaración de Santiago sobre Cooperación Universitaria en Educación Superior, Ciencia, Tecnología e Innovación y Propuestas a los Jefes de Estado y de Gobierno de la Cumbre CELAC-UE[R].Santiago de Chile, 2013.

[13]Declaración de Santiago. Primera Cumbre Académica América Latina y el Caribe y Unión Europea[R]. Santiago, 2013.

[14]Desarollando Ideas Llorente, Cuanca. ¿Hacia Dónde Debería Caminar la Relación Estratégica entre la UE y América Latina y el Caribe?[R]. Madrid, 2015.

[15]Education, Audiovisual and Culture Executive Agency. The European Higher Education Area in 2012: Bologna Process Implementation Report [R]. Brussels, 2012.

[16]ENQA. Standards and Guidelines for Quality Assurance in the European Higher Education Area (ESG)[R].Bruselas: Bélgica, 2015.

[17]EU-CELAC Summit 2015 Brussels. Declaración de Bruselas[R]. Bruselas, 2015.

[18]EU-CELAC Summit 2015 Brussels. Plan de Acción UE-CELAC

[R]. Bruselas, 2015.

[19]European Commission. ECTS User's Guide[R]. Luxembourg, 2009.

[20]European Commission. Erasmus+ Capacity Building in Higher Education. EU Support to Higher Education Institutions Around the World [R]. Belgium, 2016.

[21] European Commission. Higher Education Cooperation Between the European Union, Latin America and the Caribbean. Academic Cooperation and Mobility: Bringing the Two Regions Closer[R]. Luxembourg, 2015.

[22]European Commission. National and Institutional Strategies. European Higher Education Institutions' Collaboration with Latin America[R]. Belgium, 2014.

[23]European Commission. Report from the Commission to the European Parliament, the Council, the European Economic and Social Committee and the Committee of the Regions: Report on Progress in Quality Assurance in Higher Education[R]. Brussels, 2014.

[24]European Union. Joint Declaration on Harmonisation of the Architecture of the European Higher Education System[R]. Paris, 1998.

[25]Foro Académico Permanente América Latina y el Caribe y la Unión Europea. Estatutos del Foro Académico Permanente América Latina y el Caribe y la Unión Europea[R].Lisboa, 2016.

[26]Francisco Sánchez, Rosana Hernández Nieto. Bases Institucionales y Normativas para la Construcción del Espacio Europeo, Latinoamericano y Caribeño de Educación Superior, Ciencia, Tecnología e Innovación[R].Hamburgo, 2017.

[27] I Cumbre Académica CELAC- UE. Plan de Acción de Santiago 2013-2015 sobre Cooperación Universitaria en Educación Superior, Ciencia, Tecnología e Innovación[R]. Santiago, 2013.

[28]II Cumbre Académica América Latina y el Caribe y la Unión Europea. Declaración de Bruselas y Propuestas a los Jefes de Estado y de Gobierno de la Cumbre CELAC-UE 2015. [R]. Bruselas, 2015.

[29]II Reunión de Ministros de Educación América Latina y el Caribe-Unión Europea. Declaración [R]. México, 2005.

[30] III Cumbre América Latina y el Caribe- Unión Europea. Declaración de Guadalajara[R].Guadalajara, 2004.

[31] III Encuentro de Redes Universitarias y Consejos de Rectores de América Latina y el Caribe. Declaración de Lima 2009[R]. Lima, 2009.

[32] José E. Durán Lima, Ricardo Herrera, Pierre Lebret, Myriam Echeverría. La Cooperación entre América Latina y la Unión Europea. Una Asociación para el Desarrollo[R].Santiago de Chile, 2013.

[33] Latin America and the Caribbean (ALCUE). Minutes of the VI Meeting of the Follow up Committee of the Common Area for Higher Education in the European Union[R]. Belo Horizonte, Brazil, 2004.

[34] MERCOSUL Educativo. Acreditação de Qualidade Acadêmica Mercosul de Cursos Universitários Sistema Arcu-Sul Rede De Agências Nacionais de Acreditação (Rana)[R].Brasil, 2008.

[35] MERCOSUR. Acuerdo sobre la Creación e Implementación de un sistema de Acreditación de Carreras Universitarias para el Reconocimiento Regional de la Calidad Académica de las Respectivas Titulaciones en el MERCOSUR y Estados Asociados[R]. Argentina, 2008.

[36] Naciones Unidas. Objetivos de Desarrollo del Milenio: Una Mirada Desde América Latina y el Caribe[R].Santiago de Chile, 2005.

[37] PNUD. Informe Regional sobre Desarrollo Humano para América Latina y el Caribe. Progreso Multidimensional: Bienestar más allá del Ingreso [R].Nueva York, 2016.

[38] Quinta Cumbre América Latina y Caribe-Unión Europea. Declaración de Lima[R].Lima, 2008.

[39] Santiago CELAC- UE. Declaración de Santiago CELAC- UE [R]. Santiago, 2013.

[40] UE-CELAC Cumbre 2015 Bruselas. Datos y Cifras sobre las Relaciones entre la Unión Europea y la Comunidad de Estados Latinoamericanos y Caribeños[R].Bruselas, 2015.

[41] UNESCO. América Latina y el Caribe Revisión Regional 2015 de la Educación para Todos[R].Paris, 2015.

[42] UNESCO. Draft Statutes of the UNESCO International Institute for

Higher Education in Latin America and the Caribbean[R]. Paris, 1998.

[43]Unesco-IESALC. Informe sobre la Educación Superior en América Latina y el Caribe 2000-2005[R].Venezuela, 2006.

[44]UNESCO. Report by the Governing Board of the UNESCO International Institute for Higher Education in Latin America and the Caribbean (IESALC) on the Institute's Activities for 2010-2011[R]. Paris, 2011.

[45]UNESCO. Review of the International Institute for Higher Education in Latin America and the Caribbean (IESALC) [R]. Paris, 2013.

(六)网络资源

[1]Asamblea Legislativa República de El Salvador. eParlamento [EB/OL]. https://www.asamblea.gob.sv/eparlamento/indice- legislativo/buscador-de-documentos-legislativos/ley-general-de-educacion, 2017-11-18.

[2]Biblioteca del Congreso Nacional de Chile. Ley Chile [EB/OL]. https://www.leychile.cl/Consulta/listaresultadosavanzada?stringBusqueda=2% 23normal%23XX1%7C%7C117%23normal%23on%7C%7C48%23normal%23on%7C%7C46%23normal%23%28%7Beducacion%7D%29%23%28%29%7C%7C-1%23normal%23on&tipoNormaBA=&o=experta, 2017-11-17.

[3]Martin Banks. Greens Hits out at "Lack of Women" in New EU Diplomatic Corps [EB/OL]. https://www.womenlobby.org/Greens-hit-out-at-lack-of-women-in-new-EU-diplomatic-corps, 2018-01-17.

[4]Bolivariano de Venezuela, Gobierno. Presidente Chávez: Proyecto de Simón Bolívar se Hace Realidad Hoy en Venezuela[EB/OL]. http://chile.embajada.gob.ve/index.php?option=com_content&view=article&id=157% 3Apresidente-chavez-proyecto-de-simon-bolivar-se-hace-realidad-hoy-en-venezuela&catid=3% 3Anoticias- de- venezuela- en- el- mundo&Itemid=19&lang=es, 2017-12-28.

[5]CIE. CIE-ALFA-RIAIPE[EB/OL].http://www.cie-ucinf.cl/2011/09/cie-%E2%80%93-alfa-%E2%80%93-riaipe/, 2017-08-12.

[6]Comisión Europea-Comunicado de Prensa. Presupuesto de la UE para el Período 2021-2027: la Comisión Acoge con Satisfacción el Acuerdo Provisional sobre Horizonte Europa, el Futuro Programa de Investigación e Inno-

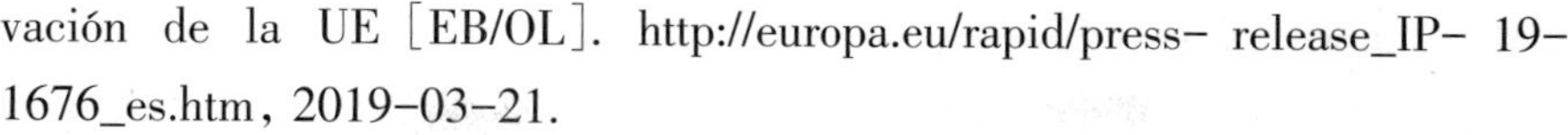

vación de la UE [EB/OL]. http://europa.eu/rapid/press- release_IP- 19-1676_es.htm, 2019-03-21.

[7] Congreso de la República, Proyectos de Ley [EB/OL]. http://www.congreso.gob.pe/proyectosdeley/, 2017-11-21.

[8] Consejo de Educación Superior. Reglamentos [EB/OL]. http://www.ces.gob.ec/index.php?option=com_phocadownload&view=category&id=12&Itemid=496, 2017-11-17.

[9] Cumbres Iberoamericanas de Jefes de Estado y de Gobierno. Declaración de Guadalajara(México, Julio 1991) [EB/OL]. http://cumbresiberoamerica.cip.cu/?page_id=267, 2018-01-28.

[10] CYTED. CYTED [EB/OL]. http://www.cyted.org/en/node/4812, 2018-02-08.

[11] David Miranda. La Construcción del Espacio Común de Educación Superior ALCUE. Propuestas para un Proceso de Institucionalización [EB/OL]. https://dialnet.unirioja.es/descarga/articulo/4588217.pdf, 2018-07-11.

[12] Declaración de París. Conferencia Ministerial de los Países de la Unión Europea, de América Latina y el Caribe sobre la Enseñanza Superior [EB/OL] https://especialbolonya.files.wordpress.com/2009/02/uealc_decl_paris_2000_es.pdf. 2017-10-30.

[13] Declaración de Río de Janiero [EB/OL].http://siga.jalisco.gob.mx/assets/documentos/TratadosInt/DeclaraRio_92.htm, 2017-10-20.

[14] Declaración Final de la I Cumbre ALC-UE de Jefes de Estado y Gobierno.Declaración de Río 1999 [EB/OL]. https://eulacfoundation.org/es/system/files/1999_Decl_Rio_ESP.pdf, 2016-11-22.

[15] ECA. Aim and Stratehy [EB/OL]. http://ecahe.eu/home/about/aims-and-background/, 2018-01-14.

[16] El Mundo. Merkel defiende que la UE Negocie Acuerdos a Dos Velocidades con Latinoamérica [EB/OL]. http://www.elmundo.es/mundodinero/2008/05/16/economia/1210920888.html, 2018-02-23.

[17] ENQA. ENQA Mission Statement [EB/OL]. http://www.enqa.eu/index.php/about-enqa/enqa-mission-statement/, 2018-01-14.

[18] EQAR. EQAR at a Glance. [EB/OL]. https://www.eqar.eu/about/in-

troduction.html, 2018-01-14.

[19]Ernesto Villanueva. Reformas de la Educación Superior: 25 Propuestas para la Educación Superior en América Latina y el Caribe[EB/OL].http://www.iesalc.unesco.org.ve/index.php?option=com_fabrik&task=plugin.pluginA-jax&plugin=fileupload&method=ajax_download&element_id=126&formid=9&rowid=54&repeatcount=0, 2018-06-13.

[20]European Commision. Programa de Cooperación Regional en Educación Superior entre la Unión Europea y América Latina. ALFA III (2007-2013)[EB/OL]. http://cooperacion.udelar.edu.uy/es/wp-content/uploads/2012/09/overview_alfaiii_es.pdf, 2018-02-21.

[21]European Parliament. Lisbon European Council 23 and 24 March 2000 Presidency Conclusions [EB/OL]. http://www.europarl.europa.eu/summits/lis1_en.htm, 2018-02-27.

[22]FEVACU. Leyes de la República Boliviana de Venezuela[EB/OL]. http://www.defiendete.org/noticias/leyes-de-la-republica-bolivariana-de-venezuela/, 2017-11-21.

[23]Francisco Alarcón Alba. El Sistema Centroamericano de Evaluación y Acreditación de la Educación Superior(SICEVAES)[EB/OL]. http://resu.anuies.mx/archives/revistas/Revista108_S1A4ES.pdf, 2018-02-06.

[24]Gaceta Oficial Estado Plurinacional de Bolivia. Normativa Nacional [EB/OL]. http://www.gacetaoficialdebolivia.gob.bo/index.php/normas/buscar, 2017-11-17.

[25]Gobierno de la República de Panamá. Leyes[EB/OL]. http://www.coneaupa.edu.pa/?q=leyes, 2017-11-21.

[26]Grupo de Río. Declaración de Río de Janeiro[EB/OL].http://siga.jalisco.gob.mx/assets/documentos/TratadosInt/DeclaraRio_92.htm, 2017-10-20.

[27]IESALC. Estatutos del IESALC[EB/OL]. http://www.iesalc.unesco.org.ve/index.php?option=com_content&view=article&id=4&Itemid=428&lang=es, 2017-05-22.

[28]II Reunión de Ministros de Educación America Latina y el Caribe-la Unión Europea. Declaración [EB/OL]. http://www.mecd.gob.es/dms-static/

c686af5f-a953-4cc6-8529-4c79a3299de8/7-declaracionreunionministrosal-cue-pdf.pdf, 2016-11-22.

[29] Infile. Iniciativas de Leyes [EB/OL].https://leyes.infile.com/index.php?id=145&pagina_publicaciones=0&texto_buscador=universidades, 2017-11-18.

[30] Joseph Nye . Soft Power and Higher Education [EB/OL]. https://library.educause.edu/~/media/files/library/2005/1/ffp0502s-pdf.pdf, 2017-09-14.

[31] Justia México. Leyes [EB/OL]. https://mexico.justia.com/federales/leyes/, 2017-11-18.

[32] Leyes Educativas de Honduras. Leyes de Educación superior [EB/OL]. https://sites.google.com/site/leyeseducativasdehonduras/leyes-de-educacion-superior, 2017-11-18.

[33] Leyes.com.py. Leyes [EB/OL]. http://www.leyes.com.py/disposisciones/12/educacion--cultura-y-deporte.html, 2017-11-21.

[34] Mangas Martín, Araceli. UE e Iberamérica: Fracaso del Paternalismo [EB/OL]. https://www.almendron.com/tribuna/ue-e-iberoamerica-fracaso-del-paternalismo/, 2017-04-04.

[35] MERCOSUL Educativo. Que es el Sector Educativo del Mercosur [EB/OL]. http://www.edu.mercosur.int/es- ES/institucional/o- que- e.html, 2018-01-24.

[36] MERCOSUR. Acordos Assinados pelos Ministros da Educação [EB/OL]. http://www.edu.mercosur.int/es- ES/acordos/finish/5- acordos- acuerdos/391-protocolo-de-intencoes.html, 2018-01-25.

[37] Mercosur. En Pocas Palabras [EB/OL]. http://www.mercosur.int:8081/innovaportal/v/3862/11/innova.front/en-pocas-palabras, 2018-01-22.

[38] MERCOSUR. Órganos Derivados de Textos Fundacionales [EB/OL]. http://www.mercosur.int/innovaportal/v/3878/11/innova.front/organos-derivados-de-textos-fundacionales, 2018-01-22.

[39] Ministerio de Educación Superior, Ciencia y Tecnología. Leyes y Reglamentos MESCyT [EB/OL]. http://www.mescyt.gob.do/index.php/base-legal, 2017-11-21.

[40] Ministry of Justice. Education [EB/OL]. http://moj.gov.jm/search/site/?f%5B0%5D=im_field_legal_area%3A30, 2017-11-18.

[41] OMPI. Haití Constitución de la Republica de Haiti, 1987[EB/OL]. http://www.wipo.int/wipolex/es/details.jsp?id=7837, 2017-11-18.

[42] Organización de Estados Iberoamericanos. ¿Qué es la OEI? [EB/OL]. http://www.oei.es/acercade/que-es-la-oei, 2018-01-31.

[43] Parlamento Europeo. Las Conferencias Interparlamentarias PE/América Latina[EB/OL]. http://www.europarl.europa.eu/meetdocs/2004_2009/documents/dv/556/556393/556393es.pdf, 2017-05-08.

[44] People Daily. Desarrollo de la Educación en China e Intercambio Educativo con Latinoamérica[EB/OL]. http://spanish.peopledaily.com.cn/32001/311251/index.html, 2018-03-03.

[45] Political Database of the Americas. Republic of Cuba [EB/OL]. http://pdba.georgetown.edu/Constitutions/Cuba/vigente.html, 2017-11-17.

[46] QS World University Rankings. QS World University Rankings [EB/OL]. https://www.topuniversities.com/university- rankings/world- university-rankings/2018, 2018-07-01.

[47] República Oriental del Uruguay Poder Legislativo. Ley N° 18.084 Agencia Nacional de Investigación e Innovación [EB/OL]. https://legislativo.parlamento.gub.uy/temporales/leytemp3868765.htm, 2017-11-21.

[48] Rüland, Jürgen. Inter-and Transregionalis: Remarks on the State of the Art of a New Research Agenda [EB/OL]. https://openresearch-repository.anu.edu.au/bitstream/1885/41664/3/ruland2.pdf, 2016-11-27.

[49] SICA. Directorio Regional [EB/OL]. http://www.sica.int/consulta/entidad.aspx?Idn=199&IDCat=29&IdEnt=7&Idm=1&IdmStyle=1&noarea=0, 2018-01-28.

[50] SICA. Reunión de Presidentes [EB/OL]. http://www.sica.int/sica/rv.aspx, 2018-01-27.

[51] SICA. SICA en breve [EB/OL]. http://www.sica.int/sica/sica_breve.aspx, 2018-01-26.

[52] SICA. Un Vistazo a la Integración [EB/OL]. http://www.sica.int/sica/vista.aspx?Idm=1, 2018-01-27.

[53] Sineace. SINEACE Oficializa Nuevo Modelo de Acreditación para Educación Superior Universitaria [EB/OL]. https://www.sineace.gob.pe/sineace-oficializa-nuevo-modelo-de-acreditacion-para-educacion-superior-universitaria/, 2017-11-25.

[54] Sistema Costarricense de Información Jurídica. PGR SINALEVI. [EB/OL].http://www.pgrweb.go.cr/scij/Busqueda/Normativa/Normas/nrm_re - sultado_simple.aspx?nRestrictor=&Termino=&Tesauro=% 20¶m5% 20=¶m6=¶m10=&txtAnnoDesde=%20&txtAnnoHasta=¶m2=1,2017-11-17.

[55] Sistema de Información. Gestión de Riesgos Tranfronterizos en los Ríos Paraguay y Pilcomayo [EB/OL].https://capwem.uc.edu.py/acerca- de, 2018-07-08.

[56] Sistema Único de Información Normativa. Materia[EB/OL]. http://buscador.suin-juriscol.gov.co/proxySolr/Proxy?q=educacion&pagenum=1&start=0&type=load&sort=date&typeRequest=search&inmeta=sector!Educaci% C3%83%C2%B3n%20Nacional, 2017-11-17.

[57] The World Bank. Latin America &Caribbean [EB/OL]. http://data.worldbank.org/region/latin-america-and-caribbean.2017-03-06.

[58] Treaty of Amsterdam. European Communities [EB/OL]. http://www.lisbon-treaty.org/wcm/images/amst-en.pdf, 2017-09-17.

[59] UNESCO-IESALC.Proyecto Diversidad Cultural e Interculturalidad en Educación Superior en américa Latina [EB/OL]. http://www.unesco.org.ve/index.php?option=com_content&view=article&id=22&Itemid=405&lang=es, 2018-01-25.

[60] UNESCO. ParlaRED [EB/OL].http://www.parlared.net/legislacion-educativa-de-nicaragua, 2017-11-21.

[61] UNESCO. What Is Mobility? [EB/OL]. http://www.unesco.org/education/studyingabroad/what_is/mobility.shtml, 2018-07-09.

附录1

拉美主要22个国家高等教育相关法律规范

国家	法律	内容	年份
阿根廷	阿根廷国家宪法	高等教育、科学和技术	1994年最新修订
	高等教育法（24.521法案）	高等教育	1995年颁布，2015年最新修订
	大学理事会法规（No.499/95）	高等教育	1995年颁布
	私立高等教育机构法规（No.576/96）	私立高等教育	1996年颁布
	国家学历认证（No.1.276/96）	高等教育	1996年颁布，2008年以后逐年修订
	国家大学认证和评估委员会条例（No.173/96）	高等教育	1996年颁布
	高等教育体系和大学学院联合法（No.455/97）	高等教育	1997年颁布
	国家大学认证和评估委员会组织架构条例（No.868/98）	高等教育	1998年颁布
	远程教育条例（No.81/98）	高等教育	1998年颁布
	海外大学授权认证条例（No.276/99）	高等教育	1999年颁布
	大学学院法（No.1.132/2001）	高等教育	2001年颁布
	科学、技术和创新法（25.467法案）	科学、技术	2001年颁布
巴拉圭	国家宪法	高等教育	1992年颁布
	高等教育法（No.4.995/2013）	高等教育	2013年颁布
	科学和技术总法（No.1.028/1997）	科学、技术	1997年颁布
巴拿马	巴拿马宪法	高等教育	1972年颁布
	教育组织法（No.47/1946）	高等教育	1946年颁布,2004年修订
	高等教育机构的远程教学行政法令（No.949/2011）	高等教育	2011年颁布
	高等教育机构学历、学分和文凭颁布行政法令	高等教育	2012年颁布
	高等教育机构自我评估、外部评估和认证法令（No.103/2012）	高等教育	2012年颁布

续表

国家	法律	内容	年份
	巴拿马大学教育质量提升的国家评估和认证体系（No.52/2015）	高等教育	2015年颁布
	科学、技术和创新发展法（No.13/1997）	科学、技术和创新	1997年颁布，2005年修订
	人力资源培养和聘用机构法（No.60/2011）	高等教育、科学和技术	2011年颁布
巴西	1988年联邦宪法	教育、科学、技术	1988年颁布
	国家教育基础和准则法（No.9.394/1996）	高等教育	1934年颁布，1996年最新修订
	国家高等教育评估法（No.10.861/2004）	高等教育	2004年颁布
	高等教育机构与高等教育体系及后续课程的管理、监督和评估职能联邦法（No.5.773/2006）	高等教育	2006年颁布
	科学、技术和创新法（No.13.243/2016）	科学、技术和创新	2016年颁布
秘鲁	秘鲁宪法	高等教育	1993年颁布
	大学法（No.30.220/2014）	高等教育	2014年颁布
	科学、技术和创新法律框架（No.28.303/2004）	科学、技术和创新	2004年颁布
	科学、技术和创新国家委员会法（No.28.613/2005）	科学、技术和创新	2005年颁布
	推动科学研究、发展和创新法（No.30.309/2015）	科学、技术和创新	2015年颁布
玻利维亚	国家政治宪法	科学、技术和创新	2009年最新颁布
	教育法（No.070）	高等教育学术机构管理	2010年颁布
	玻利维亚大学系统组织法规	高等教育	2013年颁布
	私立大学总法规	私立高等教育	2013年颁布
	加强科学、技术和创新法（No.2.209）	科学、技术、创新	2001年颁布
	国家发展计划最高法令（No.29.272）	科学、技术、创新	2006年颁布
	通用信息技术总法（No.164）	科学、技术、创新	2011年颁布

续表

国家	法律	内容	年份
多米尼加共和国	多米尼加共和国宪法	高等教育、科学、技术	1844年颁布
	高等教育机构法（No.463/2004）	高等教育	2004年颁布
	本科学历评估和认证条例	高等教育	2007年颁布
	高等教育机构研究生条例	高等教育	2008年颁布
	高级技术学院条例	高等教育	2008年颁布
	国家高等教育、科学和技术体系法（No.139/2001）	高等教育、科学、技术	2001年颁布
厄瓜多尔	厄瓜多尔共和国宪法	高等教育、科学、技术	2008年颁布
	高等教育组织法	高等教育	2010年颁布
	私立高等教育机构学费、注册和权力法规	私立高等教育	2015年颁布
	建立大学和职业技术学校分校法规	高等教育	2014年颁布
	调整高等教育机构授予职业学位和学士学位的法规	高等教育	2014年颁布
	公立高等教育机构免费法规	公立高等教育	2014年颁布
	学术制度总则	高等教育	2013年颁布
	高等教育体系教师和研究人员职业规划和规模总则	高等教育	2012年颁布
	建立大学和职业技术学校的监管和督察法规	高等教育	2012年颁布
	国家科学技术部和调整科学技术体系（1.603号执行法令）	科学、技术和创新	1994年颁布
哥伦比亚	哥伦比亚政治宪法	科学、技术和创新	1991年颁布
	高等教育公共服务法	高等教育	1992年颁布
	科学、技术和创新法（2009年1.286号法，原法案29/1990）	科学、技术和创新	1990年颁布，2009年修订
	国家竞争力和创新委员会法（2.828/2006号法案）	科学、技术和创新	2006年颁布
哥斯达黎加	哥斯达黎加共和国宪法	高等教育	1949年颁布

续表

国家	法律	内容	年份
	国家私立高等教育委员会法（No.6.693）	私立高等教育	1981年颁布
	科学和信息促进法（No.7.169）	科学、技术和创新	1990年颁布
古巴	古巴共和国宪法	高等教育	1976年颁布，2002年最新修订
	科学、技术和创新政策（No.323/2015）	科学、技术和创新	2015年颁布
海地	国家宪法	教育	1987年颁布，2011年修订
洪都拉斯	洪都拉斯共和国宪法	高等教育	1982年颁布
	高等教育法	高等教育	1989年颁布
	私立大学法	私立高等教育	1978年颁布
	高等教育学术条例	高等教育	1992年颁布
	研究生教育条例	高等教育	2008年颁布
	科学技术和创新促进发展法	科学、技术和创新	2014年颁布
墨西哥	墨西哥合众国宪法	高等教育	1917年颁布
	教育总法	高等教育	1993年颁布，2016年修订
	科学与技术法	科学、技术和创新	2002年颁布
尼加拉瓜	尼加拉瓜共和国宪法	高等教育	1948年颁布
	教育总法（No.582）	高等教育	2006年颁布
	高等教育机构自治法（No.89）	高等教育	1990年颁布
	尼加拉瓜科学和技术委员会法（No.5-95）	科学、技术和创新	1995年颁布，2004年修订

续表

国家	法律	内容	年份
	萨尔瓦多共和国宪法	高等教育	1983年颁布
萨尔瓦多	教育总法（No.917）	高等教育	1996年颁布
	高等教育法（No.468）	高等教育	2004年颁布，2013年修订
	科学和技术发展法（No.234）	科学、技术和创新	2012年颁布
特立尼达和多巴哥	高等教育法	高等教育	1996年颁布，2005年修订
	高等教育国家委员会法	高等教育	1984年颁布，2000年修订
	加勒比工业研究委员会法	科学、技术	1971年颁布，1981年修订
	特立尼达和多巴哥质量办公室法	科学、技术	1997年颁布
危地马拉	危地马拉共和国宪法	教育、科学和技术	1985年颁布
	私立大学法律	私立大学	1987年颁布
	科学及技术发展法	科学、技术和创新	1991年颁布
委内瑞拉	委内瑞拉玻利瓦尔共和国宪法	高等教育	1999年颁布
	大学法	高等教育	1970年颁布
	教育组织法	高等教育	2009年颁布
	注册在国家大学委员会的大学授予研究生学位总则	高等教育	2001年颁布
	科学、技术和创新组织法	科学、技术和创新	2010年颁布
乌拉圭	委内瑞拉共和国宪法	高等教育	1967年颁布，2004年最新修订
	国家研究和创新委员会法（No.18.084/2006）	科学、技术和创新	2006年颁布
牙买加	教育法律委员法	高等教育	1974年颁布，1982年修订

续表

国家	法律	内容	年份
	教育法	高等教育	1980年
	国家教育委员会法	高等教育	1993年
	牙买加大学委员会法	高等教育	1995年
	技术大学法	高等教育	1995年颁布，1999年修订
	牙买加大学委员会法	高等教育	2001年颁布
	国家信息技术委员会法	科学、技术和创新	2007年颁布
	科学研究委员会法	科学、技术和创新	1960年颁布，2007年修订
智利	智利共和国政治宪法	教育、科学和技术	1980年颁布，2005年、2011年重新修订
	教育总法（No.20.370）	高等教育	2009年颁布
	公共教育部重组法令（No.18.956）	高等教育	1990年颁布
	高等教育质量保障法（No.20.129）	高等教育	2006年颁布
	私立大学管理法令（No.2/2009）	私立高等教育	2009年颁布
	国家科学研究和技术委员会组织法（No.491/1971）	科学、技术和创新	1971年颁布

附录2

拉美区域高等教育、科学、技术和创新部门

<table>
<tr><th>国别</th><th>高等教育</th><th>科学、技术和创新部门</th></tr>
<tr><td rowspan="2">阿根廷</td><td>教育部、大学委员会、国家大学质量评估和认证委员会（CONEAU）</td><td>科学、技术和产品创新部，国家科学技术研究委员会，科学、技术和创新联邦委员会（COFECYT），
国家科学和技术促进局（ANPCyT），
国家科学、技术和创新咨询委员会</td></tr>
<tr><td colspan="2">科学和技术跨机构委员会（CICYT）</td></tr>
<tr><td>巴拉圭</td><td>教育和文化部（下属部门高等教育司）、
国家高等教育委员会（CONES）、
国家高等教育认证和评估委员会（ANEAES）</td><td>国家科学和技术委员会（CONACYT）</td></tr>
<tr><td>巴拿马</td><td>国家教育部、巴拿马大学校长委员会、
巴拿马国家大学认证和评估委员会（CONEAUPA）、人才培养和利用委员会（IFARHU）</td><td>国家科学、技术和创新部（SENACYT）</td></tr>
<tr><td>巴西</td><td>巴西教育部（下属部门高等教育司、高水平人才合作司CAPES、国家教育委员会等）</td><td>科学、技术和创新部（下属部门国家科学、技术发展委员会CNPq），研究和项目融资处（FINEP），巴西科学技术信息学院（IBICT）</td></tr>
<tr><td>秘鲁</td><td>教育部，国家高等教育大学督查组（SUNEDU），国家教育质量评估、认证体系（SINEACE）</td><td>国家科学、技术和创新委员会（CONCYTEC），国家科学和技术体系（SINACYT）</td></tr>
<tr><td rowspan="2">玻利维亚</td><td>玻利维亚大学执行委员会、全国大学会议</td><td>国家科学和技术委员会（CONACYT）</td></tr>
<tr><td colspan="2">教育部（下属部门科学与研究司）</td></tr>
<tr><td>多米尼加共和国</td><td colspan="2">高等教育、科学和技术部（MESCyT）（下属部门高等教育司，科学及技术司，高等教育评估和认证司），
国家高等教育、科学和技术委员会（CONESCyT）</td></tr>
<tr><td rowspan="2">厄瓜多尔</td><td>高等教育委员会（CES），
高等教育质量认证、评估和保障委员会（CEAACES）</td><td></td></tr>
<tr><td colspan="2">高等教育、科学、技术和创新部（SENESCYT）（下属部门高等教育司及科学、技术和创新司）</td></tr>
</table>

续表

<table>
<tr><th>国别</th><th>高等教育</th><th>科学、技术和创新部门</th></tr>
<tr><td>哥伦比亚</td><td>国家教育部（下属部门高等教育司）、
国家高等教育委员会（CESU）、
国家认证体系（SNA）</td><td>国家科学和技术委员会（CNCyT），
科学、技术和创新管理司（COLCIENCIAS）</td></tr>
<tr><td>哥斯达黎加</td><td>公共教育部、
国家校长委员会（CONARE）、
私立大学国家委员会（CONESUP）、
国家高等教育认证机构（SINAES）</td><td>科学、技术和通信部，
国家高科技中心</td></tr>
<tr><td>古巴</td><td>高等教育部、
国家认证委员会（JAN）</td><td>科学、技术和环境部（CITMA）</td></tr>
<tr><td>海地</td><td colspan="2">国家教育和职业培训部（下属部门高等教育司和科学研究司）</td></tr>
<tr><td>洪都拉斯</td><td>高等教育司、
洪都拉斯国家自治大学（UNAH）、
洪都拉斯高等教育质量认证体系（SHACES）</td><td>国家科学、技术和创新部（SENACYT），
国家加强科学、技术和创新委员会（CONFOCITI），
洪都拉斯科学、技术和创新学院（IHCIETI）</td></tr>
<tr><td>墨西哥</td><td>公共教育部（SEP）、
国家大学和高等教育机构联合会（ANUIES）、
墨西哥私立高等教育联合会（FIMPES）、
墨西哥大学组织（CUMex）、
跨机构高等教育评估委员会（CIEES）、
高等教育认证委员会（COPAES）</td><td>国家科学和技术委员会（CONACYT）</td></tr>
<tr><td>尼加拉瓜</td><td>国家教育委员会、
国家大学委员会（CNU）、
私立大学高等委员会（COSUP）、
国家大学校长委员会、
国家评估和认证委员会（CNEA）</td><td>尼加拉瓜科学和技术委员会（CONICTYT）</td></tr>
<tr><td rowspan="2">萨尔瓦多</td><td>国家大学校长委员会（CONARES）、
高等教育质量认证委员会（CdA）</td><td>国家科学和技术委员会（CONACYT）、
国家研究人员登记处（REDISAL）</td></tr>
<tr><td colspan="2">教育部（下属部门有高等教育司、科学和技术司）、
科学和教育研究高级网络（RAICES）</td></tr>
</table>

续表

国别	高等教育	科学、技术和创新部门
特立尼达和多巴哥	国家高等教育委员会、 国家高等教育学院、 特立尼达和多巴哥认证委员会	
	教育部（负责管理科学、技术和创新事务）	
危地马拉	教育部、私立高等教育委员会（CEPS）	国家科学和技术司（SENACYT）
	国家科学和技术委员会（CONCYT）（由公立、私立和学术部门组成）	
委内瑞拉	全国大学委员会（CNU）、 评估、认证和跟踪体系（SESA）	科学和技术合作发展委员会（CO-DECYT）
	大学教育、科学和技术部（MPPEUCT）	
乌拉圭	教育和文化部、 国家公共教育体系、 共和国大学、 第三级私立教育咨询委员会	国家科学和创新委员会（ANII）
牙买加	教育部、 国家教育委员会、 牙买加第三级教育委员会、 牙买加大学委员会	科学、技术、能源和矿业部
智利	教育部（下属部门高等教育司）、 国家教育委员会、 国家认证委员会（CNA）、 智利大学校长委员会（CRUCH）	国家科学和技术研究委员会（CONI-CYT）

附录3

拉美部分国家高等教育质量评估机构工作流程以及职权范围

国家	机构名称	成立时间	工作流程	职权范围
阿根廷	国家大学质量评估和认证委员会(CONEAU)	1995年	自我评估、外部同行评估	科技生产和技术转让，公立大学管理和治理； 人力资源，基础设施和材料，图书馆、信息和技术服务
巴拉圭	国家高等教育认证和评估委员会(ANEAES)	2003年	自我评估、外部同行评估	范围尚不明确
巴拿马	巴拿马国家大学认证和评估委员会(CONEAUPA)	2006年	自我评估、外部评估	教学管理（教育政策、课程设置、教学方法、教师和学生）；研究和创新管理(研究和创新政策和管理、捐赠、研究和创新项目运营)；大学合作（合作政策、国内外合作关系、课外活动、终身学习、毕业生管理）；大学机构管理(机构办学理念、政策、条例、人力资源、基础设施建设、服务、财政管理、监督)
巴西	国家高等教育测评中心(CONAES)教育部高等教育司	2004年	申请条件、现场评估、审议	机构行为；学术活动；知识生产；大学项目推广；本科和研究生项目；科学、技术、职业和教师项目；文化活动；图书馆；教师和行政人员职业规划；遵守劳动立法；国内和国际项目审查；校领导学历审查；卫生监管
秘鲁	国家教育质量评估、认证体系(SINEACE)	2006年	自我评估、外部同行评估	国家与地区之间大学教育政策的相容性；专业设置与市场需求的匹配度；项目启动和实施人力资源和财政保障；课程目标；本科学习计划和学历管理；财政监管；研究项目管理；教师管理
厄瓜多尔	高等教育质量认证、评估和保障委员会(CEAACES)	2011年	自我评估、外部同行评估	学业；学术效率；研究；组织管理；基础设施建设
哥伦比亚	国家评估体系(SNA)	1992年	自我评估、外部同行评估	过去五年工作的持续监控；高等教育信息体系要求完成情况；过去五年高等教育条例执行情况；学术课程情况；至少25%的本科和研究生课程得到认证

续表

国家	机构名称	成立时间	工作流程	职权范围
哥斯达黎加	国家高等教育评估认证机构(SINAES)	1999年	无	机构理念和任务；战略发展计划；学术和科研资源分配；教学管理；学生服务；变革和机构创新；基础设施建设和财政支出
古巴	国家认证委员会（JAN）	1999年	自我评估、外部评估	院系年度和月工作计划；专业和项目认证；方法和战略计划；质量管理工作体系；人力资源管理；培养本科专业人员；社会互动关系；基础设施和后勤管理；社会影响
洪都拉斯	洪都拉斯高等教育质量评估体系(SHACES)	2011年	自我评估、外部同行评估	学术管理；教师管理；研究管理；项目
墨西哥	墨西哥私立高等教育联合会(FIMPES)	1981年	自愿评估	目前墨西哥政府尚未出台全国性适用的机构评估标准，评估内容根据评估单位而定
	跨机构高等教育评估委员会(CIEES)	1991年	外部评估	
	高等教育认证委员会（CO-PAES）	2001年	自我评估、外部同行评估	
	国家科学和技术委员会(CONACYT)	1970年	自我评估、外部同行评估	
尼加拉瓜	国家评估和认证委员会(CNEA)	2011年	自我评估、外部同行评估	战略发展计划；学习计划和课程设置；教师培训；研究项目管理；基础设施建设；学术规范；学术和行政人员管理
萨尔瓦多	高等教育质量认证委员会(CdA)	2000年	认证、评估（自我评估和外部同行评估）	机构管理；社会项目；学生；教师；专业和课程设置；研究；教育资源；教育财政和基础设置
特立尼达和多巴哥	特立尼达和多巴哥认证委员会	2004年	无	大学课程质量；大学管理和政策制定；教师质量；基础设施建设和财政管理

续表

国家	机构名称	成立时间	工作流程	职权范围
委内瑞拉	评估、认证和跟踪体系（SESA）	2013年	自我评估、外部同行评估	学术发展和绩效指标（课程设置、学术项目管理、影响力、社会创新力、大学整合功能）；社会政治框架发展指标（监管框架、管理、国际合作）；行政管理指标（规划、预算、基础设施和捐赠）
牙买加	牙买加大学委员会	1987年	自我评估、外部同行评估	机构任务和目标；机构管理；机构发展计划；教学计划；研究计划；图书馆和媒体服务；财政资源；基础设施建设；学生服务；公共关系与市场合作；行政人员和教师管理
智利	国家评估委员会（CNA）	2006年	自我评估、外部同行评估	机构管理（组织和结构、管理系统和人力资源管理、硬件设备和财务）；本科教学（教学设计、审查、跟进、结果公示）；研究生课程、研究和社会联系

附录4

拉美区域部分国家学位、课程和项目评估机构及工作职能

国家	机构名称	工作流程	工作范围	时效
阿根廷	国家大学质量评估和认证委员会（CONEAU）	本科： 自我评估、外部同行评估	基本课程内容；实践时间	6年
		研究生： 八个步骤、无自我评估	学习计划；学术组成员；在读学生和研究生毕业生；基础设施建设和实验器材；研究科研活动	6年
巴拉圭	国家高等教育认证和评估委员会（ANEAES）	自我评估、外部评估	组织和管理能力；专业设置；人事管理；资源配备；结果和影响	3年
巴拿马	巴拿马国家大学认证和评估委员会（CONEAUPA）	自我评估、同行内部评估		无
巴西	国家高等教育评估体系（SINAES）	专家委员会现场督导检查	教学设计和管理；教师队伍建设；基础设施建设	3年
秘鲁	国家教育质量评估、认证体系（SINEACE）	自我评估、外部评估	战略管理；机构建设支持； 整体培训	6年
多米尼加共和国	高等教育评估和认证司	自我评估、外部评估	专业实施情况；专业政策制定的相关性；教育和学习过程的有效性；教育评估体系的有效性；学生工作；学科设置与社会经济发展的相关性；教师和管理人员	5年
厄瓜多尔	高等教育质量认证、评估和保障委员会（CEAACES）	自我评估、书面评估、现场考察、整改	课程计划；教学管理；教师质量；学术成果；机构环境；图书馆资源；实验室设备；学生参与度	5年
哥伦比亚	国家评估系统（SNA）	自我评估、外部同行评估	教育使命、项目和课程设置；教师国际知名度、研究能力；艺术和文化创新；机构福利、管理能力；毕业生情况；物质和财政资源等	无

续表

国家	机构名称	工作流程	工作范围	时效
哥斯达黎加	国家高等教育评估机构(SINAES)	自我评估、外部同行评估	录取流程；学习计划；教育和科研团队；行政人员；基础设施建设；信息和资源中心；财政预算；教师发展；教育和教学方法；专业管理；学生学习和就业管理；毕业生管理	首次4年，每2年更新
古巴	国家认证委员会(JAN)	无		无
洪都拉斯	洪都拉斯高等教育质量评估体系(SHACES)	自我评估、外部同行评估	学业管理； 教师管理； 科学研究工作管理	无
墨西哥	跨机构高等教育评估委员会(CIEES) 高等教育评估委员会(COPAES) 国家科学和技术委员会(CONACYT)	自我评估、外部同行评估	各专业学术人员管理； 教学计划； 学习评估方法和工具； 行政人员服务质量； 基础设施建设和专业建设材料基础； 研究活动； 财政管理； 院系间合作	5年
尼加拉瓜	国家评估和认证委员会(CNEA)	无		无
特立尼达和多巴哥	特立尼达和多巴哥评估委员会	无	教学质量和教学支持；教学计划设计和制定；学生评估和反馈；学习环境和对学生的支持；项目评估和质量保障体系	无
委内瑞拉	评估、认证和跟踪系统(SESA)	规划、 自我评估、 外部评估		无
牙买加	牙买加大学委员会	自我评估、现场考察	专业理念和设置；评估方法；教师资源和行政人员；录取标准和选拔流程；毕业生管理	无

续表

国家	机构名称	工作流程	工作范围	时效
智利	国家评估委员会（CAN）	本科： 自我评估、 外部同行评估	专业和项目设置制度和目标； 运营状况；自我调节能力和结果	6年
		研究生： 自我评估、 外部同行评估	专业设置制度、特点和结果（教学计划和选拔条件）；教学人员构成；资源支持和自我调节能力	

附录5

隶属于欧洲高等教育质量保障协会的国家质量保障机构

国别	质量保障机构
奥地利	奥地利质量保障和认证委员会（AQ）
比利时	高等教育质量保障委员会（AEQES） 弗兰德大学间委员会和质量保障机构（VLUHR-QAU）
保加利亚	国际认证和评估委员会（NEAA）
克罗地亚	高等教育和科学委员会（ASHE）
捷克共和国	捷克共和国认证委员会
丹麦	丹麦认证学院
爱沙尼亚	爱沙尼亚高等教育和职业质量委员会（EKKA）
芬兰	芬兰教育评估委员会（FINEEC）
法国	工程师委员会（CTI） 高等教育和研究评估高等委员会（HCERES）
德国	质量认证保障学会（ACQUIN） 社会学和健康学研究认证委员会（AHPGS） 通过认证学习计划质量保障机构（AQAS） 认证委员会（ASIINe. V.） 巴登—符腾堡评估委员会（EVALAG） 管理和商业国际认证基金会（FIBAA） 德国认证委员会（GAC） 评估和认证中心委员会（ZEyA）
希腊	海伦娜质量保障和认证机构（HQA）
梵蒂冈	教会学会质量评估和促进委员会（AVEPRO）
匈牙利	匈牙利认证委员会
爱尔兰	爱尔兰资质和质量（QQI）
科索沃	科索沃认证委员会（KAA）
立陶宛	高等教育质量保障中心（SKVC）
荷兰	荷兰认证组织（NVAO） 荷兰大学质量保障（QANU）
挪威	挪威教育质量保障委员会（NOKUT）
波兰	波兰认证委员会

续表

国别	质量保障机构
葡萄牙	高等教育认证和评估委员会
罗马尼亚	高等教育质量保障委员会（ARACIS）
俄罗斯	高等教育和职业发展质量保障委员会（AKKORK） 国家公共认证中心（NCPA）
塞尔维亚	质量保障和认证委员会
斯洛文尼亚	斯洛文尼亚高等教育质量保障委员会（SQAA-NAKVIS）
西班牙	安达卢西亚省知识委员会及评估和认证部门（ACC-DEVA） 卡斯蒂利亚和莱昂大学质量认证委员会（ACSUCYL） 加利西亚大学质量委员会（ACSUG） 国家质量评估和认证委员会（ANECA） 加泰罗尼亚大学质量认证委员会（AQU） 马德里知识基金会（FMC） 巴斯克大学质量委员会（Unibasq）
瑞典	瑞典认证和质量委员会（AAQ）
英国	英国认证委员会（BAC） 高等教育质量委员会（QAA）

附录6

拉美部分国家本科阶段入学考试要求及特点

国家	前阶段学历	入学考试要求	考试特点
阿根廷	中等教育学历	无	无
巴拉圭	中等教育学历	公立大学：有	各校设定考试规章制度
		私立大学：无	一般无入学考试
巴拿马	中等教育学历	公立大学：有	各校设定通识性考试，尤其重视西班牙语阅读和写作能力测评
		私立大学：无	一般无入学考试
巴西	中等教育学历	国家中等教育毕业考试	该考试为大学的选拔性考试，公立和私立大学自愿参加，但是大多数大学都加入该选拔考试系统
秘鲁	中等教育学历	各大学自主性招生考试	考试类型分为两类，一类为知识型考试的必考科目，另一类为情感态度的选考科目
多米尼加共和国	中等教育学历	全国统一性学术能力测评考试	报考理科类专业学生，教育部对这类考生有特殊知识能力方面的考核要求
厄瓜多尔	中等教育学历	公立大学：参加全国高等教育考试	强制性
		私立大学：无强制性要求	无
哥伦比亚	中等教育学历	公立大学：全国统一入学考试	遵循全国统一标准进行考核，各校也可根据学科专业的要求进行加试
		私立大学：自主考试	该类型考试更偏向于对学生的能力测评考试而非选拔考试
哥斯达黎加	中等教育学历	部分公立大学：统一入学考试	哥斯达黎加四所公立大学中的三所参加全国统一入学考试，艺术类专业设置专业课考试
		部分公立大学和私立大学：自主招生考试	无特殊要求
古巴	中等教育学历	全国统一入学考试	考试内容为数学、历史和西班牙语
洪都拉斯	中等教育学历	公立学校：有	根据国家统一要求，学校自主命题
		私立学校：无	无

续表

国家	前阶段学历	入学考试要求	考试特点
墨西哥	中等教育学历	部分公立大学：Exani-II	全国统一考试
		自治公立大学和私立大学：自主招生	无特殊要求
尼加拉瓜	中等教育学历	无全国统一入学考试	公立和私立大学各自举办入学考试，但并不是所有专业都需入学考试
萨尔瓦多	中等教育学历	无全国统一入学考试	公立大学无入学选拔考试，部分优秀私立大学有入学选拔考试
特立尼达和多巴哥	中等教育学历	无全国统一入学考试	每名中学生必须参加加勒比地区中等教育认证考试（相当于O-Level）；希望进一步进入高等教育机构学习的学生需要参加加勒比高级水平考试（相当于A-Level）；每所高等教育机构各自设立选拔入学考试
委内瑞拉	中等教育学历	无全国统一入学考试	每所高等教育机构各自设立选拔入学考试
乌拉圭	中等教育学历	医学专业设立全国统一入学考试	强制性考试
		大部分公立大学和私立大学无统一入学考试	暂无要求
牙买加	通过五门加勒比地区中等地方教育认证考试（相当于O-Level）	无全国统一入学考试	每所高等教育机构各自设立选拔入学考试
智利	中等教育学历	全国统一入学考试	必考西班牙语和数学，选考文科（历史、地理和社会学）和理科（物理、化学和生物）

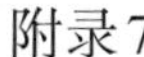

附录7

拉美部分国家本科在读时长要求

国家	持续时间
阿根廷	专科（短期学历）：最长不超过3年；本科：5—6年
巴拉圭	最少4年，修满2700小时课程
巴拿马	人文社科类，公立大学4年，私立大学3年半；健康和医学5年
巴西	高级技师：平均1600小时；专科：最少2400小时；本科：3200小时（8个学期或4年）
秘鲁	本科：5年
多米尼加共和国	本科：4年；医学专业：5年
厄瓜多尔	本科：7200小时；本科建筑、工程师、基础科学、兽医：8000小时；医学专业：10 000小时
哥伦比亚	高级技师：3年；本科：5年；医学：6年
哥斯达黎加	专科：3—4年；本科：4—5年
古巴	本科：5年（数学专业4年）；医学专业：6年
洪都拉斯	专科：2年；本科：4年；医学：6—8年
墨西哥	本科专业4—5年
尼加拉瓜	高级技师：1500小时；本科：2500小时；建筑、工程师和医学：4500小时
萨尔瓦多	高级技师：2年；本科：5年
特立尼达和多巴哥	本科：3年（南加勒比大学4年）；眼科和药房学：4年；医学：5年
委内瑞拉	高级技师（短期学历）：2—3年；本科（长期学历）：4—6年
乌拉圭	本科：4年；工程、牙医和兽医：5年；医学、建筑和法律：6年
牙买加	本科：3—4年；医学：5—6年
智利	专科：2—3年；本科：4—5年

附录8

拉美部分国家学分学时换算标准及基本要求

国家	本科		研究生	
	学分/学时换算标准	基本要求	学分/学时换算标准	基本要求
阿根廷	无学分学时换算体系		无学分学时换算体系	
巴拉圭	无学分学时换算体系：每课时45分钟	本科：修满2700课时	无学分换算体系：每课时60分钟	硕士研究生：修满700课时
巴拿马	1学分=每周1小时，持续15—16周； 1学分=实验或工作实习2—3小时	高级职业技术：120—150学分； 本科：180—215学分（4—5年）	学分/学时换算体系尚不明确	硕士研究生：30—36学分
巴西	1学分=15小时	高级职业技术：1600小时； 专科：2400小时； 本科：3200小时	1学分=3小时（1小时教授授课，2小时研究活动）	研究生：24学分（上课、研讨等）+8学分（论文）
秘鲁	1学分=16课时上课/32课时实习（1课时为45或60分钟）	通识课程学分不低于35学分； 总课程学分不低于165学分	1学分=16课时上课/32课时实习（1课时为45或60分钟）	硕士：48学分+外语学习（1年）； 博士：64学分（3年）
多米尼加共和国	1学分=5课时上课/30小时讨论/45小时自己研究	本科：140学分； 专业：200学分	1学分=5课时上课/30小时讨论/45小时自己研究	硕士：40学分（1.5年）； 博士：60学分（3年）
厄瓜多尔	1学分=40小时（医学专业50小时）	本科：7200小时； 建筑、基础科学等专业：8000小时； 兽医、牙科：8000小时； 医学：10 800小时	1学分=40小时； 每学期至少16个星期	专业型硕士：2125小时（至少3个学期）； 学术型硕士：1625小时（至少4个学期）
哥伦比亚	1学分=48小时（16小时授课+32小时自主学习）	无	1学分=48小时（16小时授课+32小时自主学习）	硕士：67学分（3年）； 博士：91学分（3—5年）
哥斯达黎加	1学分=3小时	专科：40学分； 本科：175学分	无学时学分换算体系	

续表

国家	本科		研究生	
	学分/学时换算标准	基本要求	学分/学时换算标准	基本要求
古巴	无学分学时换算体系		1学分=48小时（16小时授课+32小时自主学习）	硕士：70学分（3—4年）； 博士：无详细要求（4—5年）
洪都拉斯	使用“学术单位”（Unidad Valorativa）这一概念； 1学术单位=每星期1小时学术活动或3小时实践，连续18个星期	本科：160个学术单位	使用“学术单位”（Unidad Valorativa）这一概念； 1学术单位=1小时理论课/3小时理论实践/4小时教授监督学习	硕士：40—52个学术单位（1.5—5年）； 博士：52—70个学术单位（最少2年）； 医学博士：320个学术单位（本硕博连续6—8年）
墨西哥	1学分=50小时社会实践/16小时理论学习/20小时的自我学习	本科：180—240学分	无统一学分学时换算体系，因各高校而异	硕士：75学分（2年）； 博士：88学分（3—3.5年）
尼加拉瓜	1学分=15小时（理论和实践）	高级职业技术：96—120学分； 本科：200—220学分； 医学：249—291学分	1学分=15小时理论课+40小时实践	硕士：1200小时
萨尔瓦多	使用“学术单位”（Unidad Valorativa）这一概念； 1学术单位=20课时（每课时50分钟）	高级职业技术：128个学术单位； 本科：160个学术单位	使用“学术单位”（Unidad Valorativa）这一概念； 1学术单位=20课时（每课时50分钟）	硕士：64个学术单位（2年）； 博士：96个学术单位（3年）+论文
特立尼达和多巴哥	无学分学时换算统一体系； 特立尼达和多巴哥大学1学分=15小时； 西印度群岛大学1学分=1星期1节课，连续13个星期； 南加勒比大学1学分=1星期1课时（50分钟）持续一学期	无	无学分学时换算统一体系； 特立尼达和多巴哥大学1学分=15小时； 西印度群岛大学1学分=1星期1节课，连续13个星期； 南加勒比大学1学分=1星期1课时（50分钟），持续一学期	无

续表

国家	本科		研究生	
	学分/学时换算标准	基本要求	学分/学时换算标准	基本要求
委内瑞拉	1 学分=1 星期 1—3 小时连续 14—16 个星期	高级职业技术：2—3 年； 本科：4—6 年	1 学分=16 小时理论课/33 小时实践	硕士：24 学分； 博士：45 学分+30 学分（论文）
乌拉圭	1 学分=15 小时	本科：120 学分； 工程、牙科和兽医：450—495 学分； 建筑：583 学分； 医生：741 学分	1 学分=15 小时	无
牙买加	西印度群岛大学 1 学分=1 星期 1 节课，连续 13 个星期	无	无	
智利	1 学分=24—31 小时	1 年完成 60 学分； 4 年完成 240 学分； 5 年完成 300 学分； 7 年完成 420 学分	无	

附录9

拉欧永久学术论坛主要负责人

层级	职位	姓名	成员国	所在国家职务
区域间学术委员会	主席	费尔南多·加尔文(Fernando Galván)	西班牙	校长:阿尔卡拉大学(Universidad de Alcalá)
	成员	沃尔多·阿尔瓦拉辛·桑切斯(Waldo Albarracín Sánchez)	玻利维亚	校长:圣安德列斯大学(Universidad Mayor de San Andrés)
	成员	弗朗西斯科·阿尔德阿(Francisco Aldecoa)	西班牙	教授:马德里康普斯顿大学(Universidad Complutense de Madrid)
	成员	克拉拉·妮芳·阿曼达·伊瓦辛(Clara Ninfa Almada Ibáñez)	巴拉圭	项目负责人:阿松森国家大学(Universidad Nacional de Asunción)
	成员	约但·格奥尔基·伯尔布列斯库(Iordan Gheorghe Barbulescu)	罗马尼亚	主任:拉美研究所(Institute of Latin American Studies)
	成员	让米歇尔·布兰克(Jean-Michel Blanquer)	法国	所长:美洲研究所(Institute of the Americas)
	成员	伊兹柯阿特尔·托纳蒂乌·布拉沃·巴蒂亚(Itzcóatl Tonatiuh Bravo Padilla)	墨西哥	校长:瓜达拉哈拉大学(Universidad de Guadalajara)
	成员	赫克多·卡萨诺瓦·奥赫塔(Héctor Casanueva Ojeda)	智利	副部长:智利预测和战略委员会(Consejo Chileno de Prospectiva y Estrategia)
	成员	克劳迪奥·唐迪(Claudio Dondi)	比利时	高级顾问:比利时教育部
	成员	罗伯特·艾斯卡兰特·塞梅雷那(Roberto Escalante Semerena)	墨西哥	秘书长:拉美和加勒比大学校长联盟(Unión de Universidades de América Latina y el Caribe)
	成员	吉安·卢卡·加尔迪尼(Gian Luca Gardini)	德国	教授:埃尔朗根—纽伦堡大学(Erlangen-Nürnberg University)
	成员	克里斯蒂安·吉莫斯(Christian Ghymers)	比利时	主席:欧洲和拉美及加勒比大学关系研究所(Interuniversity Institute for Relations between Europe, Latin America and the Caribbean)
	成员	圣地亚哥·冈萨雷斯·拉雷因(Santiago Gónzalez Larrain)	智利	校长:智利中央大学(Universidad Central de Chile)
	成员	安立奎·路易斯·格拉乌(Enrique Luis Graue)	墨西哥	校长:墨西哥国立自治大学(Universidad Nacional Autónoma de México)
	成员	赫宁·杰森·佩宁(Henning Jensen Pennington)	哥斯达黎加	校长:哥斯达黎加大学(Universidad de Costa Rica)

续表

层级	职位	姓名	成员国	所在国家职务
区域间学术委员会	成员	弗朗西斯科·雷塔（Francisco Leita）	意大利	校长：帕多瓦大学（University of Padua）
	成员	帕德里西奥·雷瓦·拉瓦耶（Patricio Leiva Lavalle）	智利	主任：拉美与欧盟关系研究中心（Centro Latinoamericano para las Relaciones con Europa）
	成员	马里奥·洛萨诺（Mario Lozano）	阿根廷	校长：阿根廷国立奎尔梅斯大学（Universidad Nacional de Quilmes）
	成员	尤西·巴卡斯沃塔（Jussi Pakkasvirta）	芬兰	教授：赫尔辛基大学（Helsinki University）
	成员	贝阿得雷斯·佩鲁甫（Beatriz Peluffo）	乌拉圭	教育系主任：乌拉圭工业大学（Universidad Tecnológica del Uruguay）
	成员	莱姆斯·佩利科皮（Remus Pricopie）	罗马尼亚	校长：国立政治和关系学院（National School of Political and Administrative Studies）
	成员	卡洛斯·齐南（Carlos Quenan）	法国	教授：巴黎第三大学（University Paris 3 HEAL）
	成员	大卫·雷朋赛德（David Rampersad）	牙买加	教授：西印度洋大学（University of the West Indies）
	成员	路易斯·雷托（Luis Reto）	葡萄牙	校长：里斯本大学（University of Lisbon）
	成员	拉斐尔·罗塞尔（Rafael Rosell）	智利	主任：圣巴斯蒂安大学（Universidad San Sebastián）
	成员	马格达莱纳·斯涅德卡·科塔斯佳（Magdalena Sniadecka Kotarska）	波兰	主席：波兰拉美研究中心（Polish Society of Latin American Studies）
	成员	马里奥·托雷斯·哈林（Mario Torres Jarrín）	瑞典	主任：欧洲国际关系学院（European Institute of International Studies）
	成员	塞巴斯蒂安·维鲁特（Sébastien Velut）	法国	国际关系处负责人：索邦大学（University Sorbonne Paris Cité）
	成员	劳伦斯·怀特汉德（Laurence Whitehead）	英国	教授：牛津大学（Oxford University）

续表

层级	职位	姓名	成员国	所在国家职务
咨询委员会		赫克多·卡萨诺瓦·奥赫塔(Héctor Casanueva Ojeda)	智利	副部长：智利预测和战略委员会(Consejo Chileno de Prospectiva y Estrategia)
		赫宁·杰森·佩宁（Henning Jensen Pennington）	哥斯达黎加	校长：哥斯达黎加大学（Universidad de Costa Rica）
		贝阿得雷斯·佩鲁甫（Beatriz Peluffo）	乌拉圭	教育系主任：乌拉圭工业大学(Universidad Tecnológica del Uruguay)
		莱姆斯·佩利科皮（Remus Pricopie）	罗马尼亚	校长：国立政治和关系学院(National School of Political and Administrative Studies)
		路易斯·雷托（Luis Reto）	葡萄牙	校长：里斯本大学（University of Lisbon）
执行秘书处		约但·格奥尔基·伯尔布列斯库（Iordan Gheorghe Barbulescu）	罗马尼亚	主任：拉美研究所（Institute of Latin American Studies）
		帕德里西奥·雷瓦·拉瓦耶(Patricio Leiva Lavalle)	智利	主任：拉美与欧盟关系研究中心（Centro Latinoamericano para las Relaciones con Europa）
		纳蒂亚·米雷勒斯（Nadia Mireles）	墨西哥	国际关系处主任：瓜达拉哈拉大学（Universidad de Guadalajara）
		卡洛斯·齐南（Carlos Quenan）	法国	教授：巴黎第三大学（University Paris 3 HEAL）
永久反思小组		弗朗西斯科·阿尔德阿(Francisco Aldecoa)	西班牙	教授：马德里康普斯顿大学(Universidad Complutense de Madrid)
		帕德里西奥·科内赫罗斯(Patricio Conejeros)	阿根廷	教授：布宜诺斯艾利斯大学(Universidad de Buenos Aires)
		麦克·巴德（Michiel Baud）	荷兰	教授：阿姆斯特丹大学（University of Amsterdam）
		尼尔森德·宝拉·皮赫斯(Nielsen de Paula Pires)	巴西	副校长：拉美一体化联邦大学(Federal University of Latin American Integration)
		赛尔索·加里多（Celso Garrido）	墨西哥	教授：大都会自治大学（Universidad Autónoma Metropolitana）
		佛罗伦·皮诺特（Florence Pinot）	法国	负责人：ESCP欧洲高等商学院

续表

层级	职位	姓名	成员国	所在国家职务
永久反思小组		约但·格奥尔基·伯尔布列斯库（Iordan Gheorghe Barbulescu）	罗马尼亚	主任：拉美研究所（Institute of Latin American Studies）
		克里斯蒂安·帕克（Cristián Parker）	智利	教授：智利圣地亚哥大学（Universidad de Santiagode Chile）

附录10

访谈提纲

1.您是如何成为拉欧永久学术论坛成员的?

2.现在您在拉欧永久学术论坛主要负责的工作是什么?

3.拉欧高等教育峰会议题的提出方式是什么?如何审议?

4.2013年，拉美以拉美及加勒比共同体国家的形式开始与欧盟制度性对话，这对拉欧在高等教育合作中的关系产生了哪些影响?

5.之前预计2015年拉欧高等教育区建成，为什么在2013年高等教育区成立目标尚未实现的时候，重新设置拉欧高等教育区的职能?而且这次为什么没有给出建成时间?

6.拉欧高等教育区职能的改变对拉欧高等教育合作带来了哪些机遇和挑战?

7.在你们国家留学奖学金数量多吗?你申请的是哪个项目的奖学金?手续复杂吗?

8.留学过程中给你印象最深的是什么?在海外留学遇到了哪些困难?

9.留学经历给你带来了哪些方面的影响?

10.拉欧高等教育区的建设过程中，欧盟为拉美提供了一系列的高等教育合作项目，如ALFA计划、ALBAN计划、伊拉斯谟计划、“伊拉斯谟+”计划、玛丽·居里计划等，有没有拉美向欧盟提供的高等教育合作项目?

11.您是如何协调自己本职工作与拉欧永久学术论坛工作的?

12.历届学术峰会的经费如何筹集?有遇到困难的时候吗?

13.您认为为了促进拉欧高等教育合作的发展应该在哪些方面加强了解?

14.您认为现在在拉欧高等教育合作方面取得了哪些进展，以及还需要在哪些方面进行改进?

15.2013年，拉欧高等教育区建设的职能范围从高等教育领域扩展到高等教育、科学、技术和创新的协同发展领域，您认为这一变化的原因是什么?

16. 看文献发现学者们的一致观点是在拉欧高等教育合作中，拉美的参与意愿不高，这种说法是否准确?

17. 从第一次大会到现在参加大会人数规模有什么变化?

18. 各国政府对拉欧高等教育合作的看法是什么? 经过20年的合作，态度是否发生了变化?

19. 各高等教育机构对拉欧高等教育合作的看法是什么? 态度是否发生了变化?

20. 拉欧高等教育合作作为拉欧国际关系的一个重要维度，您认为高等教育合作关系对拉欧关系的影响大吗?

附录11

受访者访谈情况统计表

序号	受访者编码	访谈次数与时长（分钟）	访谈形式及地点	转录翻译资料中文字数
1	CAB-ESP-Galván	1/40	远程视频/家	4250
2	CAB-BOL-Sánchez	1/30	远程视频/家	3244
3	CAB/GP-ESP-Aldecoa	无	邮件	3012
4	CAB-PRY-Ibáñez	1/66	远程视频/家	7544
5	CAB-MEX-Padilla	1/100	面对面/会议室	8523
6	CAB-BEL-Ghymers	1/55	远程视频/家	5843
7	CAB/SE-CHI-Lavalle	1/106	远程视频/家	9013
8	CAB/SE-FRA-Quenan	2/30-35	远程视频/家	10 020
9	CC-COS-Pennington	1/42	远程视频/家	4462
10	CC-ROM-Barbulescu	1/25	远程视频/家	2756
11	GP-ARG-Conejeros	1/48	远程视频/家	5109
12	GP-BRA-Pires	1/46	远程视频/家	5321
13	GP-MEX-Garrido	2/50-45	远程视频/家	11 903
14	IN-CHI-Miranda	3/60-30-40	远程视频/家，若干邮件	15 832
15	IN-CUB-Taquchel	2/30-30	远程视频/家	6375
16	IN-MEX- Avila	无	若干次邮件	4239
17	SE-PER-Nicolas	1/30	面对面/教室	7034
18	SE-COL-José	1/20	面对面/教室	5999
合计	18人	约16小时		约12万字

受访者编码表示方式：本书的受访者是来自拉欧永久学术论坛不同组织机构的成员，包括区域间学术委员会、咨询委员会、执行秘书处以及永久反思小组，这些组织机构的西班牙语名称的首字母缩写分别为CAB、CC、SE以及GP，因此编号中的第一组字母就代表受访者在拉欧

永久学术论坛的哪个组织部门，若受访者身兼数职，则用“/”间隔。第二组字母为国家缩写，代表受访者的国籍。第三组字母是受访者的姓氏。因此，如【CAB-ESP-Galván】即表示这位受访者在区域间学术委员会担任职务，来自西班牙，姓氏为Galván；再如【CAB/SE-CHI-Lavalle】即表示受访者在区域间学术委员会和执行秘书处拥有职务，来自智利，姓氏为Lavalle。另外，研究人员（Investigador）用IN表示，如【IN-MEX- Avila】。

访谈次数与时长表示方法，1/40表示进行一次访谈，时长40分钟；2/30-35表示进行两次访谈，第一次30分钟，第二次35分钟；“无”则表示访谈形式为邮件形式，时间不可测量。

附录12

专用术语西/英中对照

7th Framework Programme　FP7欧盟第七框架计划

Acreditación Regional de Carreras Universitarias del Sur　南方国家大学学位认证体系

Alianza Bolivariana para los Pueblos de Nuestra América- Tratado de Comercio de los Pueblos（ALBA）　美洲玻利瓦尔联盟

Centro Latinoamericano para las Relaciones con Europa（CELARE）　拉美与欧洲国际关系研究中心

Comisión Económica para América Latina y el Caribe（CEPAL）　拉美和加勒比经济委员会

Comisión Regional Coordinadora de Formación Docente（CRCFD）　区域教师培训协调委员会

Comité Asesor del Fondo Educativo（CAFÉ）　教育基金咨询委员会

Comité de Coordinación Regional（CCR）　区域协调委员会

Comité de Negociaciones Birregionales（CNB）　区域间谈判委员会

Comité Gestor del Sistema de Información y Comunicación（CGSIC）　信息和通信系统管理委员会

Comunidad Andina　安第斯共同体

Comunidad de Estados Latinoamericanos y Caribeños（CELAC）　拉美和加勒比国家共同体

Conferencia de Ministerios de Educación UE-ALC　拉美及加勒比和欧盟教育部长会议

Consejo Académico Birregional（CAB）　区域间学术委员会

Consejo Centroamericano de Acreditación de la Educación Superior（CCA）　中美洲高等教育认证委员会

Consejo Superior Universitario Centroamericano（CSUCA）　中美洲大学高级委员会

Consejo Universitario CELAC-UE　拉美及加勒比国家共同体和欧盟大学委员会

Consejo Universitario Iberoamericano（CUIB）　伊比利亚美洲大学委

员会

Cumbre Académica de América Latina y el Caribe y la Unión Europea 拉美及加勒比和欧盟学术峰会

Cumbre de Jefes de Estados y de Gobierno CELAC-UE 拉美及加勒比国家共同体和欧盟领导人峰会

Cumbre Iberoamericana de Jefes de Estado y de Gobierno 伊比利亚美洲领导人峰会

Economic Commission for Latin America and the Caribbean（ECLAC） 拉美和加勒比经济委员会

Espacio Común de Educación Superior， Ciencia， Tecnología e Innovación 拉美及加勒比和欧盟高等教育、科学、技术和创新区

Espacio Común de Educación Superior 高等教育区

Espacio Iberoamericano de Ciencia e Innovación 伊比利亚美洲科学和创新区

Espacio Iberoamericano de Conocimiento 伊比利亚美洲知识空间

Espacio Iberoamericano de Enseñanza Superior（EIBES） 伊比利亚美洲高等教育区

Espacio Latinoamericano y Caribeño de Educación Superior（ENLACES） 拉美和加勒比高等教育区

European Area of Higher Education（EAHE） 欧洲高等教育区

European Association for Quality Assurance in Higher Education（ENQA） 欧洲高等教育质量保障协会

European Consortium for Accreditation in Higher Education（ECA） 欧洲高等教育认证协会

European Investment Bank（EIB） 欧洲投资银行

European Register for Quality Assurance Agency（EQAR） 欧洲质量保证机构注册协会

Foro Académico Permanente América Latina y el Caribe y la Unión Europea（FAP ALCUE） 拉美及加勒比和欧盟永久学术论坛

Fundación EU-LAC Fundación Unión Europea- América Latina y el Caribe 拉美及加勒比和欧盟基金会

Grupo de Río 里约集团

Grupo de Reflexión Permanente（GRP） 永久反思小组

Iniciativa Conjunta para la Investigacion y la Innovacion（JIRI） 科技和创新联合倡议

Instituto de las Américas Francia（IdA） 美洲研究所（法国）

Instituto Internacional para la Educación Superior en América Latina y el Caribe 拉美及加勒比国际高等教育研究所

Instrumento de Cooperación al Desarrollo 发展合作工具项目

Latin America, Caribbean and Eruopean Union Network on Research and Innovation（ALCUE NET） 拉美及加勒比和欧盟研究创新网络项目

Mapa de la Educación Superior en América Latina y el Caribe（MESALC） 拉美及加勒比地区高等教育地图项目

Mecanismo Experimental de Acreditación de Carreras de Grado Universitario（MEXA） 大学本科专业认证机制

Mercosur 南方共同市场

Millennium Development Goals 《千年发展目标》

Organización de Estados Americanos para la Educación, la Ciencia y la Cultura（OEI） 伊比利亚美洲教育、科学与文化组织

Paris Declaration on Aid Effectiveness 《巴黎援助有效性宣言》

Plan Integrado de Desarrollo Social 社会发展综合计划

Plan para la Integración Regional de la Educación Superior Centroamericana 中美洲高等教育区域一体化计划

Programa Ciencia y Tecnología para el Desarrollo（CYTED） 科学技术发展项目

Programa de Becas MUTIS MUTIS奖学金项目

Programa de Intercambio y Movilidad Académica（PIMA） 学术流动和交换项目

Programa Pablo Neruda 巴勃罗·聂鲁达项目

Red de Agencias Nacionales de Acreditación（RANA） 国家认证委员会网络

Red de Indicadores de Ciencia y Tecnología Iberoamericanae Interamericana（RICYT） 伊比利亚美洲及泛美科学技术指标网络

Red Iberoamericana para la Acreditación de la Calidad de la Educación

Superior（RIACES） 伊比利亚美洲高等教育质量认证网络

Reforma Universitaria de Córdoba 科尔多瓦大学改革运动

Reunión de Ministros de Educación del MERCOSUR（RME） 南方共同市场教育部部长会议

Secretaría General Iberoamericana（SEGIB） 伊比利亚美洲总秘书处

Sector Educativo del MERCOSUR（SEM） 南方共同市场教育部门

Sistema Centroamericano de Evaluación y Acreditación de la Educación Superior（SICEVAES） 中美洲高等教育评估和认证制度

Sistema de Acreditación Regional de Carreras Universitarias （ARCU-SUR） 大学学位区域认证体系

Sistema de Carreras y Postgrados Regionales Centroamericanos 中美洲区域学位和研究生体系

Sistema de Créditos Académicos（SICA） 学术学分制度

Sistema de la Integración Centroamericana（SICA） 中美洲一体化体系

后 记

本书是在我的博士论文基础之上补充修改完成的。本书在付梓之际，我的心情是喜悦但同时又充满了忐忑，因此诚恳希望学界前辈和同仁对本书批评指正。同时，我也感谢一直以来对我给予帮助的老师、朋友以及家人。

谢恩师

感谢恩师刘宝存教授。感谢四年前刘老师给了我读博的机会，在我人生最迷茫的时候，为我打开了一扇门，我也因此找到了奋斗的方向，才有机会可以遇到更好的自己。感谢老师这四年对我的“不抛弃”“不放弃”，把我从学术“白痴”培养成了学术“小白”。这四年里，老师的“严”与“爱”一直陪伴着我。老师学为人师，他教会我什么才是做学术应有的严谨态度；老师行为世范，他教会我如何做人、如何爱护与爱惜学生。博一上半学期，第一次找老师指导论文的那一幕依然记忆犹新。当我拿到老师修改过的文章，红色修改的笔迹密密麻麻，已经覆盖住了我原有的黑色字体——甚至连每一个使用不当的标点符号、错字、病句——老师都一一修订了过来。看到老师修改过的文章，脸上有些发热，我好想找个地缝钻进去。老师似乎看出了我的惭愧之意，马上说：“我修改了一些内容，你不同意的地方我们可以商量。从语言转到教育学的学生逻辑性差一些，这是可以理解的，等入门就好了。我当年刚从英语转过来的时候，也很吃力的。”老师为我不尽如人意的表现找了台阶，保护了我的自尊心，鼓励我别泄气，继续努力。还是一次论文指导，整篇论文基本完成，最后我们对espacio（西班牙语词，英文为space）这个单词是翻译成“空间”还是翻译成“区”举棋不定，最后老师跟我说：“你再回去好好想一想吧。”我点了点头，但其实心里想不就是个教育项目的翻译，无论翻译成“空间”还是“区”都不会对全文造成影响，就这样吧，我也就再也没去思考这个问题。可谁知，第二天下午老师打来电话：“胡胡，我觉得那个单词翻译成‘空间’比较好。”挂了电话，感激之情加愧疚感一股脑儿涌上来，感激的是老师对我学术成果的爱惜，愧疚的是我自己都未能对自己的学术负责。感谢老师这四年来对我的严格要求以及每一分爱护，“不让老师失望”成为我博士四年最重要的目标，只希望我毕业的时候老师不会对四年前收我这个学生感到后悔。学生力量太过渺小，老师的恩情要用一生来回报。

感谢姜英敏老师、杨明全老师和高益民老师，在预答辩的时候对我的论文提出的意见和建议。感谢曾晓洁老师，不厌其烦地一次又一次为我的文章提供修改意见。感谢滕珺老师，在我论文写作迷茫的时候，帮我捋清思路，为我提供珍贵的参考资料。感谢殷惠娟老师在生活上对我的帮助，虽然是老师，但是我们已成为亦师亦友的伙伴。感谢北京师范大学国际与比较教育研究院的每一位老师，感谢你们在学术方面给予我的支持与帮助，让我在学术道路上走得坚定而扎实。

谢友谊

走进北师大比较院，走进刘府，我仿佛回到了家，多了一帮兄弟姐妹，结识了一辈子的挚友。感谢我最亲密的两个室友韩云霞和陈璐，感谢北三环“贫民窟1125”，是你们让原本枯燥的学习生活变得多彩，怀念每天叫你们起床，下大雨我们一起躲在屋里吃凉皮，一起挑灯夜战写论文的日子。感谢丁瑞常和张梦琦，每次找你们，无论你们有多忙，都会放下手头的工作，听我诉衷肠，你们就是那类借钱不用打借条的朋友。感谢比较院、刘府的兄弟姐妹们，感谢你们不记得失地给我的帮助，胡瑞师姐、杨尊伟师兄、张惠、张伟、臧玲玲、康云菲、郭广旭、穆翎、段世飞、安亚伦、肖军、李娜、刘浩、张瑞芳、马振龙、苏洋、秦毛毛……与你们成为一家人真好。

谢家庭

感谢我的先生姜岩。这四年来他一直对我说：“无论你做什么我都支持你，只要你开心就好。”当投稿稿件被拒的时候，我的先生总是陪我一起分析文章被拒的原因；当论文选题不知所措的时候，他不厌其烦地听我诉说困惑，帮我捋清思路；当论文外审结果出来，我第一时间把结果告诉了他，他比我还开心。感谢有你在，我才什么都不怕。有生之年遇到你花掉了我一半的运气，另外一半的运气用来保护我们未来的漫漫长路吧。感谢我的妈妈、爸爸、婆婆、公公，因为你们的无私支持，我才可以在而立之年，毫无后顾之忧地选择读书的道路。

最后，特别感谢“顾明远教育研究发展基金”对本研究的资助，并借此机会由衷表达我对顾明远先生的敬意！

胡昳昀

2020年6月22日